深埋盾构隧洞围岩变形规律与管片密封防水性能研究

黄　鑫　郭佳奇　徐　冲　陈　帆　著

中国矿业大学出版社
·徐州·

内 容 提 要

本书共分6章，介绍了深埋盾构隧洞围岩稳定性与管片密封防水性能方面的研究成果。本书提出了一种考虑机-岩相互作用的盾构隧洞开挖数值模拟方法。在此基础上研究了盾构掘进过程中岩土体颗粒的运动状态与受力特征、相关参数变化和工作面稳定性，探讨了不同因素对深埋盾构隧洞开挖面稳定性的影响规律，提出了一种盾构隧洞开挖面稳定性评估方法；开展了盾构穿越复合地层三维离散元数值模拟，揭示了不同地层复合形式、不同掘进参数对盾构隧洞围岩变形的影响规律；开展了深埋盾构隧洞管片密封垫截面设计与选型，并对优选的弹性密封垫开展了"一"字缝耐水压试验以及数值模拟，揭示了弹性密封垫的防水性能与失效机制；对优选的弹性密封垫开展了人工热氧加速老化室内试验，建立了盾构隧洞管片密封垫长期服役性能预测公式。

本书可供水利水电、土木、交通、矿山、地质等专业的设计人员、施工技术人员参考，也可以供普通高等院校教师和研究生、本科生参考。

图书在版编目(CIP)数据

深埋盾构隧洞围岩变形规律与管片密封防水性能研究/黄鑫等著.—徐州：中国矿业大学出版社，2024.4

ISBN 978-7-5646-6228-8

Ⅰ.①深… Ⅱ.①黄… Ⅲ.①隧道施工—盾构法—围岩变形—研究 Ⅳ.①U455.43

中国国家版本馆CIP数据核字(2024)第079360号

书　　名 深埋盾构隧洞围岩变形规律与管片密封防水性能研究
著　　者 黄　鑫　郭佳奇　徐　冲　陈　帆
责任编辑 杨　洋
出版发行 中国矿业大学出版社有限责任公司
(江苏省徐州市解放南路　邮编 221008)
营销热线 (0516)83885370　83884103
出版服务 (0516)83995789　83884920
网　　址 http://www.cumtp.com　**E-mail**:cumtpvip@cumtp.com
印　　刷 江苏淮阴新华印务有限公司
开　　本 787 mm×1092 mm　1/16　**印张** 8.75　**字数** 224千字
版次印次 2024年4月第1版　2024年4月第1次印刷
定　　价 52.00元

前　言

随着我国“一带一路”伟大倡议及交通强国等发展战略的实施，一大批交通运输工程和水利水电工程投入建设，作为控制性工程的隧道（洞）工程呈现大埋深、长距离、大断面、机械化施工的发展趋势。盾构法施工以其安全、快速、机械化程度高、对环境影响小、地层适应性强等特点，在交通运输及引调水工程输水隧洞建设中得到越来越多的应用。随着盾构隧洞所处地质条件日益复杂，施工难度也大幅度提升，极易发生开挖面失稳、塌方、地表下沉、管片渗漏水等灾害，轻则导致盾构机被卡和延误工期，重则导致机械损毁和人员伤亡，造成严重的生命财产损失和恶劣的社会影响。因此，研究盾构隧洞开挖面稳定性和围岩变形规律、管片弹性密封垫的防水性能与长期服役性能，规避盾构隧洞施工与运营期的安全风险，具有重要的理论意义和工程应用价值。

本书主要在深埋盾构隧洞围岩稳定性与管片密封防水性能方面开展研究，取得了如下成果：① 基于离散元在大位移和非线性问题研究中的优势，提出了一种考虑机-岩相互作用的盾构隧洞开挖数值模拟方法。② 研究了深埋盾构掘进过程中岩土体颗粒的运动状态与受力特征，揭示了隧洞埋深、刀盘开口率、盾构掘进速度、刀盘转速在不同土仓压力条件下对开挖面及地层沉降的影响规律，建立一种盾构隧洞开挖面稳定性风险评估方法。③ 研究了不同复合形式和强度比下盾构掘进时隧洞围岩的变形特征，揭示了刀盘转速、掘进速度、土仓状态等对隧洞围岩竖向位移的影响规律。④ 设计了 9 种弹性密封垫截面形式，通过有限元方法遴选出了最优弹性密封垫截面形式；通过开展“一”字缝耐水压试验和数值模拟分析，揭示了不同张开量和错台量时密封垫的变形特征和密封防水性能。⑤ 通过开展弹性密封垫人工热氧加速老化试验，建立了弹性密封垫长期服役性能预测经验公式；采用有限元数值模拟方法，研究了预测弹性密封垫在不同张开量和错台量情况下接触应力分布规律与时变特征，揭示了弹性密封垫的长期服役性能。本书是作者最近时期对深埋盾构隧洞围岩稳定性与管片密封防水性能研究的总结，希望能对盾构隧洞安全施工研究提供有益的参考。

本书由河南理工大学黄鑫、河南理工大学郭佳奇、中铁第一勘察设计院集团有限公司徐冲、河南理工大学陈帆撰写。研究生梁琪、王彤、武超国参与了本书的研究与撰写，温兆伦参与了本书的文字校对和插图工作。本书的顺利完成得到了河南理工大学土木工程学院刘希亮教授、秦本东教授、王光勇副教授等的帮助和支持，中铁第一勘察设计院集团有限公司提供了大量现场资料，在此一并表示感谢。

在撰写过程中借鉴了他人的研究成果，在此向本书中引用文献的作者表示诚挚的谢意。本书的编写和出版得到了同行专家和出版社同志的热心支持与帮助，在此致以衷心谢忱。

由于作者水平有限，书中难免存在不足之处，恳请广大读者批评指正。

作者

2023年12月

目　录

1 绪 论

1.1 选题背景与研究意义

近年来，随着我国经济建设的快速发展，国家水网总体格局正在快速推进。2023年印发的《国家水网建设规划纲要》，从国家水网总体布局、完善水资源配置和供水保障体系、完善流域防洪减灾体系、完善河湖生态系统保护治理体系和推动国家水网高质量发展等方面进行详细规划部署。文件指出：到2025年，建设一批国家水网骨干工程，国家水安全保障能力得到明显增强。到2035年，基本形成国家水网总体格局，国家水网主骨架和大动脉逐步建成，省市县水网基本完善，构建与基本实现社会主义现代化相适应的国家水安全保障体系。

我国大型引调水工程已经取得了举世瞩目的成就，南水北调东线工程及中线工程、引滦入津工程、万家寨引黄入晋、大伙房输水工程等引调水工程已经投入运行，另有一大批长距离的调引水工程投入建设，如引汉济渭二期工程、滇中引水工程、引江补汉工程、引黄入淀工程、引黄济青工程、引大济湟工程等。长距离引调水工程线路长、穿越区域广，不可避免面临各种复杂的地质条件，作为控制性工程的隧洞建设面临严峻的施工和运行条件。盾构法施工以其安全、快速、机械化程度高、对环境影响小、地层适应性强等特点，在引调水工程输水隧洞建设中得到越来越多的应用。

盾构掘进不可避免对隧洞围岩产生扰动，出现变形、地表沉降等现象，其扰动程度与隧洞所处地层工程地质特性和掘进施工控制措施密切相关。当地质条件复杂且掘进参数设置不当时，极易诱发工作面失稳、塌方等重大地质灾害，给隧洞施工造成严重的不良影响。上海、广州、深圳等地复杂地层条件的地铁盾构隧道施工中时有开挖面失稳施工事故发生，南京地铁10号线越江隧道因下穿复杂地层而出现开挖面沉降量过大及坍塌失稳等问题。根据统计，近年来发生的盾构隧洞灾害事故中塌方占总事故比例的47%，如图1-1所示，而开挖面失稳是塌方事故发生的主要原因。显然，开挖面失稳不仅影响隧洞施工安全，影响施工进度，还会威胁施工人员的生命财产安全。而大埋深、长距离引调水隧洞无论在沿纵深方向的深度上还是沿隧洞轴线方向的广度上，都将增加遭遇不良地质条件的可能性。在进行深埋盾构施工时，深埋隧洞开挖面破坏变形规律与浅埋情况完全不同，而且深埋盾构隧洞设计理论匮乏、施工经验欠缺，给深埋盾构隧洞施工带来极大的难度和安全隐患。随着隧洞埋深的增加，高土压力导致开挖面平衡机理及稳定性与常规埋深下的开挖面存在很大差异，深埋盾构开挖面稳定性控制已成为盾构施工中预防环境灾变的关键问题。因此，为了最终实现深埋盾构隧洞塌方事故的预防及治理、保障隧洞安全施工、保护隧洞周边环境，开展地下深埋盾构隧洞开挖面变形规律研究及其稳定性预测具有十分重要的意义。

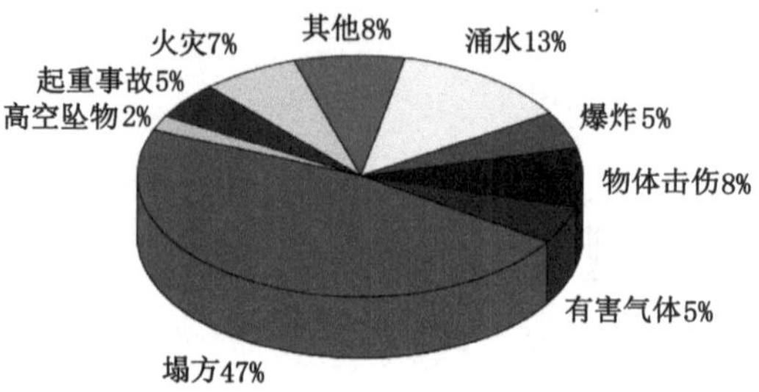

图 1-1　盾构隧洞事故占比

盾构穿越复合地层在跨区域引调水中较为常见。复合地层通常是指开挖断面范围内和开挖延伸方向上由两种或两种以上不同地层组成的地层，同一里程隧洞横断面表现为上下或左右软硬不均，在隧洞纵剖面上表现为软硬相间。与单一地层相比，复合地层岩性变化频繁，不同地层的物理力学特性差异大。其中隧洞断面地层的复合特性，对盾构施工的影响尤其明显。不同地层较大的物理力学参数差异会导致同一断面上下部地层变形不一致、应力集中等现象发生，可能造成盾构姿态易失控、盾构掘进超挖等问题，极大增加了盾构机施工的难度，使得上部地层出现不均匀变形，严重的会导致隧洞坍塌。同时，复合地层施工对盾构机的掘进参数的设置提出了新的要求和挑战，不合适的掘进参数会给隧洞施工造成严重威胁，轻则毁坏机械设备，重则造成人员伤亡甚至隧洞停建改线。因此，研究盾构穿越的复合地层隧洞围岩变形规律以及掘进参数对盾构隧洞围岩稳定性的影响规律对深埋盾构隧洞安全施工具有重要的意义。

随着越来越多的高水压盾构隧洞的出现，盾构隧洞开挖环境越来越复杂，其中外水压力的不断增大最为明显。例如，南京和燕路隧道最高水压为 0.79 MPa[1]，苏通 GIL 电力管廊隧道最高水压为 0.8 MPa[2]，江阴靖江长江隧道最高水压为 0.82 MPa[3]，甬舟铁路金塘海底隧道最高水压为 0.85 MPa，深茂铁路珠江口隧道最高水压为 1.06 MPa，正在建设的青岛胶州湾第二海底隧道最高水压达 1.4 MPa，计划建设的琼州海峡大埋深隧道最高水压达 1.7 MPa；等等。高水压下盾构隧洞的防水体系面临着严峻挑战。盾构隧洞主体结构通常采用预制混凝土管片拼装而成，而管片拼装完成后存在大量的环缝和纵缝，隧洞外部的水会通过这些接缝渗漏进入隧洞内部，极大地影响了隧洞的运营和维护，甚至还会影响隧洞的长期服役性能。盾构隧洞密封垫为防水重点，在工程允许的张开量以及错台量情况下确保弹性密封垫能够满足工程密封防水要求和长期服役要求是现今隧洞发展面临的一个重要课题。因此，十分有必要开展盾构管片弹性密封垫防水性能和长期服役性能的研究。

1.2　国内外研究现状与发展动态

1.2.1　深埋盾构隧洞开挖面稳定性研究现状与发展动态

1.2.1.1　盾构开挖面稳定性及影响因素研究现状

在盾构掘进过程中岩土颗粒运移规律与土仓内土体流动性方面，马腾[4]利用 EDEM 离散元软件研究了刀盘前方土体的运动场和土体颗粒运动轨迹，得出了刀盘前端土体的运动场分布和影响范围，以及不同刀盘形式对地层的扰动和地层沉降的影响规律。赵卫星等[5]研究了砂卵石地层盾构掘进过程中土体运动规律及受力特征，针对局部滞留场造成的刀盘卡停、中心结泥饼等问题提出了优化建议。黄威然等[6]针对土压平衡渣土运移堵塞问题进行了研究，通过分析堵塞的原因、分类、风险，针对土压平衡盾构渣土堵塞问题从盾构设计、制造和施工三个方面提出对策。李培楠等[7]针对盾构土仓内部土体颗粒流动性和受力特性进行了精细化仿真，获得了土仓内部土体颗粒流速度场分布特征和运移沉积规律，提出了土仓内部结构优化措施，揭示了颗粒体系界面间力传递的细观响应机制。H. H. Zhu等[8]采用离散单元法建模，评估了土压平衡盾构机土室系统在砂卵石地层中的适应性，提出了改善土室结构以获得更好的流动性和更高的耐磨性的措施。徐前卫等[9]以砂卵石地层为工程背景，研究了卵石颗粒流动规律，获得了土仓隔板压力分布特征及荷载传递系数，为土仓压力的优化设定提出了建议。

在盾构隧洞开挖面支护压力与破坏机理方面，王明年等[10]采用颗粒离散元数值方法，对土压平衡盾构隧道开挖面因支护力不足引起的变形及破坏问题开展了研究，研究结果表明开挖面稳定所需支护压力远小于土体静止土压力，为卵石地层中开挖面支护压力的确定提供了参考。Z. X. Zhang 等[11]采用离散元方法确定了不同埋深情况下开挖面的极限支护力。彭小庆[12]采用有限元软件 ABAQUS 研究了不同开挖面支护压力下开挖面水平位移的变化规律。曹校勇等[13]依托穿黄工程，采用有限差分软件 FLAC^{3D}研究了不同泥浆支护压力比对开挖面稳定性的影响，得到了不同泥浆压力比时地层孔隙水压力和地层沉降量变化规律。缪林昌等[14]采用 PFC^{2D}分析了盾构隧道掘进过程中土体密实度对开挖面极限支护力和残余支护力的影响，从细观角度分析了开挖面的失稳机理，确定了开挖面的破坏范围。W. Liu 等[15]通过半圆形隧道模型试验对开挖面施加不同的支护压力，得到了不同隧道开挖面支护压力梯度与土体运动的关系，揭示了干砂地层中盾构隧道开挖面失稳破坏规律。黎春林[16]为确定开挖面极限支护力，对隧道拱顶以上的半圆台曲面模型进行了受力分析，提出了一种全新的曲面滑动块模型。R. P. Chen 等[17]采用离散元方法研究了浅埋隧道中开挖面的破坏模式和极限支护力，揭示了极限支护压力随相对埋深的变化规律。N. Berthoz 等[18]研究了土压平衡盾构在软土地层中掘进的开挖面极限支护压力和失稳破坏模式，为软土地层开挖面稳定性研究提供了理论基础。A. Kirsch[19]通过在密实砂土和松散砂土中开展室内模型试验，确定了不同隧道埋深条件下的开挖面失稳模式和极限支护力。J. Z. Sun 等[20]通过在透明土体中开展盾构掘进模型试验，利用数字图像关联技术(DIC)分析开挖面破坏模式，掌握了开挖面失稳区域内部的变形情况，结果表明埋深对失稳区域的影响较大。孙潇昊等[21]采用二维颗粒流程序对不同埋深条件下的盾构掘进过程进行模拟，揭示了开挖面破坏机理。雷华阳等[22]基于透明黏土分析了不同埋深情况下开挖面失稳扩展过程，并提出了失稳区的判定标准。胡欣雨等[23]采用颗粒流方法对盾构隧道掘进全过程进行模拟，指出开挖面失稳破坏发展的实质是局部土体失稳发展到整体失稳的过程，并分析了开挖面失稳对周围地层造成的影响。X. L. Lü 等[24]采用逐渐后移刚性支撑板的方法实现了支护压力逐渐减小过程，揭示了干砂地层中隧道开挖面失稳破坏机理。刘泉维等[25]通过大尺寸模型试验研究了不同水头高度对开挖面主动破坏的影响，探究了砂质地层的开挖面主动破坏的发展模式和规律。

在盾构开挖面稳定性影响因素方面，M. J. Maynar 等[26]以马德里地铁工程为背景，基于离散元方法研究了盾构推力和扭矩对开挖面稳定性的影响，并与实际数据进行对比。王俊等[27]通过建立三维离散元模型开展了土压平衡盾构动态掘进过程模拟，探讨了隧道埋深、土体内摩擦角、施工扰动等因素对开挖面稳定性的影响规律，并从土体颗粒运动的角度解释了开挖面失稳机理。黄昕等[28]通过建立三维流固耦合有限元模型分析高水压环境下盾构隧道施工对开挖面稳定性的影响，得到了盾构始发、连续掘进、停机等不同施工阶段盾构隧道位移场的演变规律。刘新荣等[29]利用有限差分软件 FLAC^{3D}对隧道埋深、泥浆重度、刀盘开口率、推进速度、送浆压力、黏聚力和内摩擦角等因素进行全局性和敏感性分析。申政等[30]采用 ABAQUS 软件研究了埋深比、上覆水位、土体内摩擦角对地层沉降的影响，并探讨了开挖面前方土体的破坏模式。陈强[31]通过开展模型试验研究了刀盘开口率对地表沉降量、开挖面前方土压力、盾构推力及扭矩的影响规律，并开展了刀盘开口率对开挖面稳定性的影响的数值模拟，研究了开挖面稳定性影响因素的敏感度。周立基等[32]依托佛莞城际铁路隧道工程构建三维有限元数值模型，分析盾构穿越复合地层时不同地层复合比和土体内摩擦角对开挖面稳定性的影响规律。武文安等[33]以合肥地铁盾构施工段为工程背景，研究了盾构机在砂土和黏土中掘进过程中的地层沉降和土压力变化情况。石宗涛[34]采用流固耦合理论研究了大直径泥水盾构穿越透水砂层施工过程中开挖面的稳定问题，揭示了开挖面土体位移和土体应力在不同泥水压力下的变化规律。

通过以上总结可以看出，国内外学者采用不同方法对盾构隧洞开挖面稳定性问题进行了大量研究，取得了丰硕的研究成果，但仍存在以下不足：① 土仓压力对土压平衡盾构掘进过程开挖面稳定性的影响不可忽略。目前关于盾构隧道开挖面支护压力的研究，考虑盾构掘进过程中的土仓压力。由于开挖面支护压力无法直接观测，因此，从土仓压力入手分析开挖面支护压力更具实际意义。② 对隧道开挖面稳定性的研究还停留在浅埋条件下，针对深埋条件下开挖面稳定性的研究较少。③ 目前针对隧道开挖面稳定性影响因素的研究大多数为地层因素，但在实际工程中，盾构掘进参数对开挖面的影响同样不可忽视。因此，研究掘进参数对开挖面稳定性的影响规律来确定最佳掘进参数具有重要意义。

1.2.1.2　盾构隧洞开挖面稳定性风险评估研究现状

B. B. Broms 等[35]首次提出了开挖面稳定性系数，B. B. Attewell 等[36]在该稳定性系数的基础上提出了隧道开挖面稳定性的评定标准，并通过开挖面稳定性系数对隧道稳定性进行分级。吴贤国等[37]对武汉长江隧道特殊地质环境主要风险因素进行识别和分析，确定了各因素发生的概率和影响程度，并提出了防治措施。王祥等[38]以贵阳市轨道交通三号线为工程背景，应用层次分析法建立了岩溶隧道施工风险评价模型，以盾构掘进风险、周边环境风险、自然及地质风险为一级指标，以刀盘形式等 13 个风险源为二级指标，对盾构隧道施工风险进行评估，得到现场施工风险等级为Ⅱ级。詹金武等[39]归纳总结对隧道施工风险影响较大的因素，利用层次分析法确定各指标权重，构建了山岭隧道塌方风险等级评估模型。马钢等[40]在饱和软黄土典型物理力学特性和地层赋存规律研究的基础上，分析了风险发生的根本原因，结合工程实际讨论了周边环境破坏风险、涌水涌泥风险、塌方风险、盾构掘进风险四种典型风险，并提出了风险控制措施。赵岩[41]选取黄土含水率、干密度、孔隙比、黏聚力和内摩擦角等土体参数为稳定性评估指标，采用主成分分析法得到各指标权重，基于正态云理论构建了隧道施工稳定性评估模型。李欣[42]选择隧道埋深、支护安全系数、覆盖比、内摩擦角、黏聚力、渗透能力以及地下水状态作为开挖面稳定状态评价指标，采用定性和定量相结合方法确定各指标权重，基于 TOPSISI 法建立了越江盾构隧道开挖面稳定性评价模型，利用该评估模型对 10 组施工中的开挖面进行风险评估，验证了该评估模型优良的适用性。阎向林[43]以总推力、刀盘扭矩、螺旋输送机转速、土压力、泡沫注入量和注入压力等因素为控制指标，将风险等级划分为五级，建立了盾构掘进风险评估模型，为土压平衡盾构在复杂地层中的掘进风险评估研究提供参考。余鹏程等[44]采用肯特指数法对高速公路隧道进行风险评估，将评估指数分为基础指数、设计参数、施工风险指数和风险损失指数，建立了公路隧道风险评估模型。陈孟乔[45]选用肯特指数法对泥水盾构隧道开挖面失稳风险进行评估，选用 4 个项目为准则层和 20 个子项作为因素层，建立了开挖面失稳风险评估模型，并验证了该评估模型的适用性。

深埋条件下盾构隧洞开挖面失稳风险的风险因素、影响程度难以确定。目前盾构隧洞风险因素研究主要集中在地质层面，针对地质环境进行风险评估。但是，在盾构工程掘进过程中，施工掘进参数始终处于动态变化中并对施工安全起着决定性作用，特别是刀盘开口率、掘进速度、刀盘转速等与开挖面稳定性直接关联的因素。在进行盾构隧洞开挖面风险评估时，必须将地质因素同施工参数结合考虑，同时对盾构施工参数进行合理设计评估，使风险评估模型更具实际意义。

1.2.2　盾构掘进过程中隧洞围岩变形规律研究现状与发展动态

1.2.2.1　复合地层盾构隧洞围岩稳定性研究现状

范雨等[46]采用有限元软件 ABAQUS 建立了盾构双线隧道开挖的数值计算模型，研究了隧道穿越砂-灰岩复合地层引起围岩的不均匀变形及应力的分布特征。曹利强[47]以城市复合地层为研究对象，以盾构掘进影响下围岩的变形控制为核心，针对盾构掘进影响下复合地层的变形范围发展规律的精细化控制技术进行系统研究。张晏铭等[48]通过相似模型试验，探究了不同硬度比的土岩复合地层中隧道在正上方局部超载作用下的变形规律和破坏模式。黄惟[49]开展了上软下硬复合地层隧道开挖稳定性模型试验，研究了软硬分界面分布对隧道开挖受力变形的影响规律，并利用强度折减法、数值极限分析法研究了隧道稳定性及失稳坍塌形态，定量评价了上软下硬复合地层隧道安全性，揭示了潜在破坏面分布规律。于月浩[50]采用室内试验及数值模拟方法，研究复合地层隧道非均匀变形特征，揭示了围岩的变形特征及各变形指标的变化规律。张旺旺[51]通过建立软硬复合地层的三维数值模型模拟盾构隧道穿越过程，研究地层分布形态、围岩力学性质、工作面支护力等影响因素作用下软硬复合地层围岩的变形规律。宋曙光[52]对土压平衡盾构穿越不同地层过程进行了三维数值模拟，研究了不同地层、不同隧道埋深、不同岩土体特性时盾构施工对围岩变形、开挖面失稳的影响规律。魏纲等[53]对杭州某典型上软下硬地层盾构工作井开挖工程进行监测分析，发现随着开挖深度的增加，墙体的水平位移呈现单峰值和双峰值两种情况，整体呈现上升趋势。陈雷[54]采用数值模拟方法研究了隧道施工过程对复合地层沉降的影响，发现隧道中轴线处的地表沉降量最大，约为 5 倍洞径，且复合地层对此也有明显的增益。王建秀等[55]通过对超大直径盾构隧道穿越复杂地层工程进行沉降监测，发现地层损失达到阈值而导致的地表沉降量大幅度增加。

综上所述，盾构施工对复合地层围岩变形影响规律的研究基本上集中在浅埋地铁隧道，而对于深埋盾构穿越复合地层的研究较少，因此有必要深入开展盾构掘进对复合地层围岩变形规律研究以及对围岩扰动范围相关研究。

1.2.2.2 掘进参数对隧洞围岩变形规律影响研究现状

王文[56]研究了隧道埋深、地层强度比及不同掘进程度对双线隧道地表沉降发展规律及特征参数的影响，研究结果表明隧道埋深越大地表沉降量增加越显著。N. A. Do 等[57]采用数值模拟方法研究了盾构掘进过程中顶推力和注浆压力等因素对隧道上方围岩变形和地表沉降的影响。马腾[4]运用离散元数值模拟软件对砂卵石地层进行建模，研究了盾构施工作用下刀盘形式、开口率等对地层扰动和围岩沉降规律的影响，通过现场数据监测对模拟结果进行对比分析。田雪萍[58]利用有限元软件 ABAQUS 研究了盾构推进距离、开挖面支护力等对盾构施工作用下围岩沉降规律的影响，提出了盾构掘进参数等对隧道围岩沉降控制的具体措施。付振江[59]利用有限元软件 ABAQUS 对盾构掘进穿越饱和砂层过程进行模拟，研究了盾构掘进参数推力和掘进速度对地表沉降的影响规律。苏健行等[60]通过对土压平衡盾构机的推进力进行数值建模，综合考虑开口率、盾构机体长、摩擦系数以及土仓压力等因素，经过试验证明推进力受土仓压力和盾构与土体接触长度的影响特别显著。刘洪洲等[61]基于三维有限元方法对盾构隧道穿越软弱地层进行模拟，研究了盾体长度、盾构进尺和开挖面推进力等因素对地表沉降的影响。孙钧等[62]依托上海轨道明珠线工程研究了交叉隧道在盾构施工作用下土体的变形规律，基于有限元法研究了盾构机的掘进速度、土仓压力以及注浆量等因素对地表沉降的影响规律。张慧鹏等[63]基于三维颗粒流离散元分析方法研究了盾构不同掘进参数时刀盘破岩受力情况，确定了盾构最大掘进速度与刀盘转速的关系，提出了中强风化泥质粉砂岩复合地层盾构掘进参数控制区域划分范围。刘新荣等[64]基于正交试验原理，利用有限差分软件 $FLAC^{3D}$ 研究了隧道埋深、泥浆重度、刀盘开口率、推进速度、送浆压力、土层黏聚力和内摩擦角等因素对地层沉降的影响。曹云飞[65]采用多种方法对盾构掘进过程中刀盘扭矩、土仓压力等因素对地层变形的影响规律进行研究，并采用多元线性回归方法对盾构机安全掘进速度进行预测，为实际工程提供参考。林春金等[66]建立了土仓压力智能预测模型，研究了螺旋输送机转速、刀盘扭矩、推进速度、刀盘转速和土仓压力等因素对地表沉降的影响。

综上所述，目前关于盾构施工对隧洞围岩变形影响的研究多集中于注浆压力、盾构机支护力、盾构机进尺等，缺乏盾构机的掘进参数（刀盘转速、推进速度、土仓压力）对隧洞围岩变形影响的研究。因此，开展盾构掘进参数对隧洞围岩变形规律的研究对控制深埋盾构隧洞围岩变形具有重要的意义。

1.2.3 盾构隧洞管片接缝密封垫防水性能研究现状与发展动态

1.2.3.1 盾构隧洞管片接缝密封垫防水性能研究现状

盾构隧洞管片接缝密封垫防水性能研究主要有两种手段，一种是水密性试验，另一种是数值模拟。盾构隧洞管片接缝密封垫防水性能试验研究最早于 20 世纪 70 年代由德国 G. Girnau[67]教授提出。随后，S. L. Paul[68]对弹性密封垫的防水性能进行了水密性试验，发现了弹性密封垫与金属盖板沟槽接触面比弹性密封垫之间接触面更容易发生渗漏。

F. I. Shalabi 等[69]采用足尺试验对管片接缝开展了“一”字缝与“T”字缝的水密性试验，研究了接缝防水性能在静态荷载和动态荷载下的变化规律。Kurihara 等[70]通过对弹性密封垫进行防水试验，总结了密封垫截面形状和截面面积对弹性密封垫防水性能的影响规律。W. Q. Ding 等[71]利用新型三向加载防水性能试验装置研究了在施工阶段和运营阶段受现场荷载条件影响下弹性密封垫渗漏和力学行为，分析了弹性密封垫接触应力与供水压力之间的关系，揭示了管片接缝张开量和错台量对密封垫防水性能的影响规律。C. H. Shi 等[72]通过试验研究获得了弹性密封垫在不同张开量和错台量情况下管片接缝的防水性能，建立了管片接缝应力-渗漏耦合模型，推导出对应的接触面耦合方程。C. J. Gong 等[73]采用防水试验与数值模拟分析相结合的方法，研究了弹性密封垫张开量、错台量、弹性密封垫橡胶硬度等因素对防水性能的影响，提出了弹性密封垫接触应力与水压之间的关系式。G. L. Zhang 等[74]提出了一种可模拟张开量、错台量、偏心压缩等情况的弹性密封垫力学性能和进行防水试验装置；采用荷载-变形关系来表征管片沟槽内密封垫的力学行为，同时分析了不同工况时密封胶用量对弹性密封垫防水体系的影响。赵运臣等[75]在考虑施工极限装配误差情况下对初步设计密封垫进行防水性能试验和装配性能试验，并根据试验结果对弹性密封垫截面设计参数和结构形式进行优化。周文锋等[76]建立了“T”字缝流固耦合数值模拟计算模型，揭示了“T”字缝密封垫-密封垫接触面接触应力分布特点和渗漏规律；利用伺服式高水压试验装置开展“T”字缝耐水压性能试验，并结合数值模拟结果建立“T”字缝渗漏临界水压公式。肖明清等[77]研究了双道密封垫总防水能力的计算方法，并通过对弹性密封垫开展“T”字缝和“一”字缝耐水压试验，结果表明双道密封垫的防水能力与理论计算方法所得结论基本一致。欧阳文彪[78]使用 ABAQUS 数值模拟软件对弹性密封垫在荷载作用下的受压变形过程进行三维模拟，并且将数值模拟结果与试验结果进行对比，验证其一致性，同时对弹性密封垫力学性能多重影响因素进行探讨。刘建国等[79]采用有限元方法对弹性密封垫压缩过程中的孔洞内部压力变化开展研究，分析了孔洞内部压力的变化对弹性密封垫压缩过程的影响。张亚洲等[80]采用有限元分析软件对密封垫发生渗漏过程进行动态化模拟，同时结合耐水压试验揭示了弹性密封垫防水性能的作用过程及产生机制，并探讨了使双道弹性密封垫防水可靠性增强的因素。王湛[81]运用有限元软件对不同张开量和错台量时的弹性密封垫防水失效机理开展研究。郭志明等[82]运用有限元软件研究了弹性密封垫在施加水压作用和未施加水压作用情况下的防水能力，并且结合耐水压试验得到弹性密封垫在最不利工况下的变形特征和接触应力变化特性。文彦鑫[83]通过数值模拟与室内试验相结合的方法，对不同截面形式和开孔形状密封垫的防水性能和拼装过程开展研究，分析了密封垫不同接触位置防水性能的差异以及管片拼装纵缝和密封垫表面状态对防水性能的影响。

综上所述，不同接触面、张开量、错台量等因素对密封垫防水性能均会产生不同的影响，对密封垫的防水性能研究呈现出分析目标多样、影响因素繁多、不同方案试验结果差异较大等特点。目前针对密封垫防水性能理论分析方面的研究尚不完善，现有的数值模拟方法仅可作为初步比较，仍需开展室内试验加以验证。因此，有必要采用耐水压室内试验与数值模拟相结合的方法研究密封垫的防水性能。

1.2.3.2 管片弹性密封垫长期服役性能研究现状

在盾构隧洞使用年限内，三元乙丙弹性橡胶密封垫在服役期间均处于压缩状态，弹性密封垫在其所处盾构隧洞环境中会逐渐出现老化现象，各方面性能会随着使用年限的增加出现劣化现象，由弹性密封垫压缩所产生的接触应力也随着使用年限的增加逐渐降低。因此，研究三元乙丙弹性橡胶密封垫的长期服役性能是非常有必要的。目前对橡胶材料使用寿命的研究都是基于一个前提，即“橡胶材料的加速老化反应速率服从阿累尼乌斯公式”基本假设[84]。基于此，李咏今[85]通过多组硫化橡胶室内快速氧化和自然氧化试验，研究了硫化橡胶的使用寿命，并提出了橡胶使用寿命数学模型。张法源[86]针对不同种类硫化橡胶试样预测其长期变化结果，并且与长期老化试验结果进行对比分析。王民[87]针对弹性密封垫橡胶材料使用寿命问题展开研究，并将研究成果成功运用于武汉长江隧道管片接缝橡胶密封垫。时兴波等[88]以橡胶压缩永久变形为控制指标，以人工加速老化试验数据为基础，分析了橡胶材料的活化能和寿命，揭示了老化时间和老化温度之间的关系。王爱华等[89]通过对三元乙丙橡胶开展热氧加速老化试验，研究了不同老化时间时三元乙丙橡胶的力学性能。陶玲等[90]通过热氧加速老化试验，以拉断伸长率和压缩永久变形两个因素为评价指标，运用阿累尼乌斯方程对 EPDM 橡胶进行寿命预测。周城等[91]以压缩永久变形随时间变化率为控制指标，研究了热氧作用对三元乙丙橡胶材料性能的影响。钟小春等[92]针对盾构隧道管片接缝三元乙丙弹性橡胶密封垫开展了压缩永久变形以及人工加速老化试验，通过对试验数据处理分析来预测弹性密封垫的长期防水性能，并分析了钱塘江越江隧道管片存在张开量情况下的防水性能。伍振志等[93]对越江盾构隧道接缝弹性密封垫防水机理进行分析，基于橡胶应力松弛老化模型，对三元乙丙弹性密封垫展开人工加速老化试验，研究其压缩应力松弛行为，通过对试验数据分析来预测弹性橡胶密封垫的使用寿命。董林伟等[94]基于时温等效原理，对三元乙丙橡胶材料展开人工加速老化试验，为简化寿命预测烦琐的计算流程，编制相应的计算程序来预测弹性密封垫的使用寿命。张子新等[95]通过开展热氧加速老化试验建立三元乙丙橡胶老化系数模型，以伸长率与应力的比值作为老化性能劣化指标，预测三元乙丙橡胶在不同时间状态下的性能，从而对弹性密封垫的长期服役性能进行预测。张稳军等[96]通过对三元乙丙橡胶密封垫试样展开人工加速老化试验，得到橡胶材料在不同温度下的压缩应力松弛系数，基于“P-T-t”三元老化模型对试验所得数据进行线性拟合回归计算，得到弹性密封垫压缩应力松弛系数与老化时间的计算解析式，预测了复合型密封垫在 100 年使用年限内的防水性能。姚润樾[97]通过对三元乙丙橡胶密封垫试样展开人工加速老化试验，得到其接触应力、压缩永久变形、拉伸强度、扯断延伸率四项性能指标，对所得数据进行线性拟合回归，建立“P-T-t”三元老化模型及老化预测函数，预测了 100 年后弹性密封垫的防水性能。

综上所述，弹性密封垫在服役期间受管片沟槽挤压作用一直处于压缩状态，故采用压缩状态下弹性密封垫的压缩应力松弛指标来研究其长期服役性能比较合适。因此，本书以压缩应力松弛系数作为三元乙丙弹性密封垫长期服役性能评价指标，基于时温等效原理，通过热氧加速老化试验，对试验所得数据进行多次线性回归拟合，得到弹性密封垫长期服役性能预测公式，并通过数值模拟对弹性密封垫进行老化时变分析。

1.3 主要研究内容

本书以“引汉济渭”二期工程白鹿塬隧洞为工程背景，面向深埋复杂地质条件下盾构施工隧洞工作面稳定与地层变形控制及盾构管片密封垫防水需求，提出考虑机-岩相互作用的盾构隧洞开挖数值模拟方法，研究盾构掘进过程中岩土体颗粒运动过程与受力特征，分析不同参数对盾构掘进过程隧洞开挖面稳定性影响规律，提出盾构隧洞开挖面稳定性评估方法，探讨单一及复合地层盾构掘进过程对隧洞围岩变形的影响规律，揭示盾构隧洞管片密封垫的防水性能和长期服役性能。主要研究内容如下：

（1）考虑机-岩相互作用的盾构隧洞掘进数值模拟方法研究。根据依托工程隧洞围岩特征，选取合适的离散元接触模型，开展泥质砂岩的单轴压缩、堆积角等室内试验，获取岩石的泥质砂岩的基本物理力学参数，并借助 EDEM 软件开展大量堆积和单轴压缩数值仿真试验，实现对泥质砂岩细观参数的标定；借助三维建模软件构建盾构机的三维数值模型，设置盾构机在 EDEM 离散元软件中的运动状态，提出 EDEM 离散元软件中土仓压力确定与控制方法；建立模拟盾构机掘进过程的三维离散元数值模型，给出盾构掘进仿真步骤，实现盾构掘进过程三维离散元模拟。

（2）盾构掘进过程隧洞开挖面稳定性分析与风险评估研究。采用考虑机-岩相互作用的盾构隧洞掘进数值模拟方法，研究深埋盾构掘进过程中岩土体颗粒的运动状态与受力特征，分析盾构掘进过程相关参数变化与开挖面稳定性关系；探讨隧洞埋深、刀盘开口率、盾构掘进速度、刀盘转速在不同土仓压力条件下对开挖面及地层沉降的影响规律，确定不同工况下的土仓极限支护压力；研究深埋盾构开挖面稳定性影响因素，建立盾构隧洞开挖面稳定性风险评估方法并开展工程案例验证与应用。

（3）盾构掘进过程对隧洞围岩变形影响规律研究。采用考虑机-岩相互作用的盾构隧洞掘进数值模拟方法，建立盾构隧洞穿越复合地层三维离散元模型，研究不同复合形式和强度比下盾构掘进对隧洞围岩变形的影响规律；探讨刀盘转速、掘进速度、土仓状态等掘进参数对隧洞围岩位移的影响规律，为盾构隧洞掘进参数的选取提供依据和建议。

（4）盾构隧道管片密封垫防水性能研究。设计 9 种弹性密封垫截面形式，采用有限元方法研究不同截面形式弹性密封垫的变形特征与接触应力分布规律，遴选最优弹性密封垫截面形式；通过对优选的密封垫开展“一”字缝耐水压试验以及数值模拟分析，研究密封垫在“一”字缝耐水压试验中的渗漏位置以及最大耐水压值变化规律，探讨不同错台量时密封垫的变形特征和两种渗水路径下的接触应力规律。

（5）盾构隧洞管片密封垫长期服役性能预测研究。对优选的弹性密封垫开展人工热氧加速老化室内试验，基于阿累尼乌斯方程的“P-T-t”三元老化模型对试验数据进行线性回归拟合，建立弹性密封垫长期服役性能预测经验公式，获取各使用年限时橡胶老化应力松弛系数；采用有限元数值模拟方法，研究预测弹性密封垫在不同张开量和错台量时的接触应力分布规律与时变特征，揭示弹性密封垫的长期服役性能。

2 考虑机-岩相互作用的盾构隧洞掘进数值模拟方法

盾构掘进是盾构机与围岩相互作用过程，涉及刀盘切削岩土体、破碎岩土体颗粒进入土仓、土仓压力与工作面土压力相互平衡及岩土体颗粒由螺旋出土器运出等一系列复杂过程。传统的基于连续介质理论的数值模拟方法无法直观体现盾构旋转切削动态掘进过程，难以有效模拟切削过程中岩土体材料的离散本质，无法准确刻画岩土体在受荷状态下的内在机理，准确性很大程度上受到本构模型、模型参数和网格划分精度等因素的影响。离散单元法作为一种较新兴的数值模拟方法，充分遵从颗粒材料的散体性，直接通过分析颗粒材料颗粒间相互力学作用，从而实现对颗粒材料受荷性状的准确揭示。在模拟盾构掘进过程中颗粒运移、机岩相互作用等方面具有较大优势。本章提出一种考虑机-岩相互作用的盾构隧洞掘进数值模拟方法，选取适当的离散单元接触模型，对工程围岩开展单轴压缩试验和堆积角试验并进行细观参数标定，并借助三维建模软件 Solidworks 构建盾构机三维立体模型，实现盾构机模型在 EDEM(engineering discrete element method)中运动状态赋值表征与全尺度三维盾构掘进模型土仓压力控制，最终建立盾构掘进三维离散元数值模型，为开展盾构掘进过程中隧洞开挖面稳定性分析和围岩变形规律研究奠定模型基础。

2.1 离散元接触模型选用

离散元法最早由英国皇家工程院院士、美国工程院院士 Peter Cundall 教授于 1971 年提出，是一种颗粒离散材料分析技术[98]。其最初的用途是对岩石力学问题分析。该方法并不总是完全满足变形协调条件和位移连续条件，即单元之间允许相对运动。离散元技术由于计算时间短和存储需求极小，非常适合用于求解大位移问题和非线性问题。离散元法应用于数值模拟时，将模型中的每个颗粒作为一个单独的颗粒单元，建立数学模型。颗粒之间存在接触与分离的联系。利用颗粒接触力学模型可以计算出两个颗粒接触时在接触处产生的扭矩和力。模拟过程中各单元的运动和相互位置，表征整个介质的变形和演化。每个粒子的行为特征反映了整个系统的行为特征。接触颗粒间碰撞产生的接触力和力矩用来表达每个颗粒在特定时刻的行为特征。

EDEM 软件是全球首个基于离散单元法模拟和分析颗粒系统过程处理和生产操作的通用软件。EDEM 软件是一款开放性极高的软件，保留了多种软件的耦合接口，并且拥有多种软件导入接口，可直接导入多种格式的三维模型。EDEM 作为一款可视化操作的应用软件，用户能够迅速掌握操作方法，能够简便、直观地建立数值模型并操作。同时 EDEM 拥有强大且完善的功能。下面对 EDEM 具体功能进行简要介绍。

(1) 前处理

在 EDEM 前处理阶段,可以设定颗粒的各种物性参数和接触模型。EDEM 的颗粒选择并不局限于简单的球形颗粒,而是可以根据实际工程情况设定,也可以从外部导入颗粒模型(CAD),满足各种颗粒模型的建模需求。

EDEM 的 Particle Factory(颗粒工厂)是一种独特的颗粒生成方式,该技术可以根据模型的形状或者外部 CAD 模型设定生成颗粒的方式、速度、位置、颗粒分布规律,也可以满足用户的二次开发需求以生成特殊需求的颗粒。颗粒工厂生成颗粒方式分为动态生成方式和静态生成方式。

EDEM 的 Geometry(几何设置)可以实现从外部导入多种格式的三维几何模型,包括 CAD、Solidworks 等,并对模型进行运动状态定义赋值。同时,该模块可以实现导入多种几何模型部件,在 EDEM 软件中进行组装。

(2) 分析计算

EDEM 的 Simulator(求解器)可以直观、快速地设定时间步长、搜索网格大小、数据存储频率等。同时监测颗粒间碰撞信息,可直观、真实地查看盾构掘进模拟动态过程。

(3) 后处理

EDEM 的 Analyst(后处理)模块为数据处理提供了强有力的工具,可以在进行数据分析的同时对颗粒粒子流进行三维可视化操作。EDEM 为用户提供多种多样的表格,可以展示任意变量组合的作用关系,还提供了多种颗粒三维展示方式,可以根据不同需求对颗粒颜色模板进行编辑。可以获取颗粒、几何、接触与黏结的全部信息。同时可输出各种图片格式与视频格式。

总而言之,EDEM 软件相比之前的离散元软件,无论是操作的简便性方面还是可视化功能方面都具有更加突出的优点。

2.1.1　离散单元法基础理论

牛顿第二定律是离散单元法的基本理论基础,能量原理和 Betti 功互等定理是有限元法和边界元法的基本理论基础。其背后是一个经典的固体力学概念[99]。

利用离散元技术将研究对象划分为独立的颗粒系统。利用静态和动态松弛技术进行迭代计算,根据粒子间的相互作用和牛顿第二定律确定每个时间步内每个粒子的力和位移,并更新每个粒子的相对位置。观察并计算每个粒子的相对独立运动,得出整个研究模型的整体运动规律。颗粒间的相互作用通常采用离散元技术作为瞬时平衡问题进行研究。当内部相互作用达到平衡时,模型被称为处于平衡状态。离散元作用机理如图 2-1 所示。

牛顿第二定律和接触模型是离散单元法基本原理的一部分。利用牛顿第二定律求解单元的位移、速度、加速度等物理量,利用接触模型计算单元之间的接触力。离散元法不同于有限元法和边界元法,因为它基于牛顿第二定律和各种接触模型,并且计算方法不同。

2.1.2　离散单元法接触模型

(1) 模型假设

离散单元法假设离散体是颗粒的集合,每个颗粒是具有质量和形状的独立的实体。离散元法的基本假设为:

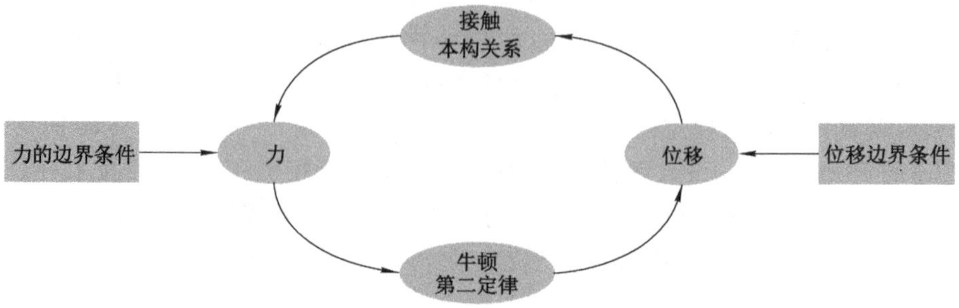

图 2-1 离散元计算过程示意图

① 由于颗粒被视为刚体，模型体的变形可以看作颗粒接触处所有变形的总和。

② 颗粒间的接触方式为点接触，接触面积很小。

③ 颗粒的接触特性为软接触，允许存在一定程度的重叠，重叠量相比颗粒尺寸可忽略，颗粒形变远小于位移和自旋。

④ 在每一个时间步内扰动不能互相传递。在所有的时间内，任一颗粒上所作用的合力具有唯一值。

（2）常用的接触模型

根据不同材料的差异，需要建立不同的颗粒接触模型来反映相应材料的宏观特性。接触模型分为两种，一种是基础接触模型，一种是附加接触模型。常用的基础接触模型有两种：Hertz-Mindlin（无滑移）接触模型和 Hertz-Mindlin（JKR 黏附）接触模型；附加接触模型较多，如 Hertz-Mindlin 黏结接触模型、线性黏附接触模型、运动表面接触模型、线弹性接触模型和摩擦电荷接触模型，可以根据材料性质进行选择。

① Hertz-Mindlin（无滑移）接触模型

此模型是接触模型中最常用的接触模型，也是默认模型，具有高效的力学计算精确性。法向力分量的计算是基于 Hertzian 接触理论[100]，切向力模型是基于 Mindlin-Deresiewicz 的相关研究成果建立的[101]。

设半径分别为 R_1 和 R_2 的球形颗粒发生弹性碰撞，法向重叠量 α 的计算公式为：

$$\alpha = R_1 + R_2 - |\boldsymbol{r}_1 - \boldsymbol{r}_2| \tag{2-1}$$

式中，$\boldsymbol{r}_1$，$\boldsymbol{r}_2$ 分别为两颗粒球心位置矢量。

颗粒间的接触面为圆形，接触半径 a 为：

$$a = \sqrt{\alpha R^*} \tag{2-2}$$

式中，R^* 为等效粒子半径，可由式(2-3)求得。

$$\frac{1}{R^*} = \frac{1}{R_1} + \frac{1}{R_2} \tag{2-3}$$

此时，颗粒间存在的法向力 F_n，可由式(2-4)求得。

$$F_n = \frac{4}{3}E^*(R^*)^{\frac{1}{2}}\alpha^{\frac{3}{2}} \tag{2-4}$$

式中，E^* 为等效弹性模量，可由式(2-5)求得。

$$\frac{1}{E^*} = \frac{1-\nu_1^2}{E_1} + \frac{1-\nu_2^2}{E_2} \tag{2-5}$$

式中，E_1，E_2 分别为颗粒 1、2 的弹性模量；ν_1，ν_2 分别为颗粒 1、2 的泊松比。

法向阻尼力 F_n^d 可由式(2-6)计算求得。

$$F_n^d = -2\sqrt{\frac{5}{6}}\beta\sqrt{S_n m^*}\, v_n^{rel} \tag{2-6}$$

式中，m^* 为等效质量；v_n^{rel} 表示相对速度的法向分量；S_n 为法向刚度；β 为系数。

$$\begin{cases} m^* = \dfrac{m_1 m_2}{m_1 + m_2} \\ v_n^{rel} = (\boldsymbol{v}_1 - \boldsymbol{v}_2)\cdot \boldsymbol{n} \\ S_n = 2E^*\sqrt{R^*\alpha} \\ \beta = \dfrac{\ln e}{\sqrt{\ln^2 e + \pi^2}} \end{cases} \tag{2-7}$$

式中，m_1，m_2 分别为颗粒 1 和颗粒 2 的质量；v_1 和 v_2 分别为两个颗粒发生碰撞之前具有的速度；e 为恢复系数。

发生碰撞时的法向单位矢量 $\boldsymbol{n}$ 可由式(2-8)求得。

$$\boldsymbol{n} = \frac{\boldsymbol{r}_1 - \boldsymbol{r}_2}{|\boldsymbol{r}_1 - \boldsymbol{r}_2|} \tag{2-8}$$

颗粒间切向力 F_t 可由式(2-9)求得：

$$F_t = -S_t\delta \tag{2-9}$$

式中，δ 为切向重叠量；S_t 为切向刚度，可由式(2-10)确定。

$$S_t = 8G^*\sqrt{R^*\alpha} \tag{2-10}$$

式中，G^* 为等效剪切模量，可由式(2-11)求得。

$$G^* = \frac{2-\nu_1^2}{G_1} + \frac{2-\nu_2^2}{G_2} \tag{2-11}$$

式中，G_1 和 G_2 分别为两颗粒的剪切模量。

颗粒间的切向阻尼力 F_t^d 可由式(2-12)求得。

$$F_t^d = -2\sqrt{\frac{5}{6}}\beta\sqrt{S_t m^*}\, v_t^{rel} \tag{2-12}$$

式中，v_t^{rel} 为切向相对速度。

② Hertz-Mindlin(JKR 黏附)接触模型

该接触模型是在 Hertz 理论的基础上考虑了湿颗粒间黏结力对颗粒运动规律的影响，是一个黏聚力接触模型，适用于模拟颗粒间因静电、水等原因发生明显黏结和团聚的情况，通过加强 Hertz-Mindlin 接触模型的法向力，发展出线性黏附接触模型[102]。

JKR 法向力基于重叠量和相表面能可表示为：

$$F_{JKR} = \frac{4E^*}{3R^*}\alpha^3 - 4\alpha^{\frac{3}{2}}\sqrt{\pi\gamma E^*} \tag{2-13}$$

式中，F_{JKR} 为 JKR 法向弹性力；γ 为表面能。

黏附能量密度 k 的单位是 J/m³。JKR 法向力被添加到 Hertz-Mindlin 接触模型的法向接触力中。由于该模型没有切向力的额外变化，相比 Hertz-Mindlin 接触模型仍然有数值较大的无黏性法向力增量，因此为了产生颗粒间的滑移，需要一个更大的摩擦力来实现。

③ Hertz-Mindlin 黏结接触模型

该模型采用一个有限大小的"胶黏剂"黏结，颗粒之间的黏结可以阻止切向和法向的相对运动。当达到最大法向和切向应力时这种结合就被破坏了，此后颗粒作为硬球颗粒对彼此产生作用。该接触模型主要依托 Potyondy 和 Cundall 的研究，更适合用于对岩石和混凝土结构的模拟[103]，接触模型作用机理如图 2-2 所示。

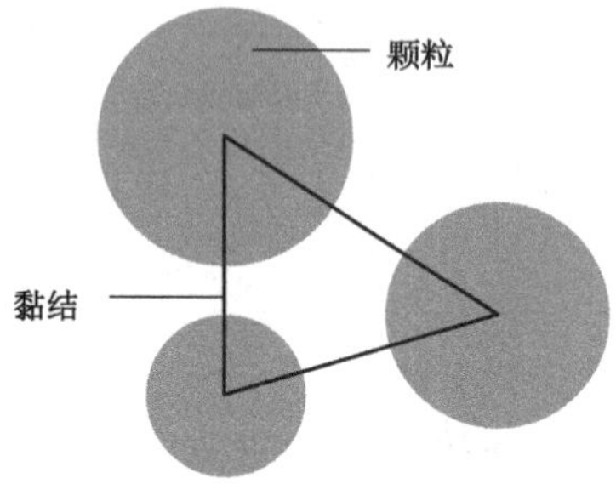

图 2-2　Hertz-Mindlin 黏结接触模型示意图

颗粒在某一时刻 t_{ROND} 被黏结起来，在此之前，颗粒通过 Hertz-Mindlin 接触模型发生相互作用。然后黏结力 F_{n}、F_{t} 和力矩 T_{n}、T_{t} 随着时间步长的增加，按照下式从 0 开始增加：

$$
\begin{cases}
\delta F_{\mathrm{n}} = -v_{\mathrm{n}} S_{\mathrm{n}} A \delta t \\
\delta F_{\mathrm{t}} = -v_{\mathrm{t}} S_{\mathrm{t}} A \delta t \\
\delta T_{\mathrm{n}} = -\omega_{\mathrm{n}} S_{\mathrm{t}} J \delta t \\
\delta T_{\mathrm{t}} = -\omega_{\mathrm{t}} S_{\mathrm{n}} \dfrac{J}{2} \delta t
\end{cases}
\tag{2-14}
$$

式中，A 为接触区域面积，$A=\pi R_{\mathrm{B}}^2$；J 为转动惯量，$J=\frac{1}{2}\pi R_{\mathrm{B}}^4$；$R_{\mathrm{B}}$ 为黏结半径；S_{n} 和 S_{t} 分别为法向刚度和切向刚度；δt 为时步；v_{n} 和 v_{t} 分别为颗粒的法向速度和切向速度；ω_{n} 和 ω_{t} 分别为颗粒的法向角速度和切向角速度。

当法向应力和切向应力超过某个定义的值时，认为黏结作用被破坏，因此，定义法向和切向剪应力的最大值如下：

$$
\begin{cases}
\sigma_{\max} < -\dfrac{F_{\mathrm{n}}}{A} + \dfrac{2T_{\mathrm{t}}}{J} R_{\mathrm{B}} \\
\tau_{\max} < -\dfrac{F_{\mathrm{n}}}{A} + \dfrac{T_{\mathrm{t}}}{J} R_{\mathrm{B}}
\end{cases}
\tag{2-15}
$$

式中，$\sigma_{\max}$ 和 $\tau_{\max}$ 分别为法向最大剪应力和切向最大剪应力。

此黏结力和力矩是在标准 Hertz-Mindlin 力之外又增加的。当模型中引入这种黏结，颗粒间不再是自然的接触，接触半径应设置的比这些球形粒子的接触实际半径大。另外，该模型只能用于模拟各颗粒之间的接触。

④ 运动平面接触模型

运动平面接触模型通常被用来模拟几何部件的线性运动。在模拟过程中，整个部件以相同的速率进行运动。该模型只用于模拟粒子-几何体之间的接触情况，切向重叠量的计算步骤如下：

计算当前颗粒与几何体之间的相对速度 $\boldsymbol{v}_{\text{old}}^{\text{rel}}$：

$$\boldsymbol{v}_{\text{old}}^{\text{rel}} = \boldsymbol{v}_{\text{P}} - \boldsymbol{v}_{\text{G}} \tag{2-16}$$

式中，$\boldsymbol{v}_{\text{P}}$ 为颗粒速度；$\boldsymbol{v}_{\text{G}}$ 为几何体速度。

计算当前切向速度 $\boldsymbol{v}_{\text{t\_old}}^{\text{rel}}$：

$$\boldsymbol{v}_{\text{t\_old}}^{\text{rel}} = \boldsymbol{v}_{\text{old}}^{\text{rel}} - \boldsymbol{n}(\boldsymbol{n} \cdot \boldsymbol{v}_{\text{old}}^{\text{rel}}) \tag{2-17}$$

式中，$\boldsymbol{n}$ 为接触点的法向单位矢量。

随着运动平面的速度变化，更新几何部件速度，并计算新的相对速度 $\boldsymbol{v}_{\text{new}}^{\text{rel}}$：

$$\boldsymbol{v}_{\text{new}}^{\text{rel}} = \boldsymbol{v}_{\text{P}} - (\boldsymbol{v}_{\text{G}} + \boldsymbol{v}_{\text{M}}) \tag{2-18}$$

式中，$\boldsymbol{v}_{\text{M}}$ 为几何部件速度增量。

计算新的切向速度 $\boldsymbol{v}_{\text{t\_new}}^{\text{rel}}$：

$$\boldsymbol{v}_{\text{t\_new}}^{\text{rel}} = \boldsymbol{v}_{\text{new}}^{\text{rel}} - \boldsymbol{n}(\boldsymbol{n} \cdot \boldsymbol{v}_{\text{rew}}^{\text{rel}}) \tag{2-19}$$

计算切向重叠量的变化量 δ_{new}：

$$\delta_{\text{new}} = \delta_{\text{old}} + \left| v_{\text{t\_new}}^{\text{rel}} - v_{\text{t\_old}}^{\text{rel}} \right| T_{\text{step}} \tag{2-20}$$

式中，T_{step}为时间步。

利用 Hertz-Mindlin 模型，代入新的切向重叠量，便可得到标准的接触力。

⑤ 线弹性接触模型

线弹性接触模型的基础是 Cundall 和 Strack 1979 年的研究成果[104]，通过一个线性弹簧和阻尼器并联实现。两颗粒间的法向力 F_{n} 可由下式计算得出：

$$F_{\text{n}} = k\alpha + c\dot{\alpha} \tag{2-21}$$

式中，k 为弹簧的刚度系数；c 为阻尼器的阻尼系数；α 为重叠量；$\dot{\alpha}$ 为叠合速度。类似的也可以求出切向力。

弹簧的刚度系数和阻尼器的阻尼系数通常刻意将材料的性质和运动的约束结合起来计算。通常将理想的 Hertzian 模型中最大的应变能 E_{Hertzian}与实际模型中的最大应变能 $E_{\max}$等同起来。

$$k = \frac{16}{15} R^{*\frac{1}{2}} E^{*} \left(\frac{15 m^{*} v^{2}}{16 R^{*\frac{1}{2}} E^{*}} \right)^{\frac{1}{5}} \tag{2-22}$$

阻尼器的阻尼系数和恢复系数的关系式为：

$$c = \sqrt{\frac{4 m^{*} k}{1 + \left(\frac{\pi}{\ln e} \right)^{2}}} \tag{2-23}$$

模拟过程中可以增加时步。然后通过对刚度的调整来减小重叠量。该模型的计算步骤较少，相比 Hertz-Mindlin 接触模型优势明显。

⑥ 摩擦带电接触模型

当两个不同的材料颗粒相互接触时，就会产生不同的摩擦电荷。由于相接触的两物体具有不同的电荷，接触完成后就产生了电荷的传递。该模型所用的摩擦方程是 Greason 于 2000 年提出的。Greason 所描述的摩擦电荷模型是一个金属小球从绝缘管道中滚过的过程，方程如下：

$$\frac{\mathrm{d}q}{\mathrm{d}t} = \alpha(q_{\text{s}} - q) - \beta q \tag{2-24}$$

式中:q 为 t 时刻小球上所带电荷;q_s 为饱和电荷;α,β 为电荷产生和损耗的时间常数。

由式(2-24)可得出:

$$q(t)=q_s\frac{1}{1+\beta/\alpha}[1-e^{-(\alpha+\beta)t}] \tag{2-25}$$

电荷的损耗是一个缓慢的过程,主要是大气粒子的冲击造成的,电荷的损耗可以忽略,则式(2-25)可简化为:

$$q(t)=q_s(1-e^{-\alpha t}) \tag{2-26}$$

2.1.3 接触模型的选择

根据所依托工程地质条件,隧洞处于含水泥质砂岩地层中,基础模型 Hertz-Mindlin(无滑移)用来模拟干燥、颗粒间无明显黏结作用、滑动摩擦力较小的情况,基础接触模型 Hertz-Mindlin(JKR 黏附)接触模型用来模拟湿润、颗粒间有明显黏结作用、滑动摩擦力较大的情况[105]。所以模拟工况基础接触模型选取 Hertz-Mindlin with JKR Cohesion 更合适。根据现场探勘报告和后续进行的室内参数标定试验,可以确定穿越地层具有一定的强度,附加接触模型 Hertz-Mindlin 黏结接触模型主要通过给颗粒间添加刚性连接来模拟材料强度[106],所以本书附加接触工况选取 Hertz-Mindlin 黏结接触模型更贴合实际。

2.2 离散元细观参数标定

在采用 EDEM 软件模拟过程中,为了得到符合实际的物理力学模型,必须建立颗粒细观结构参数与物理模型宏观力学参数之间的对应关系。EDEM 颗粒流模型的宏观物理力学参数一般不能直接与颗粒细观参数一一对应,模型物理力学特性和颗粒细观参数之间存在复杂多变的不确定关系。因此,EDEM 模型宏观物理力学参数和可以选择的颗粒细观参数必须通过相应的数值模拟试验来建立彼此之间的对应关系,这个过程称为细观参数标定。细观参数标定是数值模拟中重要且不可或缺的一环,参数标定的正确性体现在仿真材料对现场物料的还原度。

一般而言,EDEM 离散元仿真过程中材料的物性参数大致可以分为三类:材料固有参数、材料接触参数、接触模型参数。材料固有参数包括剪切模量、泊松比和密度,可以通过实验室测试和原位测试确定,其值通常相对固定。材料接触参数包括碰撞恢复系数、静摩擦系数和滚动摩擦系数。这是两个物体发生接触时才会起作用的物性参数,和发生接触的两个物体都有关系。这三个参数变化非常大,也没有可查询的文献和手册。通常需要采用数值模拟试验进行标定。在一些特殊的接触模型中还需要额外的模型参数,如 JKR Cohesion 和 Linear Cohesion 接触模型中需要“能量密度”来表征颗粒接触的黏性等。这些参数由于是模型化的,很难与实际的物料特性直接换算,通常必须采用数值模拟试验标定。

本节通过对现场样品进行单轴压缩试验和堆积角试验测试相关物理力学参数,并通过数值模拟方法实现对现场物料物理力学性能最大限度还原,为后续数值模拟中细观参数的确定提供依据。

2.2.1 泥质砂岩力学参数测试

(1) 依托工程现场取样

“引汉济渭”被称为陕西省的“南水北调”工程。该工程是将汉江水引入渭河以补充西安、宝鸡、咸阳等5个大中城市的给水量，是缓解关中渭河沿线城市和工业缺水问题的根本性措施。引汉济渭二期工程是引汉济渭工程的重要组成部分，是国家“十四五”期间重点推进的150个重大水利工程之一。引汉济渭二期工程穿越拥有国家地质博物馆之称的秦岭地区，由于秦岭地区地质条件复杂，引汉济渭二期工程建设面临高埋深、地质条件恶劣等诸多挑战。

白鹿塬隧洞长9 388 m，Ⅳ级围岩长1 980 m，占21.09%，Ⅴ级围岩长7 408 m，占78.91%，洞身工程地质条件较差。白鹿塬隧洞长距离穿越泥岩夹砂岩地层，工程地质以泥岩夹砂岩地层为主，砂泥岩含量达到78.91%，属于施工难度较大的软质砂泥岩地质。白鹿塬隧洞段内地层主要为第四系全新统滑坡堆积黄土状土和上阶更新统风积黄土状土，更新统中阶、更新统卡拉布里雅阶风洪积黄土状土，新近系上新统泥岩、砂岩，其中引汉济渭二期工程白鹿塬隧洞盾构段主要穿越泥岩层，埋深为270～300 m。

岩样取自“引汉济渭”二期工程白鹿塬隧洞围岩，运输过程中采用保鲜膜密封保存，确保试验样品各项参数与现场保持一致。试验共需准备两种样品，一种是尺寸为直径50 mm、高100 mm的圆柱形试件，用于进行单轴压缩试验，采用钻孔采样机和双端面磨石机对试件进行加工；另一种是粒径小于1.5 mm的散土样，用于进行堆积角试验，采用网筛对现场土样进行过筛。试件加工过程及成品如图2-3所示。

(a) 试件取芯　(b) 试件打磨　(c) 试件成形

(d) 网筛　(e) 原始土样　(f) 筛分土样

图2-3　加工过程及样品

(2) 单轴压缩试验

依据《工程岩体试验方法标准》(GB/T 50266—2013)对岩样进行制备并测试相关力学参数。试验装置为中国科学院武汉岩土力学研究所研发的RMT-150B数字控制电液伺服试验系统，如图2-4所示。该试验装置可用于岩石、混凝土等材料的单轴压缩试验、三轴压缩试验等试验。加载过程中采用控制位移加载，加载速率为2 mm/s。试验过程中记录应力和位移读数，计数间隔为0.12 s。

图 2-4　RMT-150B 数字控制电液伺服试验系统

选取制备的尺寸 ϕ50 mm×100 mm 的圆柱体试件进行加载。为了排除试验误差干扰，选取 3 个质地均匀的试件进行单轴压缩试验。采取位移加载控制的方法对岩样加载至丧失承载力，确定峰值强度和应力-应变关系曲线。结合地质勘察资料，采用计算平均值的方法求得原岩单轴抗压强度、弹性模量和泊松比等力学参数。试件破坏形态如图 2-5 所示，基本力学参数测试结果见表 2-1。

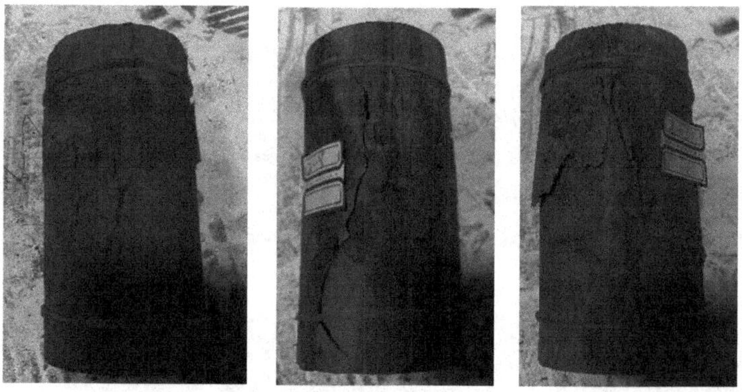

(a)　(b)　(c)

图 2-5　岩样破坏图

表 2-1　岩样基本力学参数测试结果

标号	天然密度/(g/cm^3)	抗压强度/MPa	弹性模量/GPa	泊松比
Z-1	2.32	2.79	5.22	0.283
Z-2	2.22	1.82	2.99	0.312
Z-3	2.19	1.2	4.97	0.309
平均值	2.24	1.94	4.39	0.301

图 2-6 为单轴压缩试验中泥质砂岩的应力-应变关系曲线，可以看出岩样轴向变形较大，具有典型的软岩特性。

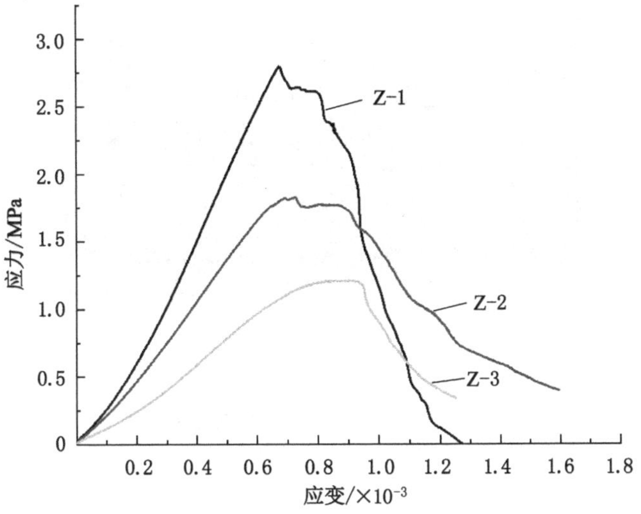

图 2-6　原岩试样应力-应变关系曲线

（2）堆积角试验

试验设备采用堆积角（自然休止角）测试仪，如图 2-7 所示。该仪器可用于松散物料的自然休止角测定。本次试验严格遵守规范要求，将物料加入漏斗后进行搅拌，保证物料均速、均量下落到堆积盘。

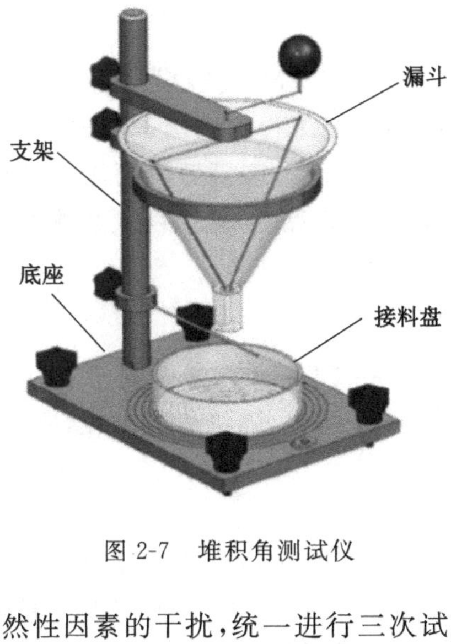

图 2-7　堆积角测试仪

为了避免试验中受到偶然性因素的干扰，统一进行三次试验取平均值。待物料下落完全并稳定后，测量并记录物料自然堆积角。结合地质勘察资料，利用计算平均值的方法求得原土样自然堆积角度，为下文细观参数标定提供参照。土样最终堆积角如图 2-8 所示。土样基本物理参数测试结果见表 2-2。

图 2-8　土样堆积完成

表 2-2　土样基本物理参数测试结果

标号	粒径/mm	含水率/%	堆积角/(°)
D-1	1～2	20.90	43
D-2	1～2	18.34	39
D-3	1～2	17.67	41
平均值	1～2	18.97	41

2.2.2　堆积角试验数值仿真

考虑依托工程现场情况，结合 EDEM 接触模型特性，基础接触模型应选用 Heatz-Mindlin(JKR 黏附)模型比较附合依托工程的情况。为表征颗粒间凝聚力，该模型采用了 JKR 法向弹性接触力 F_{JKR} 来计算：通过对该模型表面能设置来进行颗粒表面含水状态模拟，通过堆积角试验对材料静摩擦、滚动摩擦、碰撞恢复系数以及表面能进行确定。

2.2.2.1　EDEM 数值模型建立

(1) 几何模型建立

按照土壤堆积角的测量方法，在 EDEM 程序中创建了土壤堆积角虚拟试验的几何模型。模型由漏斗、接料盘及土壤颗粒组成，随机生成颗粒，顺着漏斗盘下落至接料盘中，颗粒无需初始速度，如图 2-9 所示。

(2) 颗粒微观参数确定

在 EDEM 软件中创建几何模型进行数值计算时，需要将几何参数(如颗粒形状和半径)和属性参数(如粒子密度、恢复系数、泊松比等)设置到尽可能与实际情况相匹配的程度。通过 EDEM 内部自带的颗粒工厂生成颗粒，颗粒从漏斗上方进入，模仿人工加料过程，颗粒堆积过程如图 2-10 所示。

(3) 颗粒接触模型设置

EDEM 软件中内置适合各种材料的接触模型，Hertz-Mindin with(JKR 黏附)模型通过在颗粒外层附着能量层来模拟颗粒含水状态，在该模型中，颗粒外能量密度越大含水率越

图 2-9 堆积角试验 EDEM 数值模型

图 2-10 EDEM 数值模型颗粒堆积过程

高。因此，Hertz-Mindin(JKR 黏附)模型更好地反映了岩石材料含水状态下的性能。本节选择 Hertz-Mindin(JKR 黏附)模型作为颗粒接触模型。

(4) 重力堆积过程

将土壤颗粒从漏斗中漏出，自然下落到下方的平面上，随着土壤颗粒自然下落堆积，颗粒堆积稳定土堆高度不再上升，四周自然休止角维持稳定后不再继续添加颗粒，待颗粒完全静止后，通过测量工具测出锥体表面与水平面的夹角，所测结果即物料堆积角。重复上述过程并测量 3 次，取平均值。

2.2.2.2 数值仿真过程

在进行 EDEM 仿真前需要设置合适的材料和接触参数，如材料密度、弹性模量、泊松比、摩擦系数等。根据对原岩试样进行的基本力学试验结果并参考相关文献，确定这些参数的取值，见表 2-3。

表 2-3 材料参数

材料属性参数	颗粒	盾构机	加载板
密度/(kg/m^3)	2 240	7 800	7 800
泊松比	0.301	0.25	0.25
弹性模量/GPa	4.39	10 000	10 000

通过将材料堆积密度、堆积角和模拟尺度输入 GEMM 数据库，可以获得碰撞恢复系数、静摩擦系数、滚动摩擦系数和 JKR 表面能的参考范围。通过将颗粒堆积角测试中测得的堆积密度和堆积角插入 GEMM 数据库，可以反演得到材料接触参数和接触模型参数的参考范围。以下为颗粒间接触模型参数和接触参数的参考范围：静摩擦系数为 0.44～1.16；恢复系数为 0.15～0.75；JKR 的表面能在 3.5～10.5 J/m^2 之间；滚动摩擦系数在 0.05～0.25 之间。在得到离散元接触参数和接触模型参数的参考范围后，为每个参数选择了 3 个备选的水平值。以 JKR 表面能、碰撞恢复系数、静摩擦系数、滚动摩擦系数为试验变量。堆积角作为试验指标。利用软件中的量角器工具从圆锥面 x 轴、y 轴方向测量堆积角，取平均值。仿真试验因素和水平设置见表 2-4。

表 2-4　堆仿真试验因素及水平

试验因素	低水平	中等水平	高水平
JKR 表面能/(J/m^2)	4.00	7.00	10.00
恢复系数	0.20	0.50	0.80
静摩擦系数	0.44	0.80	1.16
滚动摩擦系数	0.01	0.10	0.19

2.2.2.3　参数分析

土样堆积角随着各参数变化规律如图 2-11 所示。

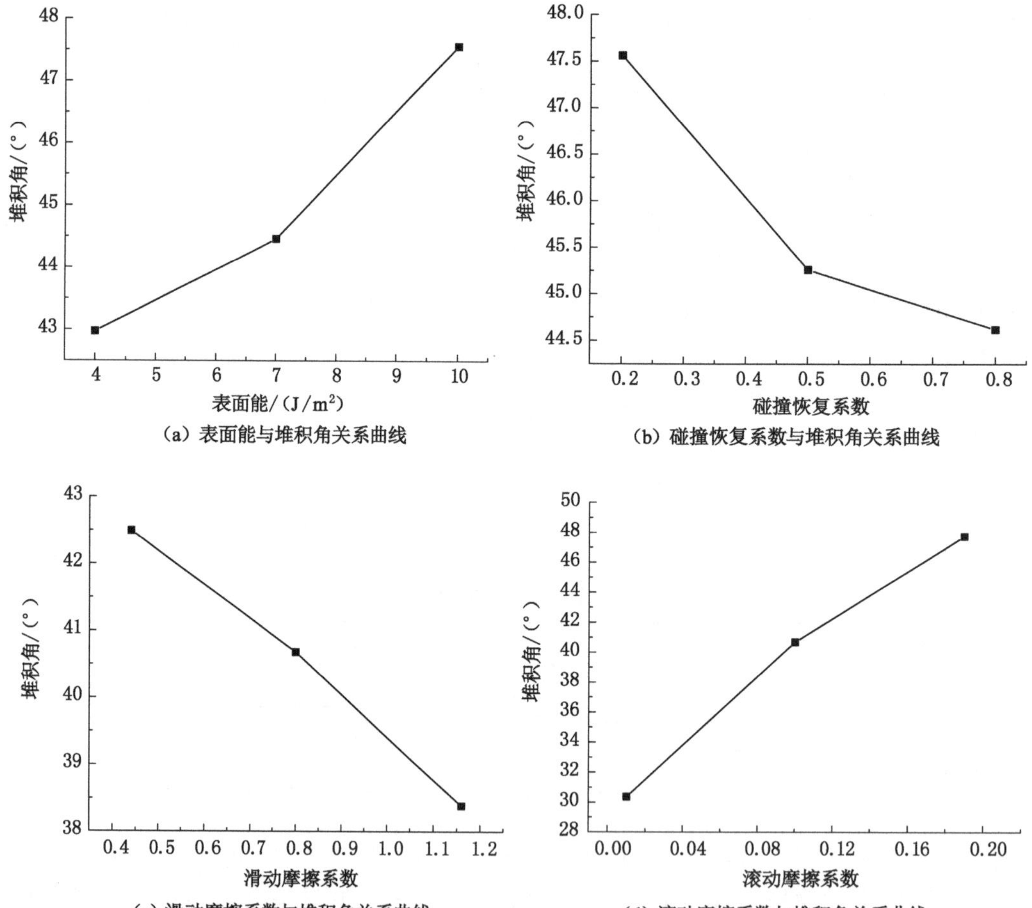

(a) 表面能与堆积角关系曲线

(b) 碰撞恢复系数与堆积角关系曲线

(c) 滑动摩擦系数与堆积角关系曲线

(d) 滚动摩擦系数与堆积角关系曲线

图 2-11　物料堆积角随不同参数变化曲线

由图 2-11(a)可知：随着表面能的增大，土样的堆积角逐渐增大，并且表面能越大，增幅越大；由图 2-11(b)可知：随着碰撞恢复系数的增大，土样堆积角度逐渐减小；由图 2-11(c)可知：随着滑动摩擦系数的增大，土样堆积角度逐渐减小；由图 2-11(d)可知：随着滚动摩擦系数的增大，土样堆积角度逐渐增大。

上述结果表明：JKR 表面能、碰撞恢复系数、滑动摩擦系数和滚动摩擦系数对堆积角均有显著影响。因此，在使用离散元软件仿真时，通过有限数量的虚拟试验来获得合适的标定结果具有一定的挑战性。借助 GEMM 等数据库可以降低参数校准范围。当与正确的试验设计方法结合使用时，可以减少参数校准负担，避免标定过程中参数调整的盲目性。通过对大量模拟试验与室内试验结果进行对比最终确定土样的物性参数，见表 2-5。

表 2-5　数值模拟土样物性参数

JKR 表面能/(J/m^2)	碰撞恢复系数	静摩擦系数	动摩擦系数	堆积角/(°)
7	0.5	0.8	0.1	40.68

2.2.3　单轴压缩试验数值仿真

在利用 EDEM 进行盾构机开挖模拟时，为了保证模拟结果的正确性和可行性，需通过参数标定得到能够准确反映围岩特性的细观模型参数。利用砂岩试样单轴压缩室内试验数据建立 EDEM 数值模型，尺寸比为 1∶1。采用迭代调整法完成数值模型细观参数的标定。几何建模过程如图 2-12 所示。

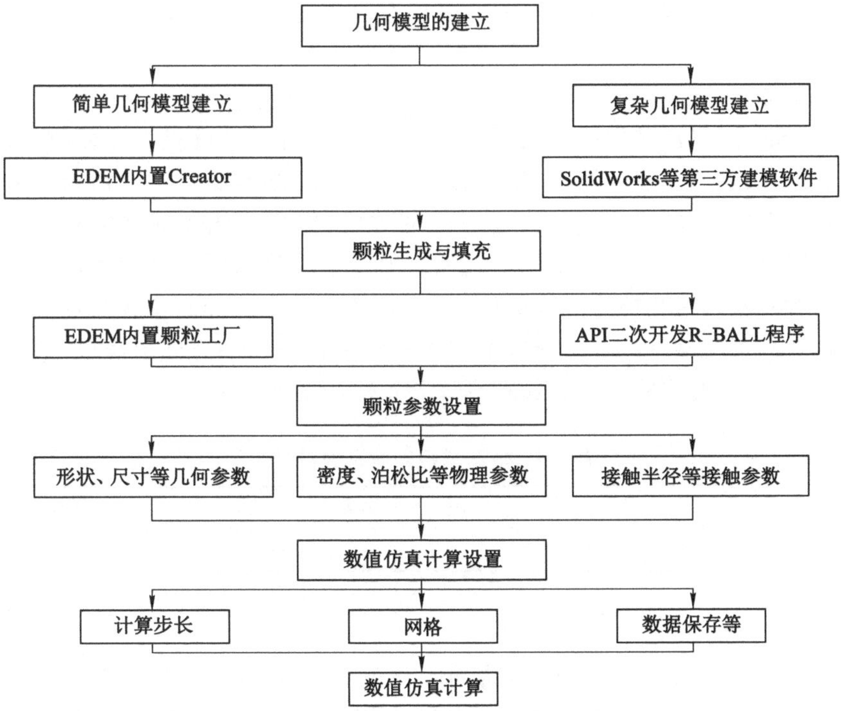

图 2-12　仿真试验建模流程图

2.2.3.1　EDEM 数值模型建立

(1) 几何模型建立

根据国际岩石力学学会推荐的标准，采用 ϕ50 mm×100 mm 的圆柱形泥岩试样进行单轴压缩数值试验。EDEM 程序中的模型创建功能(Creator 模块)是内置的,使用 EDEM 内置模块建模,数值计算模型如图 2-13 所示。

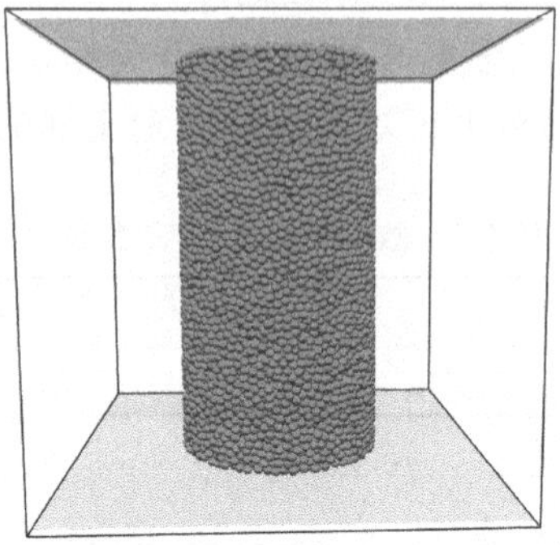

图 2-13　单轴压缩试验 EDEM 数值模型

(2) 颗粒细观参数确定

在 EDEM 软件中,当数值计算的几何模型建立完成后,需要对颗粒形状、半径等几何参数和颗粒密度、恢复系数、泊松比等属性参数进行设置,以便下一步生成满足特定孔隙率要求的数值模型。再对时间步长、总计算时间及保存步长、计算单元尺寸等进行设置,之后方可开始运算。

(3) 颗粒生成

颗粒由 EDEM 内部自带的颗粒工厂生成,颗粒生成时可以设置生成颗粒的数量(或质量)、生成的方式、沉积的速度、颗粒半径分布形式等参数,基本满足试验需求。本节采用上述方法进行颗粒生成,颗粒半径采用正态分布的方式,更真实地体现材料密度和孔隙率的要求。考虑上述原因,模拟过程中采用内置颗粒工厂生成单轴压缩试验数值模型。在颗粒生成中需要注意的是初始圆柱体 box 高度,设置为略高于 100 mm,待颗粒数量足够时再恢复为 100 mm,并且在生成 bonding 键前需要将重力重置到 y 轴方向上静置一段时间,保证样品两端平滑,避免影响试验结果。颗粒具体分布数量见表 2-6。

表 2-6　数值模型颗粒参数统计

项目	粒径/mm	粒径分布形式	颗粒数量/个
参数	0.8～1.2	正态分布	11 342

(4) 颗粒黏结键生成

在 EDEM 软件中设置了多种材料共同工作的接触模型。Hertz-Mindin 黏结接触模型在颗粒间建立黏结键,考虑了颗粒间的黏结作用。在该模型中,将颗粒凝聚在一起的黏结键可以抵抗切向力和法向力。当切向(法向)力达到相应的切向(法向)强度时,黏结键破坏。与其他 EDEM 内置模型相比,该模型能更准确体现岩石材料的特性。因此,单轴压缩试验数值仿真颗粒接触模型采用 Hertz-Mindin 黏结接触模型。

(5) 模型重力沉积与初始化

Hertz-Mindin 黏结接触模型需要在颗粒模型基本静止状态下才能生成,并且对时间步比较敏感，单轴压缩力需要在模型重力沉积作用完成后才能进行加载。因此，颗粒生成后，首先在重力作用下完成堆积；待颗粒完全静止后，再转换重力方向确保上下加载面平整，再次等待所有颗粒完全静止。EDEM 程序的 Gemetry 模块中能实现单轴压缩试验的加压过程，因此使用 EDEM 软件进行单轴压缩仿真试验即可。

(6) 加载过程实现

数值模拟试验中采用固定位移加载方式实现轴压加载。在试样顶部和底部专门添加加载板，顶部加载板沿 Z 轴负方向以 0.002 m/s 的速度匀速向下加载。通过监测顶部加载板上的受力可以得到模型在加载运行过程中的应力-变化关系曲线。

2.2.3.2 单轴压缩数值仿真过程

在进行 EDEM 仿真之前，需要设置合适的材料物性参数和接触参数，如材料密度、弹性模量、泊松比、摩擦系数等。根据对原岩试样进行的基本力学试验结果并参考相关文献，确定这些参数的取值，见表 2-3 和表 2-7。

表 2-7 接触参数

材料属性参数	颗粒-颗粒	颗粒-盾构机	颗粒-加载板
静摩擦系数	0.8	0.8	0.8
动摩擦系数	0.1	0.1	0.1
碰撞恢复系数	0.5	0.5	0.5

在单轴压缩试验模拟过程中，除了上述参数外还应设置 Hertz-Mindin 黏结模型参数，包括法向接触刚度、切向接触刚度、临界法向应力、临界切向应力。对上述 4 个参数进行标定，颗粒接触半径设置为 1.1 mm。

采用控制变量的方法进行试验模拟。试验过程中通过改变一个参数值、保持 3 个参数值不变进行数值模拟，进而研究该参数对岩石宏观力学特性的影响。单轴压缩仿真试验设计 4 组试验，每组试验取 3 个不同的参数值，共进行 12 次数值模拟，见表 2-8。通过建立细观参数与宏观力学参数的关系，找出最能准确反映泥质砂岩宏观力学参数的模型颗粒黏结键参数，最终完成细观参数标定。

表 2-8 单轴压缩仿真试验设计

编号	法向接触刚度/(N/m³)	切向接触刚度/(N/m³)	临界法向应力/MPa	临界切向应力/MPa
M1-1	1×10^8	5×10^8	0.5	500
M1-2	1×10^8	5×10^8	5	500
M1-3	1×10^8	5×10^8	50	500
M2-1	1×10^8	5×10^8	500	0.5
M2-2	1×10^8	5×10^8	500	5
M2-3	1×10^8	5×10^8	500	50

表 2-8(续)

编号	法向接触刚度/(N/m³)	切向接触刚度/(N/m³)	临界法向应力/MPa	临界切向应力/MPa
M3-1	1×10^6	5×10^8	500	500
M3-2	1×10^7	5×10^8	500	500
M3-3	1×10^9	5×10^8	500	500
M4-1	1×10^8	5×10^6	500	500
M4-2	1×10^8	5×10^7	500	500
M4-3	1×10^8	5×10^8	500	500

2.2.3.3 参数分析

单轴压缩试验的应力-应变曲线如图 2-14 所示。

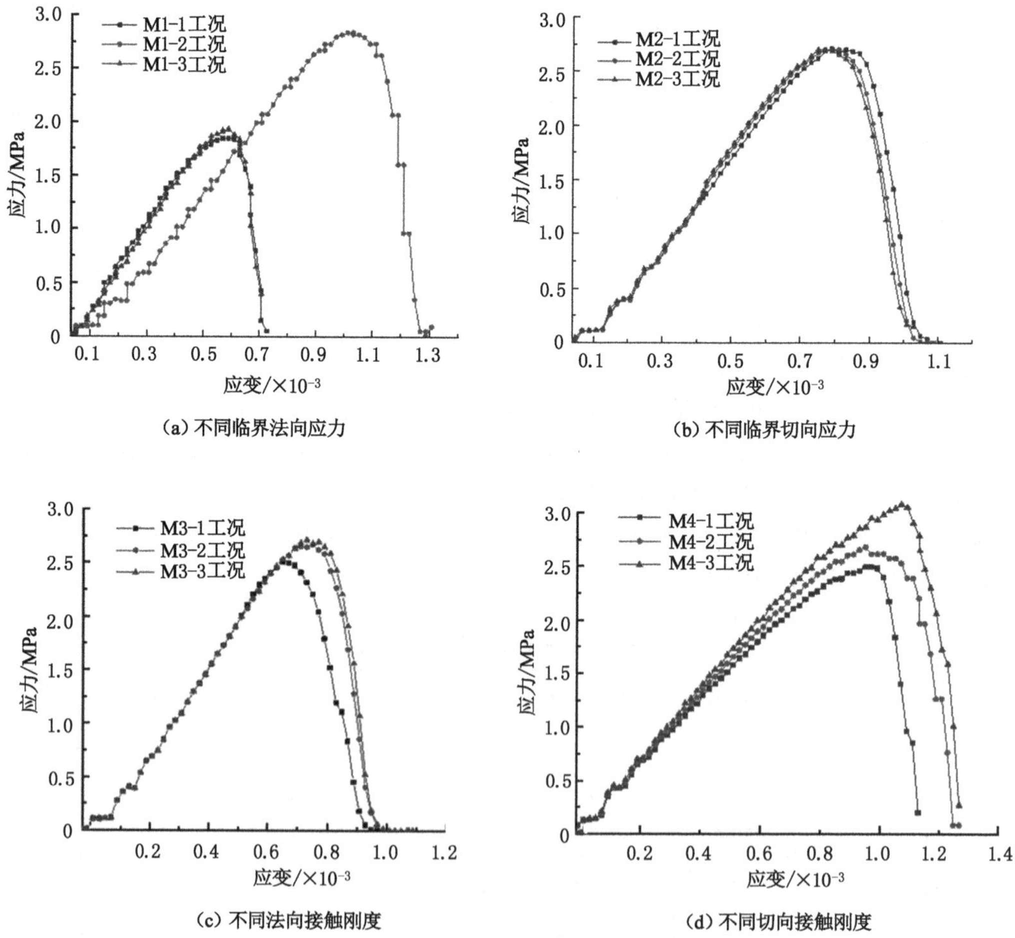

(a) 不同临界法向应力　(b) 不同临界切向应力

(c) 不同法向接触刚度　(d) 不同切向接触刚度

图 2-14　不同细观参数时单轴压缩应力-应变关系曲线

由图 2-14 可知：当法向接触刚度、切向接触刚度、临界切向应力保持不变，改变临界法向应力时，应力-应变关系曲线有较大变化。其中，M1-1 和 M1-3 工况下应力-应变关系曲线变化相似，M1-2 工况应力-应变关系曲线线性上升段与应变轴夹角减小，其应力峰值大幅度提升，其下降段与应变轴夹角基本一致，最终应变值增大约 1 倍。由此可以看出：M1-2 工况，临界法向应力在临近 5 MPa 时，抗压强度达到最大值，临界法向应力增大或减小 1 个数量级后抗压强度均减小。

当法向接触刚度和临界法向应力保持不变，改变临界切向应力时，M2-1、M2-2、M2-3 工况下的应力-应变关系曲线的线性上升段斜率随着临界切向应力增大而小幅度增大，峰值应力随着临界切向应力增大存在微小变化，下降段与应变轴夹角基本一致，最终应变值随临界切向应力增大而略微减小。

当切向接触刚度、临界法向应力、临界切向应力保持不变，改变法向接触刚度时，M3-1、M3-2、M3-3 工况下的应力-应变关系曲线的线性上升段斜率基本一致，其峰值应力随着法向接触刚度增大而增大，其下降段与应变轴夹角基本一致，且最终应变值随着法向接触刚度增大而增大。

当法向接触刚度、临界法向应力、临界切向应力保持不变，增大切向接触刚度时，M4-1、M4-2、M4-3 工况下应力-应变关系曲线的线性上升段斜率随切向接触刚度的增大而增大，其峰值应力随着切向接触刚度的增大而增大。最终应变值也随切向接触刚度增大而增大。

上述分析结果说明 4 个基本黏结模型参数对应力-应变关系曲线变化趋势均有一定的影响。根据 4 个参数对位移的影响规律，通过改变上述参数值进行大量数值模拟试验，使单轴压缩数值模拟试验的结果更接近室内试验的结果。最终细观参数标定结果见表 2-9。

表 2-9　细观参数标定结果

参数	法向接触刚度/(N/m³)	切向接触刚度/(N/m³)	临界法向应力/Pa	临界切向应力/Pa
取值	2×10^8	5×10^8	1×10^8	1×10^8

采用上述细观参数标定结果进行数值试验，数值模拟结果与室内试验结果的对比如图 2-15 所示。

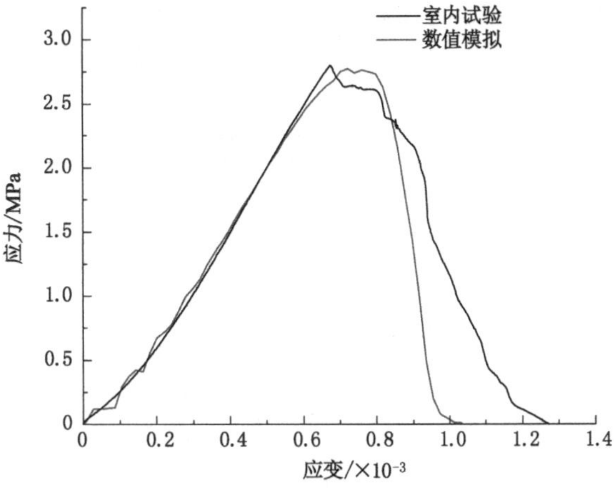

图 2-15　数值模拟与室内试验的应力-应变关系曲线

由图 2-15 可知：数值模拟和室内试验的应力-应变关系曲线在峰值前保持高度一致，且峰值强度较接近，仅在峰后阶段存在差别。由此可知，上述细观参数标定结果能够较好地模拟岩石单轴压缩力学性能，可以用来开展后续数值模拟。

2.3 盾构机三维模型建立

2.3.1 水工隧洞盾构机构造

“引汉济渭”二期工程输水隧洞修建期间，盾构隧洞穿越 3 类地层：黄土状土地层、砾岩地层、泥岩夹砂岩地层。针对“引汉济渭”输水隧洞穿越的地层特性，选择复合式土压平衡盾构进行现场施工。盾构机实体如图 2-16 所示。

(a)“奋进一号”盾构机　　(b)“奋进二号”盾构机

图 2-16 “引汉济渭”二期工程盾构机

“奋进一号”盾构机采用液压驱动方式，总重约 500 t、全长 150 m，开挖直径为 5.38 m，设备集掘进、出渣、支护等于一体，最大掘进速度为 120 mm/min。“奋进二号”盾构机是双模式掘进机，设备整机长约 173.5 m，开挖直径为 5.38 m，能够实现水平 500 m 转弯半径。该盾构机具有土压平衡和护盾式 TBM（隧道掘进机）两种掘进模式和功能，可根据地质变化实时切换掘进模式，能较好地应对复杂地质条件，改善盾构机面对硬岩、TBM 面对软岩时掘进效率不足的问题。“奋进二号”盾构机的主要技术参数见表 2-10。

表 2-10 盾构参数表

主部件	细部件	参数列表
整机概述	设备型号	ZTE5350
	主机长度/m	约 11
	整机总长/m	约 173.5
	总重/t	约 640
	装机功率/kW	约 2 480
	管片外径/mm	5 100
	最小转弯半径/m	600

表 2-10(续)

主部件	细部件	参数列表
推进系统	最大推力/kN	42 575
	最大推进速度/(mm/min)	120
	油缸数量/根	32
	装机功率(含辅助系统)/kW	132
刀盘	类型	辐条式
	刀盘驱动功率/kW	6×250
	开挖直径/mm	5 380
	转速/(r/min)	0～6.5
	开口率/%	约 44
	中心滚刀/把	8
	正面单刃滚刀/把	16
	边缘单刃滚刀/把	8
	切刀/把	36
	超挖刀/把	1
	边缘刮刀/对	8
	驱动扭矩/(kN·m)	4 368
	脱困扭矩/(kN·m)	5 680
螺旋输送机	螺旋轴型式	有轴式
	筒内直径/mm	720
	最大出渣能力/(m^3/h)	约 312
	装机功率/kW	200
	最大扭矩/(kN·m)	178
	转速/(r/min)	0～26
	旋转方向	正/反

2.3.2　盾构机三维立体模型

为了实现对考虑机-岩相互作用的盾构掘进过程的模拟，需要建立盾构机的三维数值模型。由于盾构机结构复杂，而 EDEM 仅能实现六面体、圆柱、平面等简单的几何模型的构建，建模能力相对较弱，无法实现盾构机三维立体模型在 EDEM 中直接构建。因此，充分利用 EDEM 软件的开放性，利用 SolidWorks 三维建模软件对盾构机进行建模并将其保存为.STEP 格式，然后直接导入 EDEM。

由于真实盾构机结构复杂，绘制所有零件难度巨大，考虑到本书研究的主要内容以及建模的可行性，只对盾构机主体结构进行建模，主要包括刀盘、土仓、螺旋输送机、盾壳等掘进结构。各部件尺寸根据“引汉济渭”二期输水工程盾构机尺寸建模并进行适当简化，考虑到 EDEM 运动施加的特殊性，对于各个部件单独建模，导入 EDEM 后整体组装。盾构机模型如图 2-17 所示。

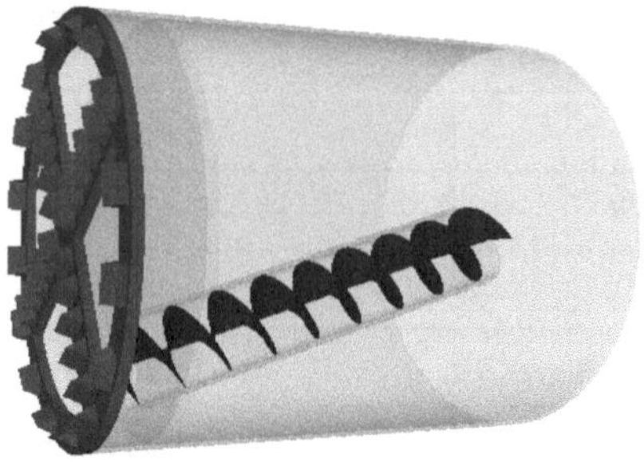

(a) 盾构机1

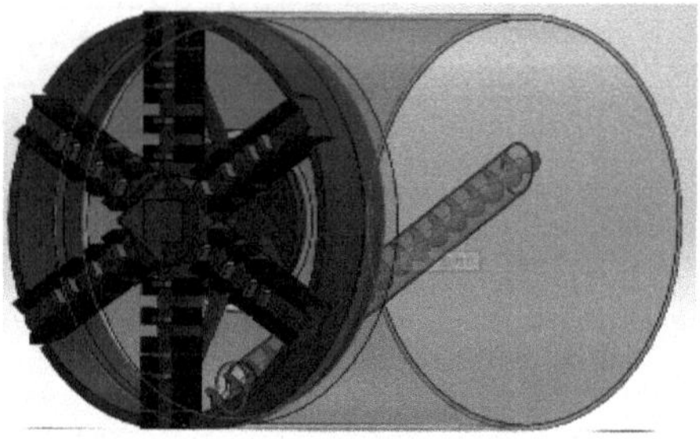

(b) 盾构机2

图 2-17　盾构机三维模型

2.3.3　盾构掘进模拟的 EDEM 实现

在 SolidWorks 软件中构建完成盾构机模型之后将文件保存为.STEP 格式。在 EDEM 离散元软件 Creator 模块中的 Geometry 选项中选择直接导入。将几何模型作为刚体导入 EDEM，EDEM 不发生形变。导入 EDEM 的几何构件不发生被动运动，即几何部件不会因为外力而运动，几何体可视为一个没有自主运动的颗粒。这是因为每个几何体都是由三角形单元组成的，类似有限元网格单元。简单地说，这些几何体是固定的，只有初始坐标和主动运动能够决定所有几何体的相对位置。力不会造成几何体移动，几何体也可以被认为是没有自由运动的元素。可以通过人为设定对导入 EDEM 的几何模型施加不同的运动姿态，如直线平移、直线旋转、正弦运动、正弦旋转等。一次可以施加一个运动姿态，也可以设置不同运动形式的组合。EDEM 提供的动力学耦合接口可以与其他动力学软件耦合，实现更加复杂的运动形式。

本书对盾构机简化后，盾构机必须模仿的运动姿态包括所有盾构机部件沿隧洞中心轴线方向移动、刀盘绕中间轴旋转、刀盘旋转时刀具随刀盘一起运动、螺旋输送机旋转。通过 EDEM 程序中的线性平移、线性旋转两种运动即可实现。因此，整个掘进过程需设置整体盾构部件的水平运动，刀盘的水平运动，刀盘的转动运动，螺旋输送机的转动运动、螺旋输送机水平运动。设置所有水平运动为沿隧洞轴线方向，刀盘转动为绕刀盘中心转动，螺旋输送机转动为绕自身转动。盾构机模型的运动设置情况如图 2-18 所示。

在盾构掘进数值仿真过程中，刀盘通过向前推进不断与前方开挖面岩土体颗粒接触，刀盘在旋转过程中破坏颗粒之间的接触键。由于颗粒的不平衡性，粒子相遇时会产生运动和位移，并传递给相邻颗粒，从而实现盾构机对周围岩体的扰动。脱落后的岩土体颗粒通过刀盘开口进入土仓，通过土仓底部的螺旋输送机搬运出计算域，实现盾构机的掘进作业。上述过程可以有效模拟盾构机的掘进过程。

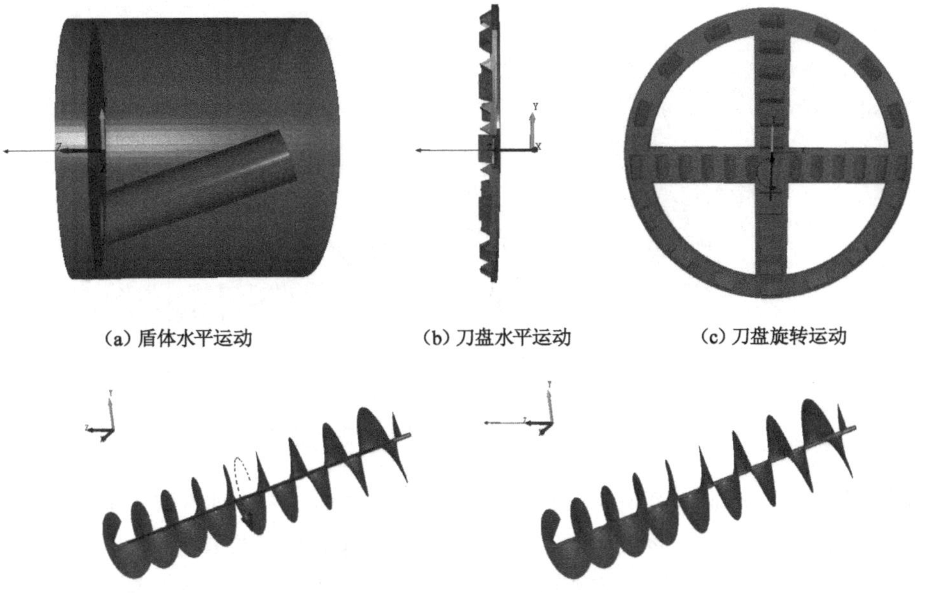

(a) 盾体水平运动　(b) 刀盘水平运动　(c) 刀盘旋转运动

(d) 螺旋输送机旋转运动　(e) 螺旋输送机水平运动

图 2-18　盾构机运动姿态设置

2.3.4　机-岩相互作用与岩体破碎原理

通过 EDEM 软件为刀盘提供运动状态。刀盘进行的旋转运动对土体模型进行切向破碎,同时盾构机整体的轴向运动为切削提供足够的支撑力并对岩体产生挤压破坏,二者共同作用下岩体破碎成小块体通过刀盘的空隙进入土仓,随后由螺旋输送机排出。图 2-19 所示为盾构隧道施工机-岩相互作用模式。

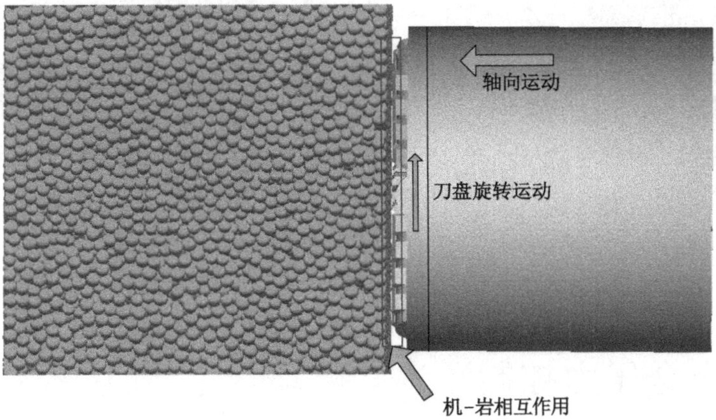

图 2-19　机-岩相互作用示意图

图 2-20 为岩体颗粒微观受力机理示意图。图中 $F_{切}$ 为刀具施加给颗粒的作用力,$F_{合}$ 为

颗粒上 $F_1 \sim F_n$ 的合力。当 $F_{切}$ 大于 $F_{合}$ 时，黏结破坏失效，颗粒脱离岩体，随后破碎的岩体颗粒进入土仓。

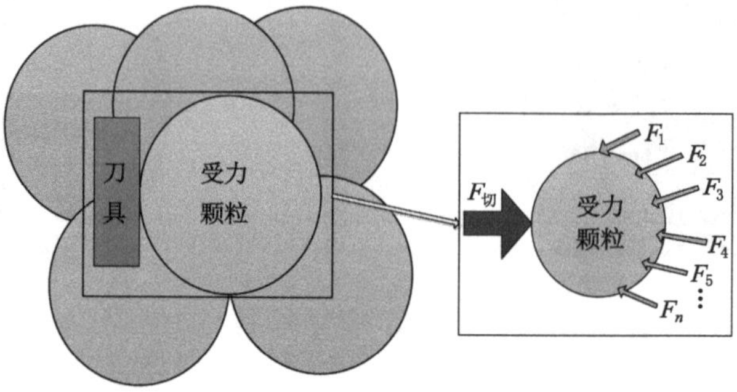

图 2-20　岩体颗粒微观受力机理示意图

土体模型是基于 Hertz-Mindlin 黏结接触模型建立的，该模型的特点是将单个颗粒通过具有强度的链杆连接起来形成块体。所以，当土体模型与刀具接触时，刀具与颗粒之间产生相互作用，机-岩相互作用力与颗粒间的链杆连接力相互对抗，当刀具施加的作用力超过颗粒之间的链杆连接力后，该链杆连接失效断裂。某一颗粒上所有的链杆连接全部被破坏时，该颗粒就从土体模型上脱离。同理，当某几个颗粒相互之间的链杆连接没有被破坏，而这几个颗粒与周围其他颗粒之间的链接全部破坏，那么这几个颗粒作为一个整体从土体模型上脱离，从而实现岩体的切削破碎。微观破碎过程如图 2-21 所示。

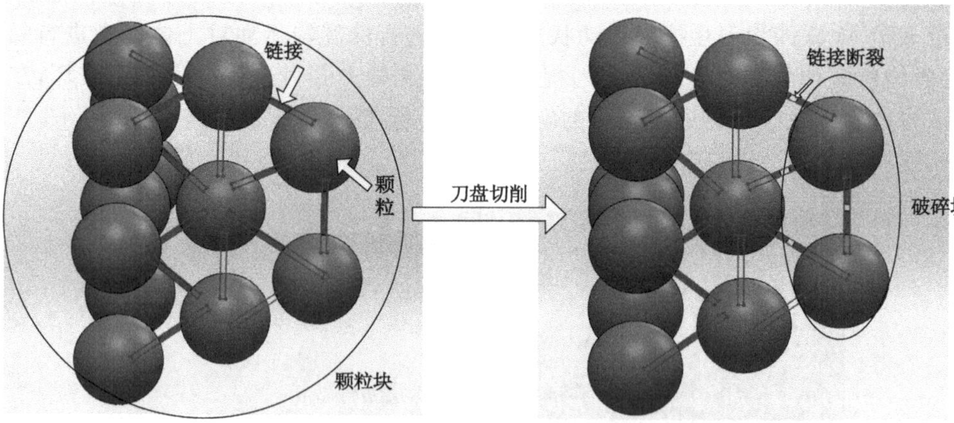

图 2-21　岩石破碎过程

2.4　盾构土仓压力控制

2.4.1　盾构掘进土压力平衡机理分析

(1) 工作面稳定荷载域

盾构作业过程中，土仓的支护压力直接决定了围岩变形。欠压掘进会导致隧洞上部围岩出现过大沉降，严重时可能会导致隧洞坍塌；相反，超压掘进会造成上部围岩向上隆起，同时对隧洞周围岩石稳定性产生很大的扰动。相比较来说，稳压掘进时围岩的扰动和变形是最小的。下面采用土层极限平衡理论分析盾构掘进过程中土仓压力平衡状态[107]。

盾构掘进过程中将刀盘近似为挡土墙，基于挡土墙理论分析工作面的压力分布特征。根据土力学理论，土体静止土压力为：

$$\begin{cases}\sigma_z = \gamma z \\ \sigma_x = k_0 \gamma z\end{cases} \tag{2-27}$$

式中，σ_z 为竖向土压力；σ_x 为水平土压力；γ 为土的重度；z 为埋深；k_0 为静止土压力系数，可用式(2-28)计算。

$$k_0 = 1 - \sin\varphi \tag{2-28}$$

如图 2-22 所示，根据极限平衡理论，对于黏性土，大、小主应力关系式为：

$$\begin{cases}\sigma_1 = \sigma_3 \tan^2\left(45^\circ + \dfrac{\varphi}{2}\right) + 2C\tan\left(45^\circ + \dfrac{\varphi}{2}\right) \\ \sigma_1 = \sigma_3 \tan^2\left(45^\circ - \dfrac{\varphi}{2}\right) - 2C\tan\left(45^\circ - \dfrac{\varphi}{2}\right)\end{cases} \tag{2-29}$$

式中，φ 为土的有效内摩擦角；C 为土的黏聚力。

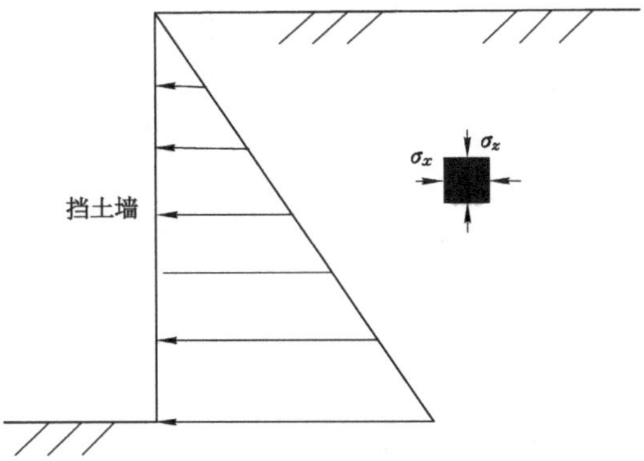

图 2-22 挡土墙受力分析

在盾构掘进过程中，原始土层的平衡在刀盘的切削作用下被打破。如果土仓支护压力太小，如图 2-23(a)所示，则会导致围岩出现向盾构机方向下滑的趋势。当土体处于极限平衡状态时，此时掘进面土压力为主动土压力，可由式(2-30)求得。

$$\sigma_a = \gamma z K_a - 2c\sqrt{K_a} \tag{2-30}$$

式中，σ_a 为主动土压力；K_a 为主动土压力系数，与土的内摩擦角 φ 的关系式为：

$$K_a = \tan^2\left(45^\circ - \frac{\varphi}{2}\right) \tag{2-31}$$

如果土仓支护压力太大，如图 2-23(b)所示，会导致围岩出现背离盾构机方向上滑动隆起的趋势。当土体处于极限平衡状态时，此时掘进面土压力为被动土压力，可由式(2-32)求得。

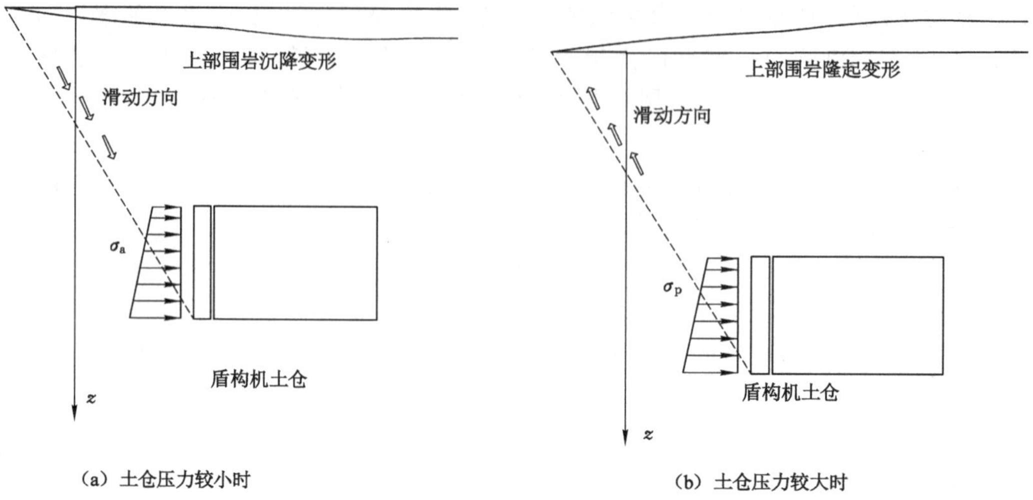

图 2-23　上部围岩变形与盾构机土仓压力的相互关系

$$\sigma_p = \gamma z K_p + 2C\sqrt{K_p} \tag{2-32}$$

式中，σ_p 为被动土压力；K_p 为被动土压力系数，与土的内摩擦角 φ 的关系式为：

$$K_p = \tan^2\left(45^\circ + \frac{\varphi}{2}\right) \tag{2-33}$$

(2) 土仓压力平衡状态定义

由上述分析可知：当开挖界面处的压力处于被动土压力和主动土压力之间时，开挖界面就能保持稳定。因此，可以通过调节盾构机推力和速度、刀盘转速、螺旋输送机转速来调节土仓压力使其处于稳定荷载域，实现土仓压力平衡。因此，掘进过程中土仓压力动态平衡时有如下等式成立：

$$\begin{cases} \bar{p}_c = \dfrac{1}{A}\int p_c(x,y)\mathrm{d}A \\ p_f = \bar{p}_c \end{cases} \tag{2-34}$$

式中，$\bar{p}_c$ 为刀盘前端面的等效压力；$p_c(x,y)$ 为刀盘前端面压力的分布函数；p_f 为掘进界面的等效压力。

当掘进界面压力处于稳定荷载域内时，可认为土仓压力处于平衡状态，稳定荷载域如式(2-35)所示。

$$p_f \in [p_f^l, p_f^u] \tag{2-35}$$

式中，$[p_f^l, p_f^u]$ 为界面稳定荷载域。

由于刀盘掘进界面压力无法直接观测，只能通过监测土仓压力间接获得，掘进界面压力与土仓压力的关系式：

$$\bar{p}_b = \alpha \bar{p}_f \tag{2-36}$$

式中，$\bar{p}_b$ 为土仓等效观测压力；α 为压力传递系数，与盾构机参数、地质条件、控制参数等有关，$\alpha \in (0,1]$。

根据相关学者[107]的研究，压力传递系数与刀盘开口率的关系式为：

$$\alpha = 0.018\,4\psi - 0.000\,1\psi^2 \tag{2-37}$$

式中，ψ 为刀盘开口率。

计算可得：对于刀盘开口率为 45%的刀盘，其压力传递系数为 0.625 5；对于刀盘开口率为 55%的刀盘，其压力传递系数为 0.709 5；对于刀盘开口率为 65%的刀盘，其压力传递系数为 0.773 5。

2.4.2 土仓压力确定

(1) 土仓压力计算方法

深埋隧洞具有一定的成拱效应。因此，采用塌落拱理论计算土压力较为合适。本书研究不考虑水压，盾构施工会导致围岩出现塌落拱，土压力计算见式(2-38)。

$$\begin{cases} P = \lambda_1 \dfrac{B_1(\gamma - C/B_1)}{\tan\varphi}(1 - e^{-\tan\varphi\lambda H/B_1}) + \lambda_1 P_0 e^{-\tan\varphi\lambda H/B_1} \\ B_1 = D\cot\dfrac{45^\circ + \varphi/2}{2} \end{cases} \tag{2-38}$$

式中，λ_1 为侧压力系数，取 0.8；B_1 为土条宽度；D 为隧洞直径；P_0 为地面荷载，取 30 kPa。

(2) 计算结果

根据式(2-38)计算，拟设定地面超载 20 kPa，此时盾构土仓内平均土压力见表 2-11。

表 2-11 盾构土仓内平均土压力

土压力形式	隧洞埋深/m	拱顶竖直土压力/kPa
主动	200	180
被动	200	730

将表 2-13 的计算值代入式(2-36)，结合土仓压力状态和刀盘传力系数，三种状态时的盾构土仓压力见表 2-12。

表 2-12 不同土仓状态时的压力

土仓状态	欠压状态	稳压状态	超压状态
土仓压力/kPa	150	240	400

(3) EDEM 模拟盾构掘进过程的土仓状态确定

盾构掘进过程中通过保持土仓压力和地层土压力平衡来实现掘进过程中开挖面的稳定。通过上述计算可得到不同土仓状态需要维持的压力。在数值仿真过程中，采用土仓压力监测值作为目标监测压力，实时监测土仓断面压力。在实际施工过程中，盾构掘进速度一般为常量，通过改变螺旋输送机的转速来实现对土仓压力的控制，即当土仓压力过大时，加大螺旋输送机的转速，加快土体排出；当土仓压力小于监测值时，减小螺旋输送机转速，减缓土体排出。理论掘削土体量由掘进速度和掘进断面尺寸决定，理论出土量由螺旋输送机形态和转速决定。理论进土量和理论出土量平衡是土压平衡盾构掘进过程中最基本的关系，通过控制二者的关系，使盾构掘进处于动态平衡中，开挖面处于稳定支护压力状态。在盾构正常掘进过程中，要保证稳定状态，必须使单位时间内的进土量和单位时间内的出土量相等。图 2-24 为土仓及螺旋输送机相关参数示意图。

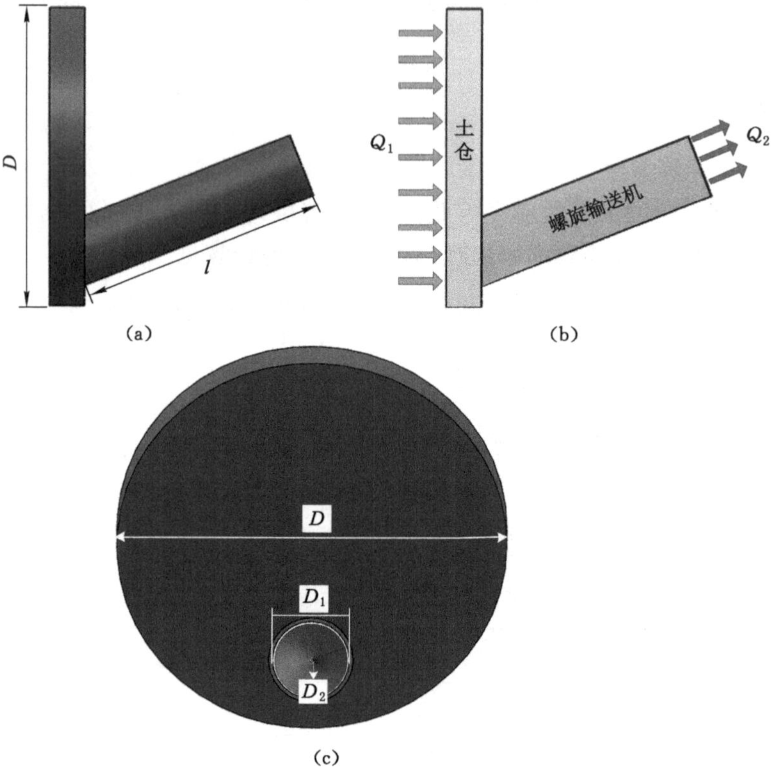

图 2-24　土仓及螺旋输送机相关参数

理论进土量计算公式如下：

$$Q_1 = \frac{\pi D^2}{4} v_1 t\beta \tag{2-39}$$

式中，Q_1 为盾构机进土量；D 为盾构机直径；v_1 为盾构机掘进速度；t 为盾构机掘进时间；β 为土的松动系数，取 1.2。

按照推进速度，螺旋输送机的出土速度应该与进土速度相当，螺旋输送机出土速度计算公式如下：

$$Q_2 = \frac{\pi}{4}(D_1^2 - D_2^2)lnt\eta \tag{2-40}$$

式中，Q_2 为螺旋输送机出土量；D_1 为螺旋输送机内径；D_2 为螺旋输送机中轴直径；l 为螺旋输送机相邻叶片间距；n 为螺旋输送机转速；η 为螺旋输送机充盈系数，取 0.8。

在仿真过程中，根据盾构推进速度确定初始螺旋输送机转速。在土仓内设置监测断面，根据土压监测结果调整螺旋输送机转速。土仓压力控制流程[108]如图 2-25 所示。

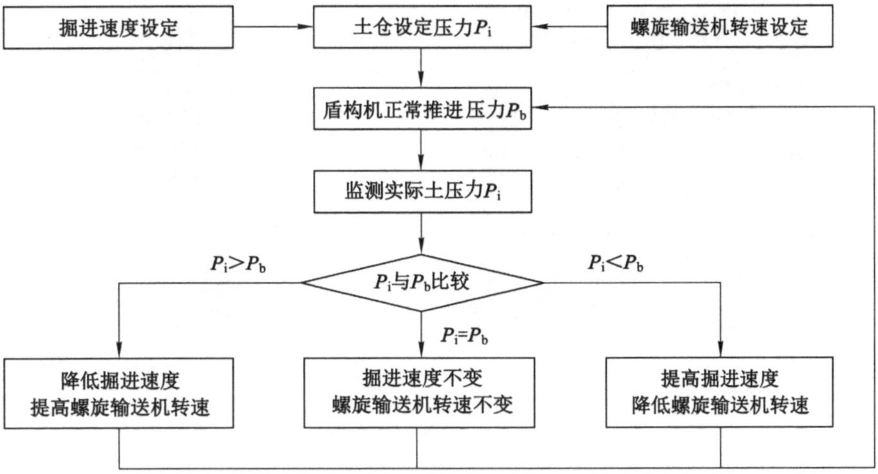

图 2-25　土仓压力控制流程

2.5　盾构掘进三维离散元数值模拟

2.5.1　盾构掘进三维离散元模型

利用离散元软件进行计算时，模型尺寸问题至关重要，要求在保证能够真实反映原型工程的前提下，同时考虑计算时间问题。如果按照工程真实尺寸和真实颗粒尺寸建立模型，其计算要求远远超过计算机的计算能力。目前减少计算时间主要有两种方法，一种是保持真实工程尺寸，放大颗粒尺寸；另一种是保证真实颗粒尺寸，对工程尺寸进行缩小。本节选取第一种方法，对颗粒进行放大，保证盾构真实开挖尺寸和真实埋深。在进行颗粒放大时，既需要考虑计算结果的准确性，又要考虑盾构刀盘开口尺寸和螺旋输送机能否通过放大后的颗粒。

在生成颗粒时，在土体上部生成重颗粒以代替地应力，模拟原型隧洞埋深 300 m。上部重颗粒称为颗粒 top，下部盾构掘进地层段颗粒称为颗粒 bot。离散元三维数值模型设置 X 轴为隧洞轴线方向，长度为 6.1 m(1 倍盾构机长度)；Z 轴为重力方向，分为两种颗粒地层，盾构掘进层高度为 20 m，重颗粒加载层高度为 0.5 m。为模拟盾构隧洞的 300 m 埋深，经过计算上部重颗粒密度为 1.12×10^6 kg/m^3，盾构顶部距模型顶部 7.7 m；Y 轴为水平方向，盾构边界距模型左右两边 7.95 m。模型尺寸为 6.1 m×21 m×20.5 m，颗粒总数为 421 183 个。三维数值模型如图 2-26 所示，其中最上面颗粒为加压层颗粒。

2.5.2　盾构掘进过程仿真步骤

土压平衡盾构掘进过程三维离散元仿真按下列步骤开展：

(1) 创建颗粒，设置颗粒物性参数和各项接触参数。

(2) 创建两个盒子并生成两个颗粒工厂，首先采用静态生成方式，在颗粒沉降稳定后，改为动态生成方式，下部颗粒设置每秒生成 30 000 个颗粒，上部颗粒工厂设置每秒生成 800

(a) 正视图　　　　(b) 侧视图

图 2-26　三维数值模型

个颗粒,完成颗粒生成。

(3) 设定计算时间步长、运算时间、储存时间间隔、网格大小。由于 Bonding 键对时间步长比较敏感,在生成 Bonding 键时设置时间步长为 1%,运算时间为 1 s。在盾构掘进时设置时间步长为 7%。为了减少储存量,设置储存时间间隔为 5 s。网格用于搜索颗粒,本书网格设置为 3 倍最小颗粒半径。

(4) 开始运算,去掉上部盒子顶面,保证顶面为自由平面,待颗粒生成后计算至稳定状态,利用平板加压使颗粒成为最密实状态,选择颗粒接触模型为 JKR 模型并设置 Bonding 键。

(5) 导入盾构模型,并对各部件设置运动参数。

(6) 计算完成后进行后处理。

2.6　本章小结

本章主要介绍了考虑机-岩相互作用的盾构隧洞掘进数值模拟方法,首先选择合适的离散元接触模型;其次开展了依托工程泥质砂岩的单轴压缩、堆积角等室内试验,获取了岩石的泥质砂岩的基本物理力学参数,并借助 EDEM 软件开展了大量堆积和单轴压缩数值仿真试验,实现了对泥质砂岩细观参数的标定;再次,借助三维建模软件构建了盾构机的三维数值模型,实现了盾构机在 EDEM 软件中的运动状态表征,同时提出了 EDEM 离散元软件中土仓压力确定与控制方法;最后,建立了模拟盾构机掘进过程的三维离散元数值模型,给出了盾构掘进仿真步骤。主要结论如下:

(1) 根据依托工程围岩特性,在 EDEM 软件中基础模型采用 Hertz-Mindlin(JKR 黏附)接触模型能够较好地模拟泥质砂岩湿颗粒间的黏结力,更好地反映了材料特性;采用 Hertz-Mindlin 黏结接触模型可以体现泥质砂岩的强度特征以及一定的压缩性。

(2) 随着表面能、滚动摩擦系数的增大,土样的堆积角逐渐增大。随着碰撞恢复系数、静摩擦系数的增大,土样的堆积角逐渐减小。确定了细观参数表面能为 7 J/m^2、碰撞恢复系数为 0.5、滚动摩擦系数为 0.8、滑动摩擦系数为 0.1 时可以较好地表征依托工程围岩试样的物理性质。法向接触刚度、切向接触刚度、临界切向应力、临界法向应力 4 个参数对单轴压缩应力-应变关系曲线均有影响。其中临界法向应力数量级变化时，对应力-应变关系曲线的影响较大且存在极值。临界切向应力对应力-应变关系曲线的影响相对较小。随着法向接触刚度的增大，应力-应变关系曲线上升段基本不变，但峰值应力和最终应变均有所增大。应力-应变关系曲线的线性上升段斜率、峰值应力和最终应变值均随切向接触刚度增大而增大。确定了细观参数法向接触刚度为 2×10^8 N/m^3，切向接触刚度为 5×10^8 N/m^3，临界法向应力和临界切向应力均为 1×10^8 Pa 时，黏结模型能较为可靠地表征泥质砂岩的力学特性。

(3) 基于“引汉济渭”二期工程输水隧洞盾构机，利用 SolidWorks 软件建立三维数值模型，将简化建模后的盾构机械模型保存成.STEP 格式后导入 EDEM 软件，通过 EDEM 中 add motion 选项为其添加相应运动，从而实现对机-岩相互作用、岩体破碎和盾构掘进过程的表征。

(4) 对于不同掘进速度状态的盾构掘进，保持稳压推进需要匹配相应的螺旋出土效率，通过单位时间内刀盘前方进土量 Q_1 等于螺旋出土器出土量 Q_2 计算得到不同推进速度时的稳压出土速率，从而达到控制土仓压力的目的。

3 盾构掘进过程隧洞开挖面稳定性分析与风险评估

盾构隧洞掘进过程一旦发生开挖面失稳，极有可能造成施工机械损毁甚至人员伤亡，并给周围环境带来不利影响。研究盾构掘进过程隧洞开挖稳定性影响因素及其风险评估方法对盾构隧洞安全施工具有重要意义。相关研究表明：盾构掘进过程中开挖面的稳定取决于土仓压力的稳定，土仓压力的精细化管理和合理设定对开挖面稳定性意义重大[109]。同时，土仓压力的控制调节与隧洞埋深、盾构机刀盘开口率、刀盘转速、盾构掘进速度等因素密切相关。本章通过开展土压平衡盾构掘进过程进行仿真模拟，研究盾构掘进过程土体颗粒运动状态与受力特征，分析盾构掘进过程相关参数变化与开挖面稳定性的关系；探讨隧洞埋深、刀盘开口率、盾构掘进速度、刀盘转速在不同土仓压力条件下对开挖面和地层沉降的影响规律，确定不同工况下的土仓极限支护压力；研究深埋盾构开挖面稳定性影响因素，建立盾构隧洞开挖面稳定性风险评估方法并开展工程案例验证与应用。研究结果可为保持盾构掘进过程隧洞开挖面稳定提供借鉴和参考。

3.1 盾构掘进过程仿真分析

盾构掘进过程即土体颗粒在刀盘切削作用下从开挖面脱落后经过刀盘开口进入土仓，在土仓停留同时为前方开挖面提供支护压力，最后由螺旋输送机排出盾构机的过程。在该过程中，土体颗粒始终处于运动场和应力场中，具有复杂的运动状态和受力特征，本节将从土体颗粒运动状态及受力特征这一细观角度分析盾构掘进过程。

3.1.1 土体颗粒运动状态

在盾构掘进过程中，土体颗粒不仅受到重力作用，还受到盾构系统的扰动以及与其他颗粒发生接触、碰撞、分离等相互作用，具有复杂的运动情况。本节针对盾构掘进过程中掘进面前方及刀盘处、土仓内和螺旋输送机内的颗粒运动状态进行分析。

（1）刀盘前方土体颗粒运动状态

盾构掘进过程中刀盘处及其前端颗粒运动状态如图 3-1 所示。

由图 3-1 可知：盾构掘进对隧洞工作面前方不同位置处的扰动均呈近似圆形区域。刀盘前端颗粒运动场沿隧洞径向方向由外向内按运动速度可分为四个区域：① 隧洞周围区域，该部位土体虽然未被直接开挖，但是在刀盘转动下仍受到一定扰动，土体颗粒产生一定速度，该扰动范围约为 0.7 m（0.14D，D 为盾构刀盘直径）；② 刀盘外围区域，受到刀盘转动作用影响，该区域的颗粒线速度最大，说明该处受盾构掘进扰动最大，运动速度最快；③ 刀盘内部区域，刀盘内部颗粒运动速度较刀盘外围的有所减小；④ 刀盘中心区域，刀盘中心颗

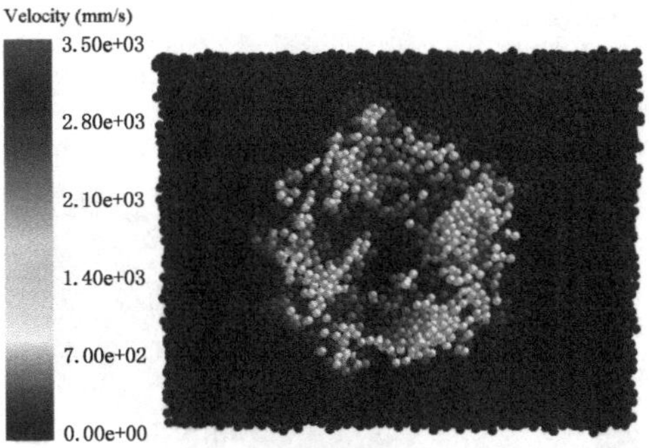

(a) 刀盘处

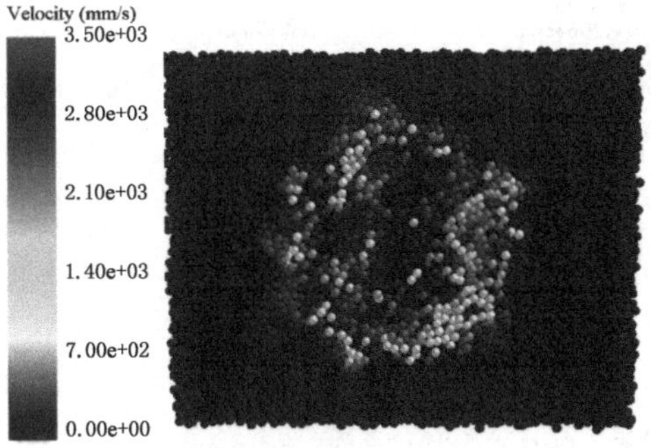

(b) 刀盘前方200 mm处

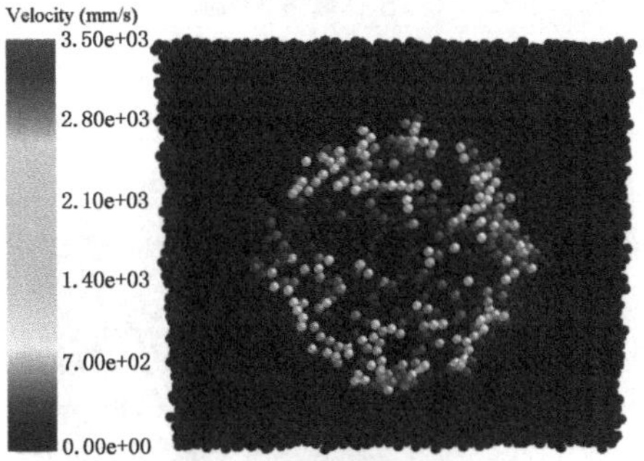

(c) 刀盘前方400 mm处

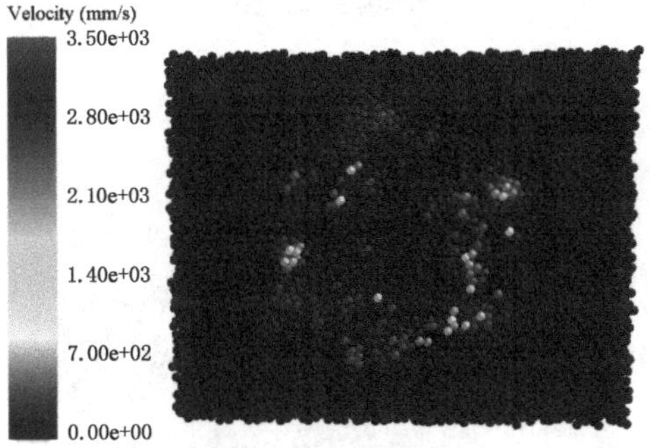

(d) 刀盘前方600 mm处

图 3-1　刀盘前方颗粒运动状态

粒基本处于静止状态，可能会出现结泥饼现象。造成该现象的原因主要是刀盘外围的颗粒线速度较大，刀盘中心颗粒线速度较小；其次是从刀盘外围到刀盘内部刀盘开口面积逐渐减小。同时还发现：盾构掘进对工作面前方不同位置扰动区域上部都存在一个尖点突出部位，表明盾构掘进对开挖面上方扰动明显，影响范围较大，在工程实际中为保证开挖面稳定应特别注意。

此外，沿隧洞轴线方向，随着距工作面距离增加，岩土颗粒的整体运动速度逐渐降低。在盾构掘进断面处，盾构掘进对周围岩体的扰动范围约为 0.7 m(0.14D)，对开挖面上方的土体的扰动范围较大，这正与地层沉降规律基本一致。距刀盘 0.2 m(0.04D)范围内，颗粒运动仍剧烈；在距刀盘 0.4 m(0.08D)处，刀盘周围颗粒运动仍较明显，但刀盘内部颗粒运动速度已明显降低；在距刀盘 0.6 m(0.12D)处，颗粒运动已不明显，只有零星刀盘周围颗粒存在运动。说明随着离盾构隧洞工作面距离增加，盾构掘进对地层的扰动程度有所降低，盾构掘进对土体的扰动范围约为 0.12D。从颗粒运动角度分析开挖面稳定性，刀盘前方开挖面土体颗粒运动速度越大，开挖面稳定性越差；开挖面上方颗粒运动影响范围越大，越容易造成地层较大沉降。

(2) 土仓内颗粒运动状态

盾构掘进不同阶段土仓土体颗粒运动状态如图 3-2 所示。

由图 3-2 可知：颗粒在刚进入土仓时因为进入较少，颗粒碰撞机会较少，颗粒之间受到

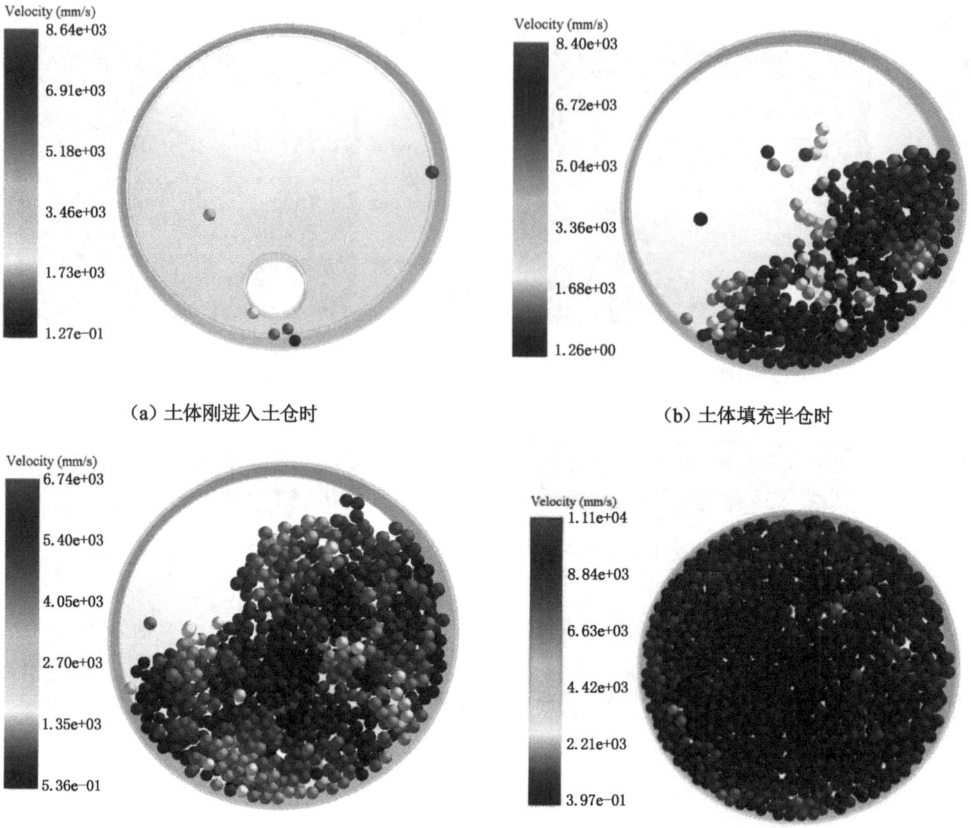

(a) 土体刚进入土仓时　(b) 土体填充半仓时

(c) 土体填充3/4仓时　(d) 土体填满土仓时

图 3-2　盾构掘进不同阶段土仓土体颗粒运动状态

的影响较小，颗粒主要受到重力和刀盘转动为颗粒提供的离心力，颗粒处在高速运动中。再向前掘进，颗粒快速涌入土仓，在此过程中颗粒在落下时发生碰撞并伴随能量消散，速度逐渐减小；落到土仓底部后，颗粒因为堆积作用运动速度逐渐变为零，在螺旋输送机前端的颗粒因为螺旋输送机的转动重新获得速度，并不断传递给相邻的颗粒。由图 3-2(b)和图 3-2(c)可知：颗粒堆积并非呈对称状态，而是主要堆积在面向土仓的右侧，这是由于颗粒在进入土仓时受到刀盘转动提供的初始离心力，颗粒进入土仓时有向右下方的合力和初速度。在土体颗粒填满土仓后，盾构进入稳定掘进阶段，进入土仓颗粒数量和经螺旋输送机运出颗粒数量保持动态平衡，除螺旋输送机前端颗粒，其余颗粒速度比较低。同时，土仓中心部位颗粒速度较低，随着掘进过程的深入，土仓压力不断升高，在土仓中心处可能形成滞留区，因此，应该加设搅拌棒提高颗粒流动性。

(3) 螺旋输送机内颗粒运动状态

螺旋输送机内不同时刻土体颗粒运动状态如图 3-3 所示。

由图 3-3 可知：螺旋输送机前端颗粒运动速度大于末端颗粒的运动速度。在颗粒运动速度降低的过程中，损失的能量主要由螺旋输送机的螺旋轴和叶片承担，将会导致螺旋轴和螺旋叶片的磨损并降低其使用寿命，这就要求对螺旋输送机前端伸入土仓部位做定期维

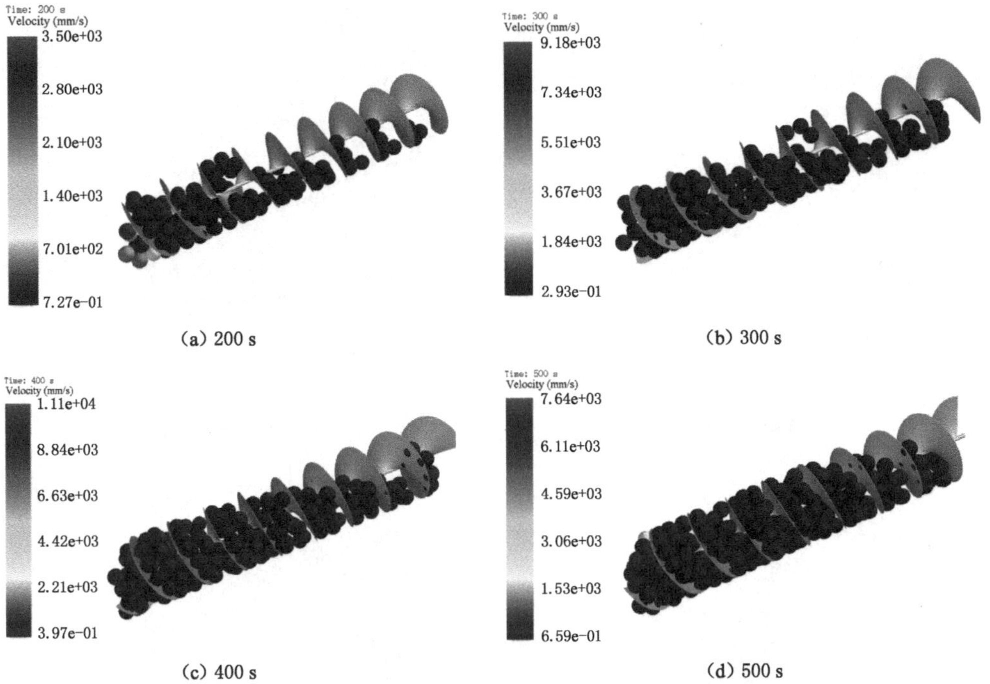

(a) 200 s　(b) 300 s

(c) 400 s　(d) 500 s

图 3-3　螺旋输送机内不同时刻土体颗粒运动状态

护。随着时间的变化，螺旋输送机内的颗粒运动速度先减后增，与螺旋输送机转速变化趋势一致，螺旋输送机内土体颗粒的运动速度取决于螺旋输送机的转速。但是整体来看，由于在螺旋输送机内部土体颗粒处于受约束状态，颗粒运动速度较慢，处于稳定状态。

（4）土体颗粒运动轨迹

刀盘前方开挖面不同部位土体颗粒运动轨迹如图 3-4 所示，选取的颗粒监测点如图 3-4(a)所示，分别选取刀盘中心、刀盘边缘、刀盘开口处、刀具处等部位的 9 个代表性颗粒在相同时间内的运动轨迹进行分析。

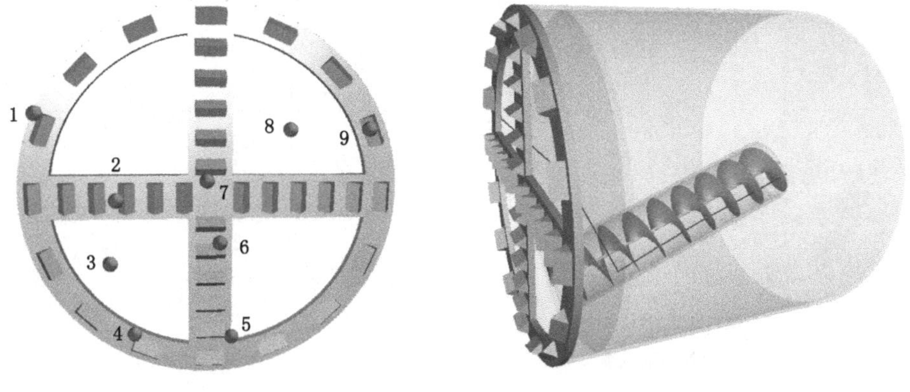

(a) 颗粒监测点　(b) 颗粒1运动轨迹

图 3-4　颗粒运动轨迹

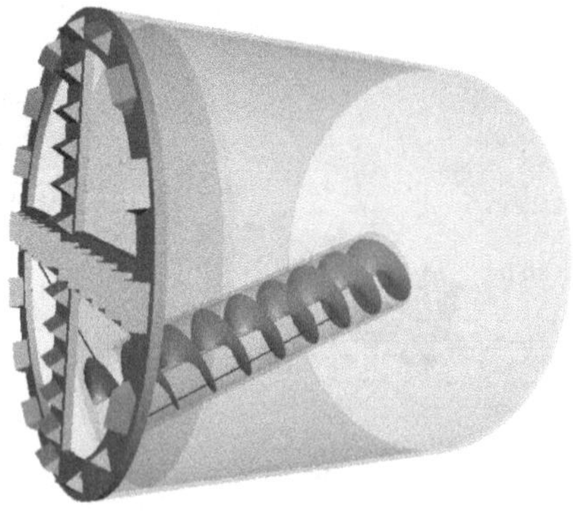

(c) 颗粒2运动轨迹

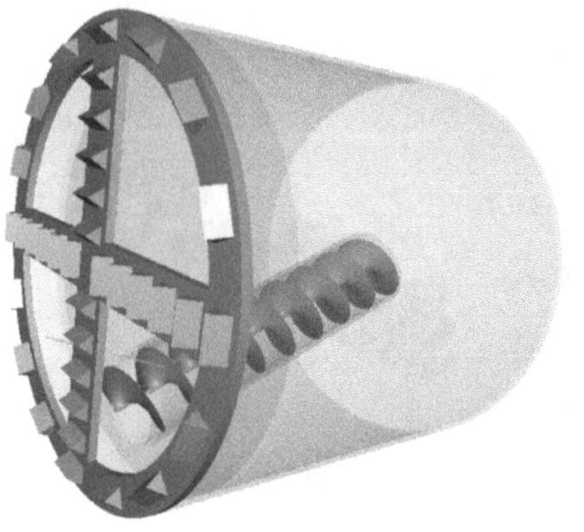

(d) 颗粒3运动轨迹

(e) 颗粒4运动轨迹

(f) 颗粒5运动轨迹

(g) 颗粒6运动轨迹

(h) 颗粒7运动轨迹

图 3-4 (续)

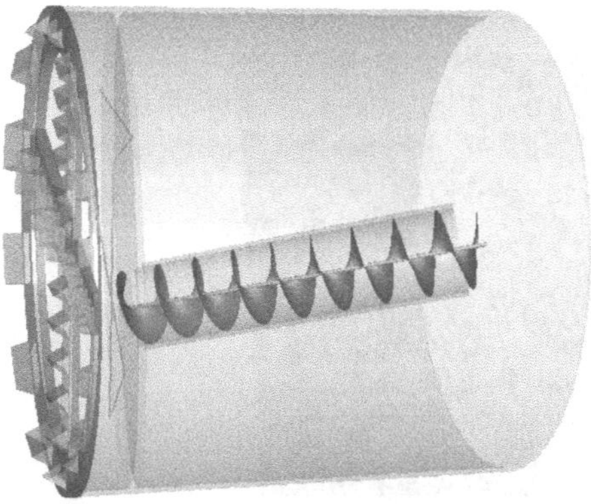

(i) 颗粒8运动轨迹

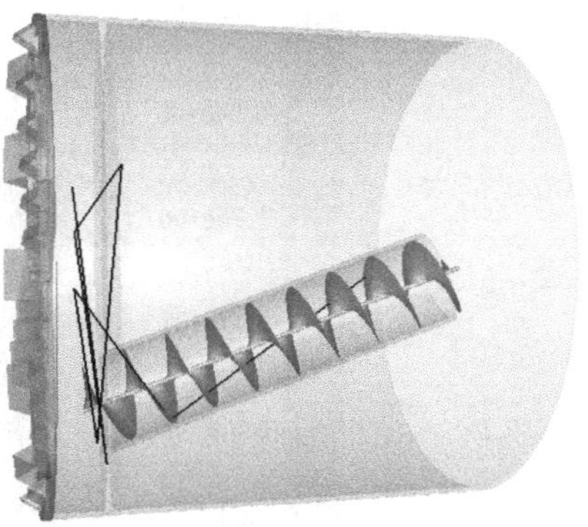

(j) 颗粒9运动轨迹

图 3-4 （续）

由图 3-4 可得到以下结论：

① 颗粒受到刀盘转动的影响，基本都有随刀盘转动的趋势，同时都有沿隧洞轴线向土仓内运动的位移。

② 颗粒 3 和颗粒 8 直接进入土仓，在刀盘表面基本没有运动轨迹，这表明在开口处的颗粒迅速进入土仓，而未在开口处的颗粒则历经复杂圆周运动后进入土仓。

③ 颗粒 4 和颗粒 8 最终没有经螺旋输送机排出，而是在土仓内做复杂运动，该运动没有具体朝向，最终落在螺旋输送机插入土仓底部。这是因为颗粒在进入土仓后不仅受到重力、离心力的作用，还受到附近颗粒的接触力，不同颗粒之间的碰撞效果使得部分颗粒无法立即落下排出。

④ 颗粒进入螺旋输送机后，由于重力作用，主要在螺旋输送机管壁的下部运动，则管壁下部将会受到更大冲击和破坏作用，因此此处应加固处理。

当颗粒长时间在盾构机内部无法排出时，颗粒与盾构设备之间的碰撞作用会加剧盾构系统的能耗和损坏，因此，对盾构设备优化有以下建议：

① 在保证合理性、安全性的前提下提高开口率。

② 在土仓内增加搅拌棒并对土体进行改良，提高其流动性。

③ 尽可能增加螺旋输送机进入土仓的部分。

④ 对刀具、螺旋输送机等易受损伤部位进行加固处理。

3.1.2　土体颗粒受力特征

盾构掘进过程中土体颗粒受力状态复杂，其受力特征可以反映对开挖面的支护效应和盾构系统对土体颗粒的影响，同时也可以根据土体颗粒受力特征对盾构系统进行优化。

(1) 刀盘前方土体颗粒受力特征

盾构掘进过程中刀盘前端土体颗粒受力状态如图 3-5 所示。

由图 3-5 可知：开挖面右侧土体所受压缩力要高于开挖面左侧土体所受压缩力，这与刀盘旋转方向有关，本书刀盘旋转方向为面向隧洞顺时针方向。在颗粒所受压缩力较大部

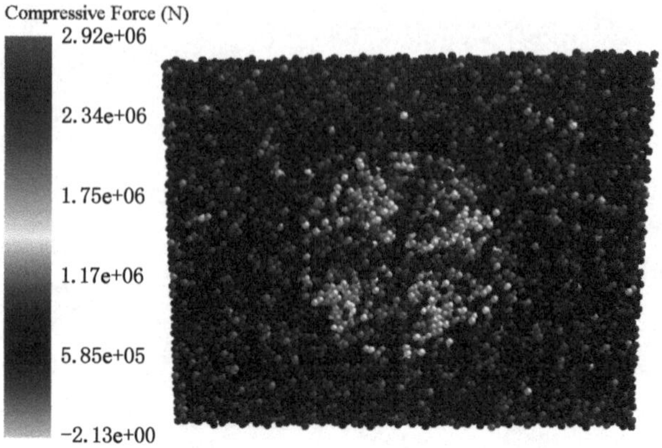

图 3-5　刀盘前端土体颗粒受力状态

位，应该采取注入泡沫或膨润土等措施对渣土进行改良，防止出现刀盘卡停问题。

同时，刀盘前方开挖面受力云图存在四条主要受力条带。结合刀盘形式进行分析，该 4 条条带与刀盘辐条重合，即该部分颗粒所受压缩力主要由刀盘提供，而其他部位所受压缩力明显小于刀盘辐条前方土体所受压缩力。表明盾构对前方土体的支护力不仅由土仓压力提供，同时刀盘对开挖面土体也具有一定支撑效应，刀盘形式及刀盘开口率对开挖面的稳定性具有一定影响，减小刀盘开口率可增强刀盘辐条对前方土体的支撑效应，提高盾构隧洞开挖面稳定性。

(2) 土仓内土体颗粒受力特征

土仓内土体颗粒受力状态如图 3-6 所示。

图 3-6　土仓内土体颗粒受力状态

由图 3-6(a)可知：土仓内右侧土体颗粒所受压缩力整体大于左侧土体颗粒所受压缩力，这与刀盘旋转方向有关。土体颗粒进入土仓后，先在土仓右侧堆积，在此过程中土体所受压缩力逐渐增大。同时，土仓下部土体颗粒压缩力高于土仓上部的，压缩力最大值大致分布在土仓右下部，最小值分布在土仓左上部。

图 3-6(b)为土仓剖面图，由图可知：土仓内下部土体所受压缩力高于上部土体所受压缩力，螺旋输送机前端部位土体所受压缩力较大。当螺旋输送机前端土体因压缩力过大引发土体固结时，会堵塞螺旋输送机，造成出土不畅引发土仓压力异常，进而对前方开挖面稳定性造成影响，因此应通过加装搅拌棒对该部位土体进行改良，保证施工安全。

(3) 螺旋输送机内土体颗粒受力特征

螺旋输送机内土体颗粒受力状态如图 3-7 所示。

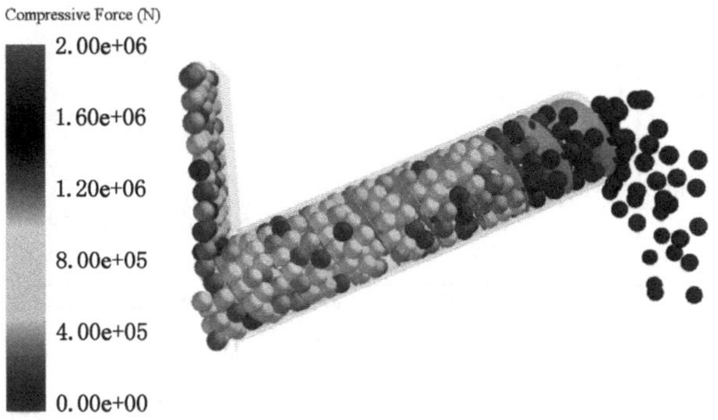

图 3-7　螺旋输送机内土体颗粒受力状态

由图 3-7 可知：从螺旋输送机前端到尾部，土体所受压缩力逐渐减小。在螺旋输送机前端，土体受压缩力较大且存在受力不均匀现象，这是由于螺旋输送机前端位于土仓内，存在较多颗粒堆积；螺旋输送机中部较前端土体所受压缩力有所减小；螺旋输送机尾部土体基本不受压缩力影响。螺旋输送机前端伸入土仓内部通常为悬空段，在较大土体压缩力作用下会产生较大应力，有较大断轴风险，因此，应对螺旋输送机前端进行加固处理。

3.2　盾构掘进过程参数变化与开挖面稳定性分析

土仓流动性将影响进土效率和出土效率，进而对土仓压力造成影响。出土效率与进土效率的平衡决定土仓压力，而土仓压力又会对土仓流动性造成影响。可以说，土仓流动性、出土效率和土仓压力密切相关、互相影响，同时对开挖面稳定性造成影响。因此，本节将分析盾构掘进过程中土仓流动性、出土效率和土仓压力变化，并结合土体颗粒运动状态和受力特征分析开挖面稳定性。

3.2.1　土仓流动性变化分析

土仓内土体流动性对于盾构掘进极为重要。土仓流动性不佳会引起开挖面土压力与土仓压力难以形成平衡、土仓结泥饼、刀盘扭矩过大甚至卡停等问题。同时土仓进土和出土将受阻，颗粒运动速度变得极慢甚至为零，此时继续向前掘进将会对开挖面稳定性造成极大影响；当土仓流动性较优时，土仓进土以及螺旋输送机出土顺畅，整个盾构系统处于一种动态平衡中，颗粒运动速度较快。

在后处理中建立 geometry bin，选择 cylinder，令其与土仓连接，获得与土仓相同的运动状态，通过监测该 geometry bin 可获得土仓内土体颗粒的平均速度。图 3-8 为盾构掘进过程中整个土仓内土体颗粒的平均速度时程曲线。

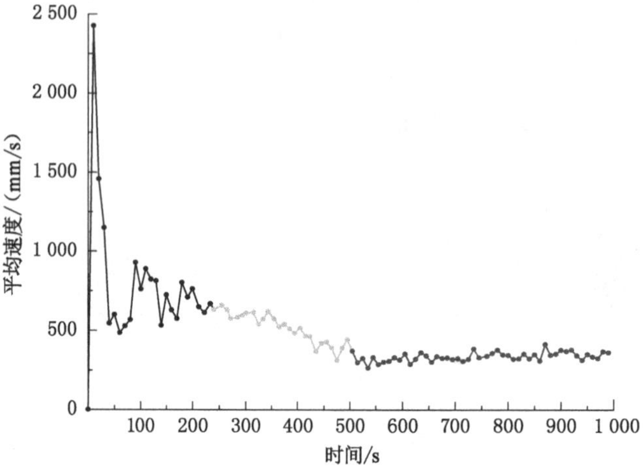

图 3-8　土仓内颗粒平均速度时程曲线

由图 3-8 可知：土体颗粒运动速度时程曲线分为三个阶段：

(1) 不稳定阶段：在土仓内刚开始进入土体颗粒时，在开挖面土压力、盾构推力和刀盘转动的作用下，颗粒获得较大速度，并在重力作用下堆积在土仓底部，在该阶段土体颗粒运动速度处于快速下降阶段。

(2) 趋于稳定阶段：随着盾构不断向前掘进，进入土仓的颗粒快速增加，土仓处于接近满仓状态，随着土体颗粒的不断进入，其运动速度仍处于下降阶段，但该阶段运动速度下降并不明显。

(3) 稳定阶段：颗粒在土仓内处于满仓状态时，由于土体颗粒具有黏性，随着盾构不断向前掘进，土仓内压力不断增大，温度不断升高，导致颗粒运动速度比上一阶段减小，但是减小幅度不大，总体处于动态平衡中(平均速度约为 0.35 m/s)，该平均速度可以代表土仓内土体颗粒的流动性。

3.2.2　出土量变化分析

施加合理的土仓压力是维持开挖面稳定的关键因素。而保持土仓压力的稳定是通过调节土仓内进土速率和出土速率平衡来实现的。因此，出土量是土压平衡盾构的主动控制参数之一。为获得单位时间出土量，在盾构尾部设置一个单元网格，单元网格尺寸为 5 000 mm×2 000 mm×1 000 mm，单元网格倾斜角与螺旋输送机倾斜角一致。该单元网格可以收集进入的颗粒数量，并在软件界面实时显示，出土量监测示意图如图 3-9 所示，盾构出土量随时间变化情况如图 3-10 所示。

由图 3-10 可知：在盾构掘进初期，无土体颗粒从螺旋输送机内输出，在掘进 180 s 左右出现第一个颗粒，随后有颗粒不间断地从螺旋输送机内输出。随着盾构不断向前推进，单位时间出土颗粒数量越来越大，出土效率处于快速增大阶段。在约 500 s 时，单位时间出土

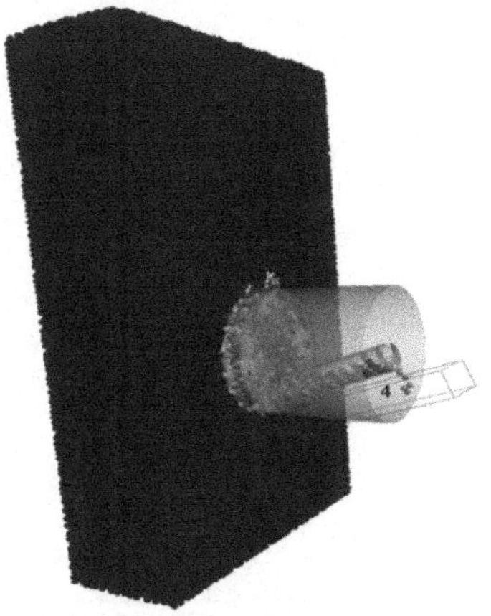

图 3-9 出土量监测示意图

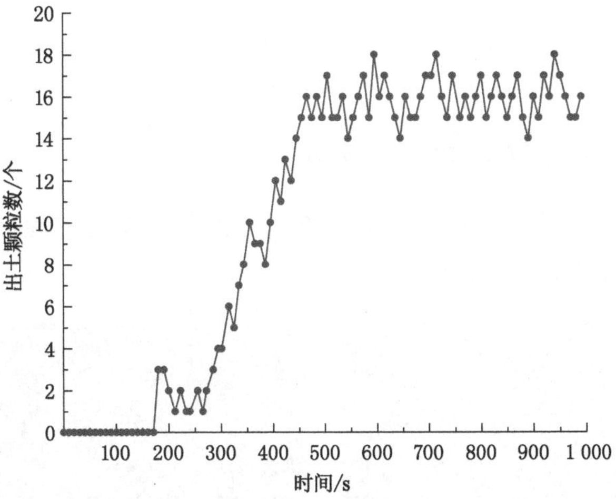

图 3-10 颗粒出土效率

量基本保持稳定，表示在该时刻后盾构处于稳定掘进阶段。结合土仓颗粒平均运动速度时程曲线可知：土仓内颗粒平均运动速度在 500 s 后也处于稳定阶段，平均运动速度降为最低。表明在该数值模拟仿真中，盾构掘进到 500 s 以后，整个盾构系统已处于动态平衡状态，即单位时间进土量与出土量平衡，开挖面支护压力与开挖面土压力平衡。

3.2.3 土仓压力变化分析

开挖面的支护压力是由刀盘对前方土体的支撑作用和土仓压力共同提供的，在盾构掘进过程中，土仓压力的变化将直接对开挖面的稳定性造成影响。以土仓背板为监测断面，采用土仓背板所受总力除以背板面积的方法计算土仓压力。图 3-11 为土仓压力随仿真时间的变化曲线。

由图 3-11 可知：在 0～200 s 内土仓压力随时间快速增大，在该段时间内，土体颗粒快速涌入土仓，导致土仓压力快速增大；200～500 s 内土仓压力随时间增大的速率越来越小，该

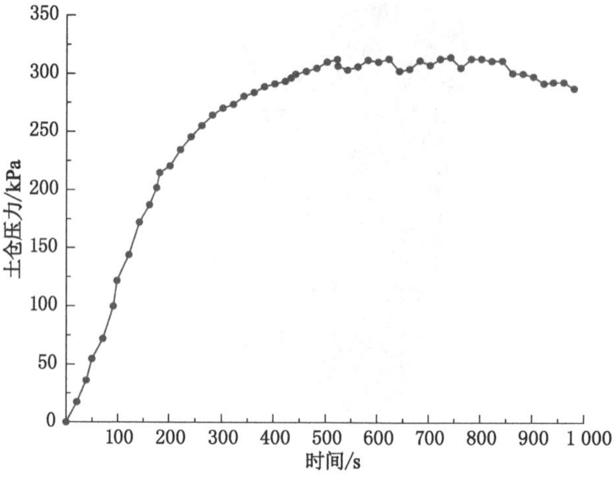

图 3-11　土仓压力随时间变化曲线

段时间内由于螺旋输送机开始输出土颗粒，所以土仓压力增大逐渐变慢；500 s 后，土仓压力趋于平衡。

3.2.4　盾构掘进过程开挖面稳定性分析

从盾构掘进过程中开挖面土体颗粒运动角度分析开挖面稳定性，盾构掘进不同阶段开挖面土体颗粒运动状态如图 3-12 所示。

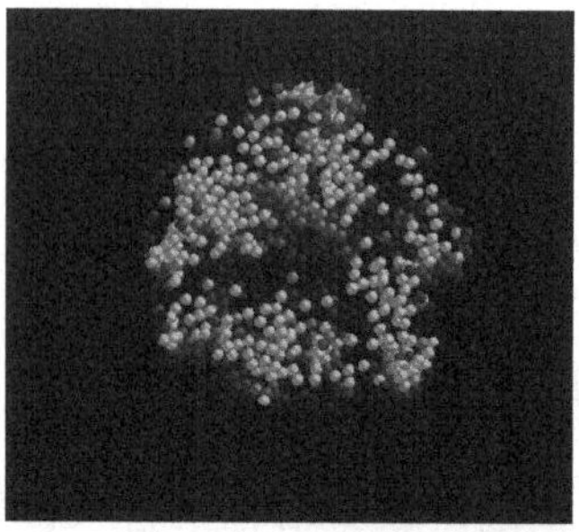

(a) 掘进前期

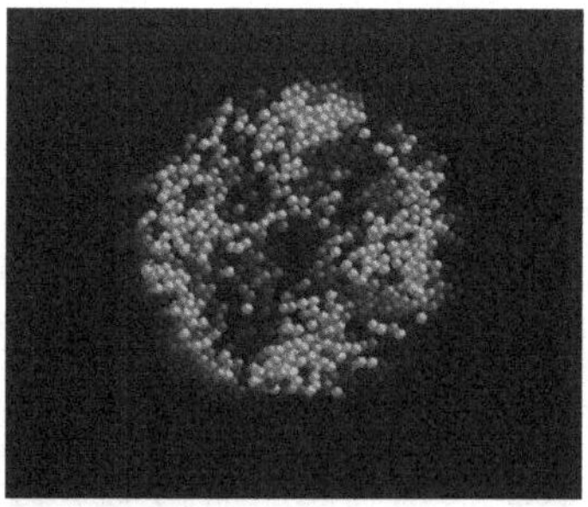

(b) 掘进中期

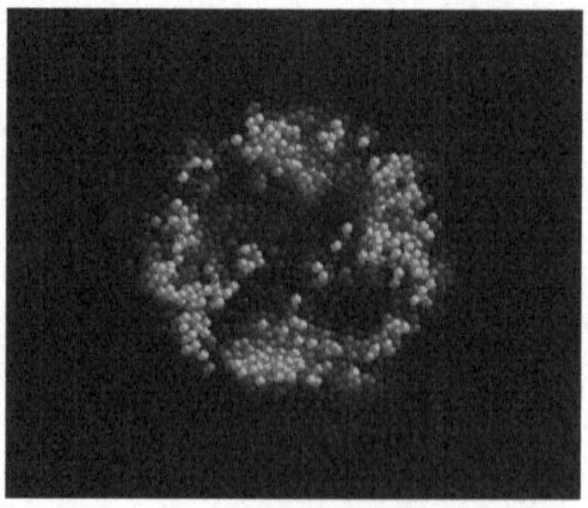

(c) 掘进后期

图 3-12　盾构掘进不同阶段开挖面颗粒运动状态

由图 3-12 可知：在盾构掘进前期，开挖面土体颗粒整体运动较快，运动范围也较大，原因是在盾构掘进初期，土仓内土体较少，土仓压力较小，土仓压力不足以平衡开挖面所需支护压力，开挖面土体受到刀盘扰动后处于快速运动阶段，此时开挖面处于不稳定阶段；在盾构掘进中期，开挖面土体颗粒整体较掘进前期运动速度有所减小，原因是随着土仓内土体的快速堆积，土仓压力快速上升，土仓压力逐步达到开挖面所需支护压力，开挖面土体颗粒运动趋于稳定，开挖面稳定性逐渐增强；在盾构掘进后期，开挖面土体颗粒运动速度进一步降低，影响范围也有所减小，此时土仓压力达到开挖面所需支护压力，开挖面处于稳定状态。

结合掘进过程中的参数变化，开挖面稳定过程可以分为以下三个阶段：

(1) 盾构刚进入土体(0～200 s)，此时土仓压力不足以支撑开挖面稳定，在较大压力差的作用下，开挖面土体受到刀盘扰动快速涌入土仓，此时土体颗粒运动速度较快，开挖面稳定性较差，土仓内颗粒运动速度也较快。

(2) 随着土仓内颗粒的快速堆积(200～500 s)，土仓内土体颗粒运动速度逐渐变慢，土仓压力快速上升，对开挖面的支护能力越来越强，开挖面土体运动速度变慢，开挖面土体颗粒运动范围变小，开挖面随着土仓压力的上升变得逐渐稳定。

(3) 随着螺旋输送机的出土效率与盾构的进土效率达到动态平衡(500～1 000 s)，土仓压力也趋于平衡，此时土仓支护压力与开挖面土压力达到平衡，开挖面的土体运动速度达到稳定最小值，土仓内土体运动速度在进土速度和出土速度达到平衡后也达到稳定状态，整个盾构系统达到稳定掘进状态，开挖面处于稳定状态。

综上所述，在整个掘进过程中土仓压力的控制至关重要，是保证开挖面稳定的重要因素之一。在盾构隧洞开挖过程中，开挖面支护压力的理论计算公式由隧洞埋深、地质条件(水头高度、土体强度、围岩级别)等确定。在盾构系统中，开挖面支护压力由刀盘支撑效应和土仓压力共同提供，因此，土仓压力的设定值与隧洞埋深、地质条件及刀盘形式密切相关。而在掘进过程中，土仓压力的稳定控制取决于进土效率与出土效率的平衡，与掘进速度和螺旋输送机转速密切相关。因此，在掘进过程中，有必要研究隧洞埋深、刀盘开口率、掘进速度等与土仓压力密切相关的各种因素对开挖面的影响。

3.3　深埋盾构隧洞开挖面稳定性影响因素分析

由 3.2 节可知：开挖面的稳定取决于土仓压力的稳定，土仓压力的控制调节与隧洞埋深、刀盘开口率、刀盘转速、盾构掘进速度等因素密切相关。为此，本节着重研究隧洞埋深、刀盘开口率、盾构掘进速度、刀盘转速在不同土仓压力条件下对开挖面稳定性的影响规律，探讨不同因素在不同土仓压力及稳压状态下开挖面位移及地层沉降变化规律，确定不同工况下的土仓极限支护压力，为盾构土仓压力的设置提供参考。

为了明确各因素对隧洞开挖面的影响，每种工况时只改变单一变量，避免其他因素对结果造成影响。监测断面选择如图 3-13 所示。图 3-13(a)为开挖面位移监测方案，分别设置 5 个监测断面，每个监测断面相距 1 m，在每个断面掘进过程中完成土仓压力的梯度调节，得到不同土仓压力时的开挖面水平位移；图 3-13(b)为地层沉降监测方案，选取隧洞上方 3 m 处为监测断面，监测稳压条件($\lambda=1$)下盾构刀盘到达Ⅰ断面时的地层沉降。

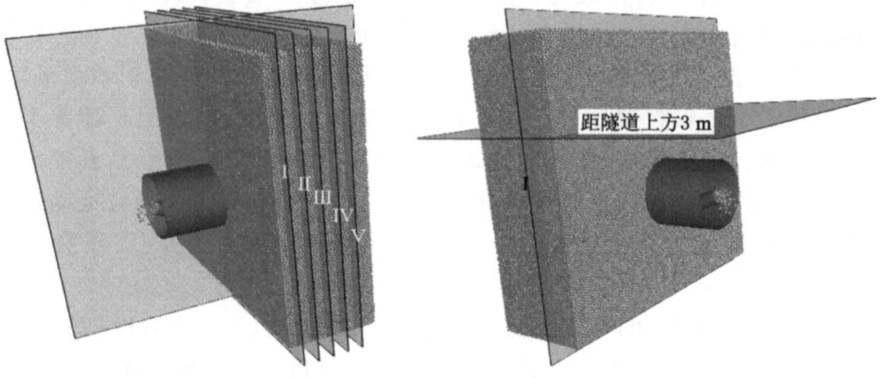

(a) 开挖面位移监测方案　　(b) 地层沉降监测方案

图 3-13　监测断面设置

3.3.1　隧洞埋深对开挖面稳定性的影响规律

随着地下工程不断向地层深部发展，高埋深对盾构施工开挖的影响不可忽视。在盾构施工中埋深并不是一个定值，隧洞上覆土体厚度始终处于变化中，所以研究不同埋深对隧道开挖面稳定性的影响具有重要意义。引汉济渭白鹿塬隧洞埋深为 270～300 m，为高埋深，高埋深带来的高地应力对开挖面稳定性的影响巨大。因此，本节研究隧洞埋深分别为 100 m、200 m、300 m 时对开挖面稳定性的影响。在建立数值模型时只改变埋深，其他因素不变。为实现高埋深时保证计算模型的可实现性，通过在模型上部施加荷载实现，每个模型施加两个颗粒工厂，上部颗粒工厂生成加载重颗粒，下部颗粒工厂生成开挖层土体颗粒。

(1) 开挖面水平位移变化规律

在开挖过程中首先将土仓压力调整为设计值，使土仓压力比为 1，然后调整螺旋输送机转速，将土仓压力逐步减小至开挖面出现位移激增，判定开挖面失稳，此时的土仓压力为极限土仓压力。绘制不同埋深条件下开挖面水平位移与土仓压力比变化的关系图，如图 3-14 所示。

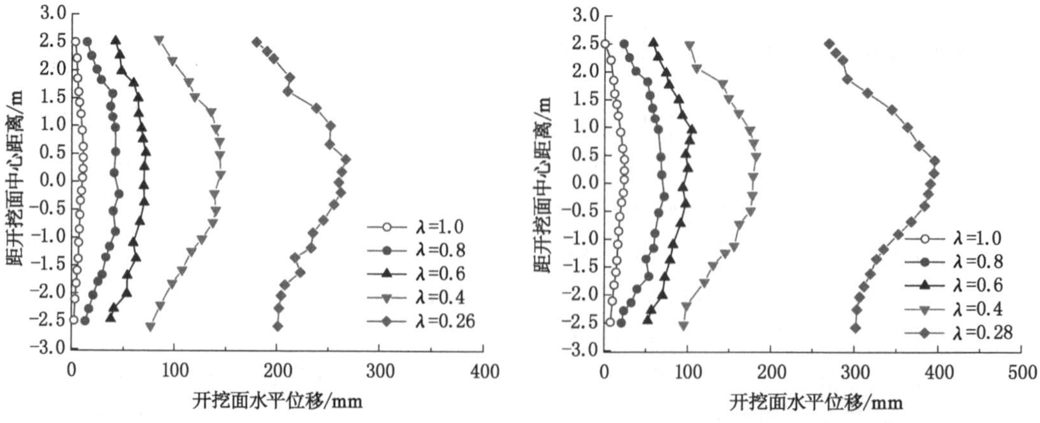

(a) 埋深为100 m　　(b) 埋深为200 m

图 3-14　不同埋深时开挖面的变形

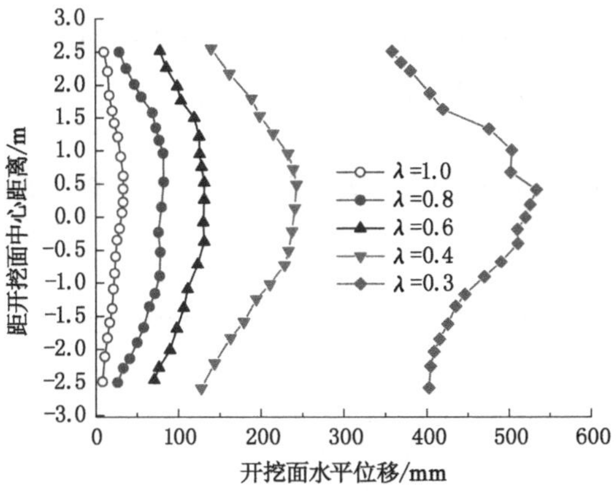

(c) 埋深为300 m

图 3-14 (续)

由图 3-14 可知：随着土仓压力比的不断减小，开挖面土体向土仓的方向隆起变形，且开挖面上部土体的水平位移要稍微大于下部土体的水平位移，其最大土体位移出现在隧洞中心点上方，最小水平位移出现在隧洞下方，位移曲线表现为“上宽下窄”。随着埋深的增加，维持开挖面稳定性所需的极限土仓压力比增大，极限土仓压力比分别为 0.26、0.28、0.3，表明随着隧洞埋深的增加，维持开挖面稳定所需的土仓压力逐渐增大，开挖面稳定性越差。

不同埋深时开挖面最大水平位移与土仓压力比的关系如图 3-15 所示。

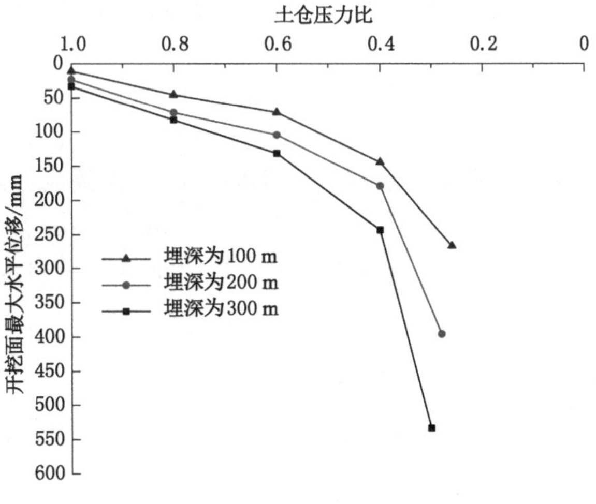

图 3-15 开挖面最大水平位移与土仓压力比的关系曲线

由图 3-15 可知：随着埋深的增加，开挖面的水平位移呈非线性增长。相同埋深时，随着土仓压力的不断减小，开挖面水平位移整体呈现三阶段变化趋势：缓慢增加阶段，当土仓压力比在 1～0.6 之间时，开挖面水平位移随土仓压力比的变化相对较小，表明开挖面水平位移对土仓压力的变化并不敏感，开挖面处于较稳定状态；快速增加阶段，当土仓压力比在 0.6～0.4 之间时，开挖面水平位移增幅较前一个阶段的变化增大，表明土体位移受土仓压力的变化较为敏感，此时应增大土仓压力以防止开挖面失稳；激增阶段，当土仓压力比小于0.4时，虽然土仓压力变化不大，但是开挖面水平位移激增，此时开挖面已经处于失稳状态，此时对应的土仓压力即土仓最小极限压力。

（2）地层沉降变化规律

绘制稳压条件下（$\lambda=1$）不同埋深时的横向地中沉降量曲线如图3-16所示。

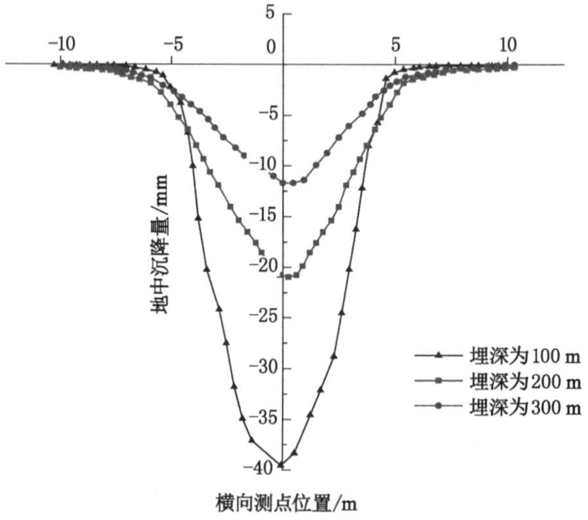

图3-16　不同埋深时横向地中沉降量曲线

由图3-16可知：土层沉降曲线形状类似Peck曲线形状，在埋深为100 m、200 m、300 m的工况下，地层最大沉降量分别为39.55 mm、20.96 mm、11.68 mm，地层沉降量随埋深的增加有所减小。土体沉降的原因是盾构掘进对围岩产生了扰动，导致原有的应力平衡被打破，应力状态发生变化，导致土体产生了相应的位移，而埋深的增加降低了这种影响，所以随着埋深的增加土体的最大沉降量有所减少。土体中的土拱效应与隧洞埋深存在重要联系，土拱效应随埋深的增加越来越明显，导致土体沉降量逐渐减小；反之，隧洞埋深越小，土拱效应越不明显，土体沉降量越大。同时距隧洞中线越近沉降量越大，沉降量曲线变化越大；距离隧洞中线越远，沉降量越小。

3.3.2　刀盘开口率对开挖面稳定性的影响

在盾构掘进过程中，刀盘作为盾构系统的重要组成部分，不仅要承担切削土体的任务，还要承担支撑前方开挖面土体的任务。刀盘开口率对盾构稳定掘进起着重要作用：（1）维持盾构隧洞开挖面稳定；（2）维持盾构自身掘进系统稳定。盾构隧洞开挖面支护压力是土仓压力在刀盘开口部分与前方土体的接触压力和刀盘面板对前方土体的接触压力共同作用的结果。土仓压力只在刀盘开口处决定盾构正面支护压力，另一部分支护压力需要刀盘面板部分与前方土体直接产生的接触压力提供，因此，研究不同刀盘开口率对开挖面稳定性的影响具有重要意义。

不同刀盘开口率会对前方围岩起到不同程度的支护作用，在设计土压相同时，不同刀盘开口率工况下开挖面的承压能力也是不同的。原因是盾构机在地层中工作时，刀盘开口率不同会影响单位时间进入土仓的土体数量，进而影响出渣量，而出渣量又与盾构推力、刀盘转速、推进速度相关。当其他掘进参数相同时，刀盘不断切削前方土体，被切削破碎的土体经刀盘开口到达土仓，随后被螺旋输送机带出，较大的刀盘开口率对开挖面的支承作用会有所削弱；较小的开口率对开挖面的支护作用较强，但同时也可能会造成刀盘堵塞出现“结泥饼”现象，使土仓土体越来越密实，导致开挖面前方土体被不断压实，进一步会导致开挖面隆起破坏。

本节设计了3种不同开口率的刀盘，开口率分别为45%、55%、65%，刀盘设计如图3-17所示。在进行仿真模拟时，保证地层因素、推进速度、刀盘转速、刀盘形式相同，只改变刀盘开口率，通过分析刀盘前方开挖面土体所受压缩力情况，分析不同开口率刀盘对开挖面的支护能力，并得到不同刀盘开口率条件下盾构隧洞开挖面变形规律及地层沉降规律。

(a) ψ=45%

(b) ψ=55%

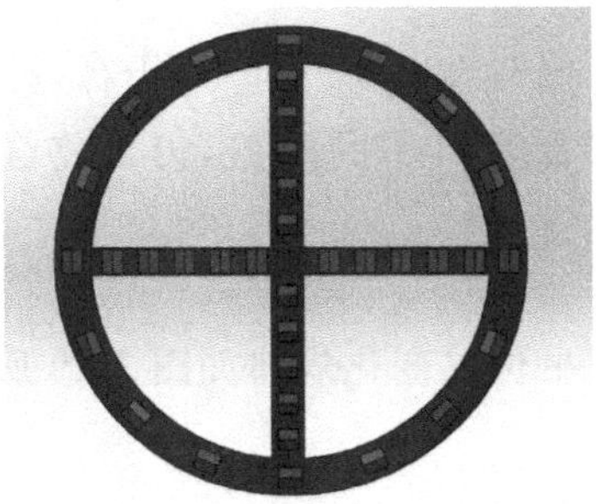

(c) ψ=65%

图3-17　不同刀盘开口率设计图

不同开口率刀盘前方开挖面土体所受压缩力如图3-18所示。

由图3-18可知：埋深、掘进速度、刀盘转速等因素相同时，随着刀盘开口率的增大，刀盘前方土体压缩力不断减小，刀盘中心处土体压缩力减小较明显。刀盘开口率 ψ=45%时，开挖面土体颗粒所受压缩力较平均，影响范围基本在开挖面内，且在刀盘右上方及右侧出现高压缩力的土体颗粒，再次证明盾构刀盘前方土体所受压缩力与刀盘转动方向有关；刀盘开口率 ψ=55%时，刀盘前方开挖面土体颗粒所受压缩力差别较大，整体所受压缩力小于刀盘开口率 ψ=45%时的；刀盘开口率 ψ=65%时，刀盘前方土体所受压缩力已经较小，刀盘中心土体所受压缩力基本为零。另外，3种不同开口率刀盘前方土体所受压缩力的影响范围和变化规律基本一致，都呈现刀盘中心土体压缩力小、刀盘周围土体压缩力大

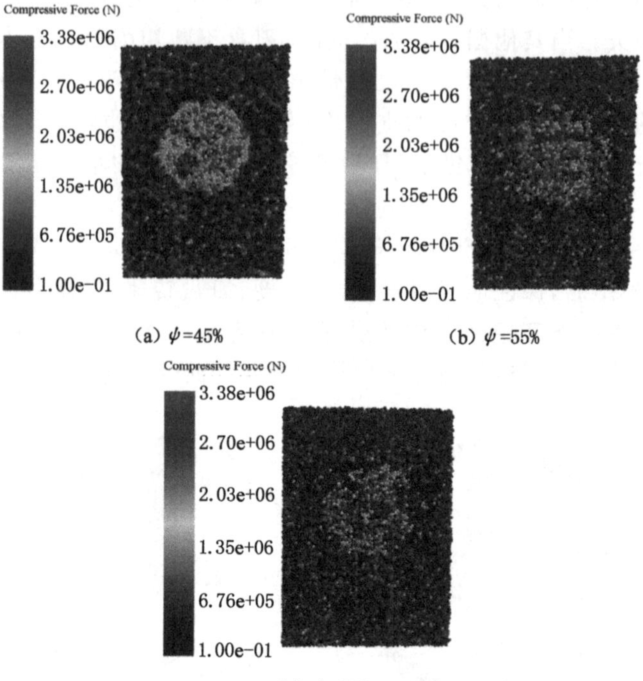

(a) ψ=45%　(b) ψ=55%　(c) ψ=65%

图 3-18　不同刀盘开口率时前方土体受力状态

的规律。同时还可以发现，在刀盘圆周等刀盘直接与土体接触部位，土体所受压缩力明显高于周围土体颗粒，证明随着刀盘开口率的降低，刀盘将会明显增强对前方土体的支撑作用。

(1) 开挖面水平位移变化规律

不同刀盘开口率时开挖面的水平位移变化规律如图 3-19 所示。

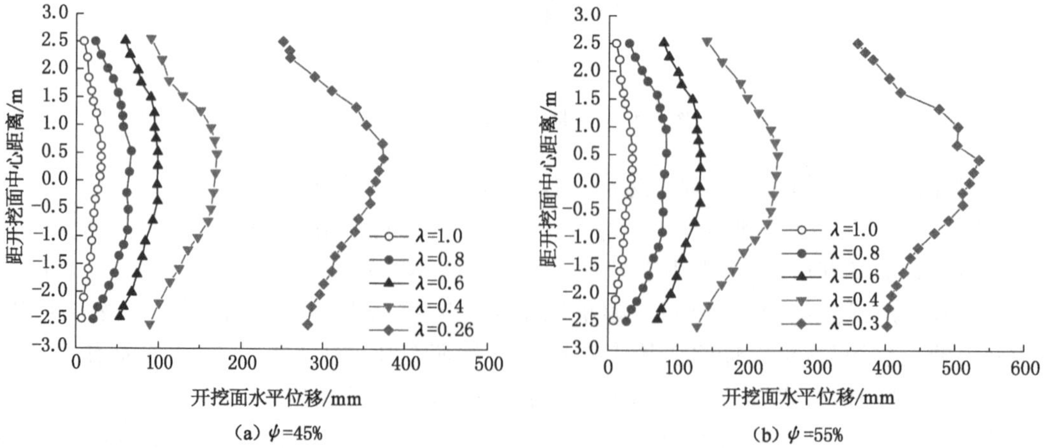

(a) ψ=45%　(b) ψ=55%

图 3-19　不同刀盘开口率时开挖面的变形

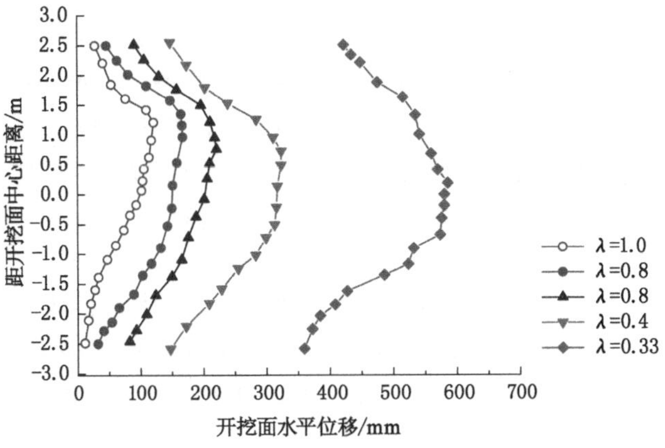

(c) ψ=65%

图 3-19 (续)

由图 3-19 可知：刀盘开口率较大时，开挖面变形激烈，曲线波动较大，开挖面稳定性较差。刀盘开口率 $\psi=65\%$时，开挖面中部变形与上下部相比更大，最大开挖面水平位移出现点向开挖面上部偏移。这是由于刀盘开口率增大，减小了刀盘对前方开挖面的支撑面积，降低了开挖面土体的稳定性，刀盘开口率对隧洞开挖面稳定性的影响较大。同时，处于极限土仓压力比时，大开口率刀盘前方开挖面变形更剧烈，开挖面中部隆起变形更剧烈。原因是当土仓压力达到极限土仓压力时，开挖面土体将会从刀盘开口处快速涌入土仓，小开口率刀盘将会减缓这种土体快速涌入土仓的趋势。同时，开挖面水平位移曲线规律与隧洞埋深开挖面位移变化规律基本一致，呈现隧洞上部水平位移大、下部水平位移小的特点，最大水平位移点出现在开挖面中心上部。

不同刀盘开口率时开挖面最大水平位移与土仓压力比的关系如图 3-20 所示。

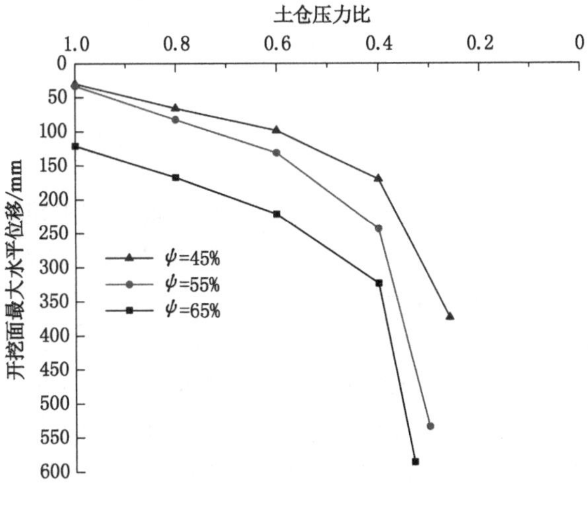

图 3-20　开挖面最大水平位移与土仓压力比的关系曲线

由图 3-20 可知：随着刀盘开口率的增大，开挖面水平位移不断增大，且随着土仓压力比的减小，开挖面最大水平位移随着刀盘开口率的变化幅度增大，表明随着土仓压力的减小，开挖面水平位移对刀盘开口率的变化更敏感，刀盘开口率对开挖面稳定性的影响越大。相同土仓压力时，刀盘开口率由45％变化到55％时开挖面水平位移增幅远小于刀盘开口率由55％变化到65％。同时，当土仓压力比为1时，在刀盘开口率为65％条件下开挖面最大水平位移为121.1 mm，开挖面水平位移偏大。表明在本书地层条件下，当刀盘开口率为65％时，开挖面稳定性较差。因此，在本依托工程施工中，应选择开口率不大于65％的刀盘。开挖面所需极限土仓压力比随刀盘开口率的增大而增大，分别为0.26、0.3、0.33，表明随着刀盘开口率的增大，维持开挖面稳定性所需土仓压力将增大。原因是随着土仓压力的不断减小，土仓压力对开挖面的支护效应越来越弱，开挖面稳定性更加依赖于刀盘的支撑效应，而小开口率刀盘对开挖面的支撑效应更强，因此，维持开挖面稳定性所需的极限土仓压力比更低。

(2) 地层沉降变化规律

在开挖面施加设计土仓压力的情况下，研究不同刀盘开口率对地层沉降的影响，监测断面选择同上文。不同刀盘开口率时地中沉降量曲线如图3-21所示。

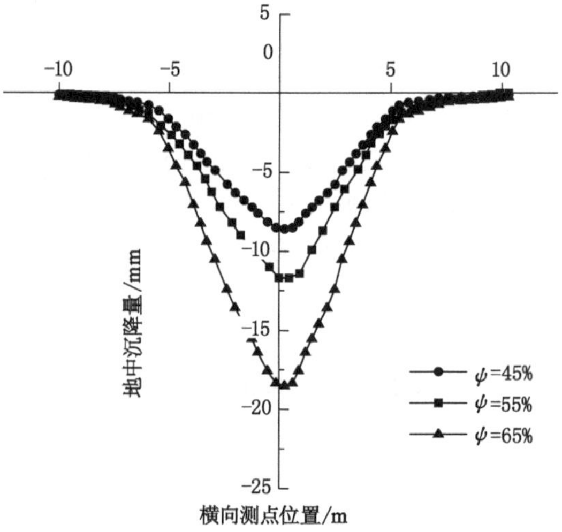

图3-21 不同刀盘开口率时横向地中沉降量曲线

由图3-21可知：刀盘的开口率在一定程度上影响着地层的稳定状况，随着刀盘开口率的增大地层沉降量逐渐增加，当开口率 $\psi=65\%$ 时地层最大沉降量为18.53 mm，远大于刀盘开口率 $\psi=45\%$ 时的地层最大沉降量为8.59 mm。这是由于刀盘开口率的降低致使刀盘可支撑部分所占面积增大，对前方土体可以提供较强的支撑，增强了开挖面的稳定性。同时，不同刀盘开口率时地层沉降曲线规律基本一致，最大地层沉降出现在隧洞中线附近，沉降槽宽度受刀盘开口率影响变化不明显。刀盘开口率对开挖面位移的控制效果强于对地层沉降量的控制效果，刀盘开口率变化对开挖面位移的影响大于对地层沉降量的影响。

3.3.3 掘进速度对开挖面稳定性的影响

为研究盾构掘进速度对开挖面稳定性的影响，设置盾构掘进速度分别为30 mm/min、

60 mm/min、90 mm/min 3 种工况，其他参数不变，即刀盘转速为 6 r/min，埋深为 300 m，刀盘开口率为 55%。

(1) 开挖面水平位移变化规律

不同掘进速度时开挖面水平位移随土仓压力比变化曲线，如图 3-22 所示。

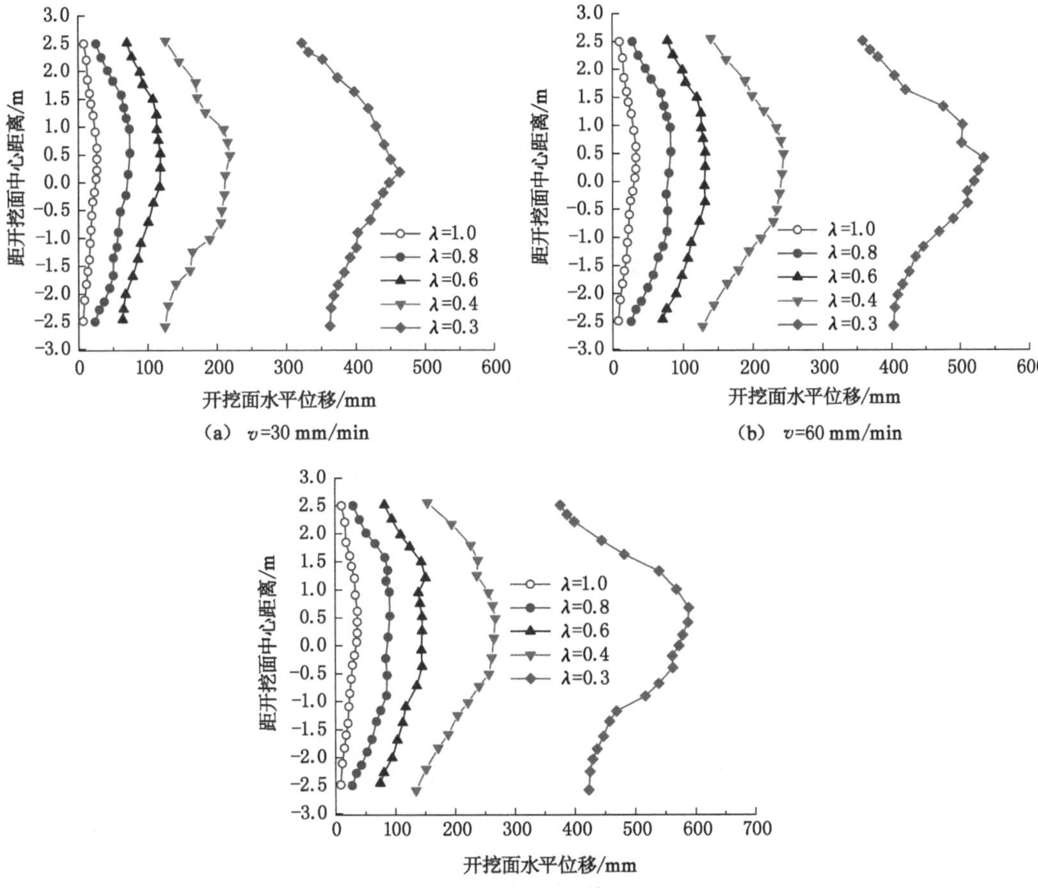

(a) v=30 mm/min　(b) v=60 mm/min　(c) v=90 mm/min

图 3-22　不同掘进速度时开挖面的变形曲线

由图 3-22 可知：不同掘进速度时开挖面变形规律基本一致，最大水平位移段位于隧洞中线上部，与隧洞埋深和刀盘开口率相比，不同掘进速度时开挖面的最大水平位移点更靠近隧洞中心。在土仓压力比由 1 逐渐减小至 0.4 时，开挖面水平位移增加较小，开挖面变形曲线较平缓。当继续减小土仓压力至极限土仓压力时，开挖面水平位移徒增，变形曲线变化激烈。在掘进速度为 90 mm/min 时，可以看到在极限土仓压力条件下，开挖面中部变形较大，表明盾构在较快掘进速度时仍会导致开挖面变形过大，为保证开挖面稳定性，应控制掘进速度。

盾构掘进速度可认为是盾构系统单位时间对地层的开挖扰动量，掘进速度越快，盾构系统对地层的扰动就越明显。不同掘进速度时开挖面最大水平位移与土仓压力比的关系如图 3-23 所示。由图 3-23 可知：在只考虑掘进速度影响时，开挖面水平位移随掘进速度的增大而增大，但增幅并不明显，极限土仓压力比变化也不明显，即开挖面水平位移对掘进速度的敏感程度弱于隧洞埋深和刀盘开口率。开挖面水平位移随土仓压力比的减小变化规律基本一致，呈现三阶段式变化趋势。

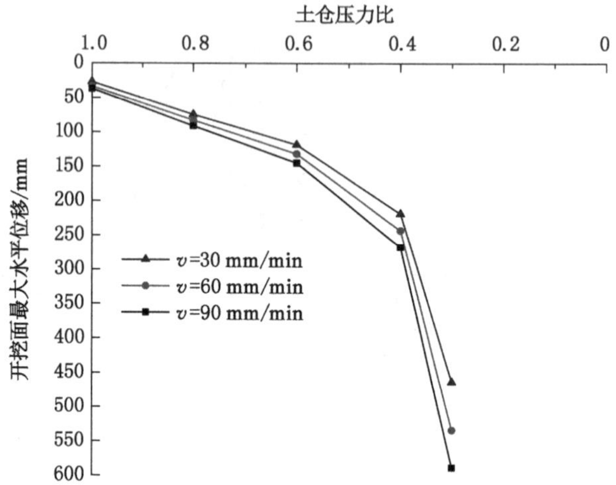

图 3-23　开挖面最大水平位移与土仓压力比的关系曲线

(2) 地层沉降变化规律

对不同掘进速度的盾构施工导致的地层沉降进行分析，绘制土仓压力比为 1 时不同掘进速度时地中沉降量曲线如图 3-24 所示。

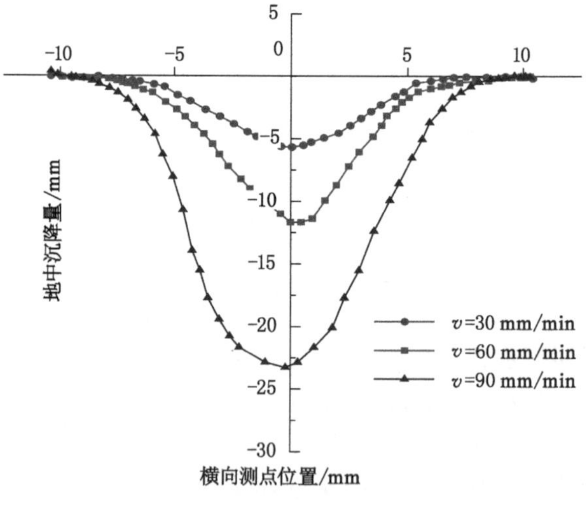

图 3-24　不同掘进速度时横向地中沉降量曲线

由图 3-24 可知：仅改变盾构掘进速度，随着掘进速度的增大，地层沉降也随之增大。沉降曲线呈现典型的 Peck 槽形分布，距隧洞中线越近，地层沉降量越大；距隧洞中线越远，监测断面的沉降受盾构掘进的影响越小。地层沉降对掘进速度的敏感性强于开挖面水平位移对掘进速度的敏感性，即掘进速度变化对开挖面的影响主要在于地层沉降。

从宏观上来看，在盾构掘进过程中，当掘进速度稳定且保持一致时，地层沉降随单一掘进速度的变化程度有限。研究表明，地层沉降主要出现在掘进速度变化断面，即当盾构掘进速度变化时，会出现较大地层沉降量。盾构掘进速度越平均，掘进速度波动越小，对地层沉降的影响越小，沉降量越小；盾构掘进速度改变幅度越大，对地层沉降的影响越大，沉降量也越大。

3.3.4 刀盘转速对开挖面稳定性的影响

刀盘作为直接与开挖面接触的盾构系统，刀盘转速的变化会直接对开挖面稳定性造成影响。为了研究刀盘转速对开挖面稳定性的影响，刀盘转速分别设置为 1 r/min、3 r/min、5 r/min 3 种工况，其他参数不变，即掘进速度为 60 mm/min，埋深为 300 m，刀盘开口率为 55%。

(1) 开挖面水平位移变化规律

开展了刀盘转速分别为 1 r/min、3 r/min 和 5 r/min 3 种工况下盾构掘进数值模拟，得到了开挖面水平位移与刀盘转速之间的关系，如图 3-25 所示。

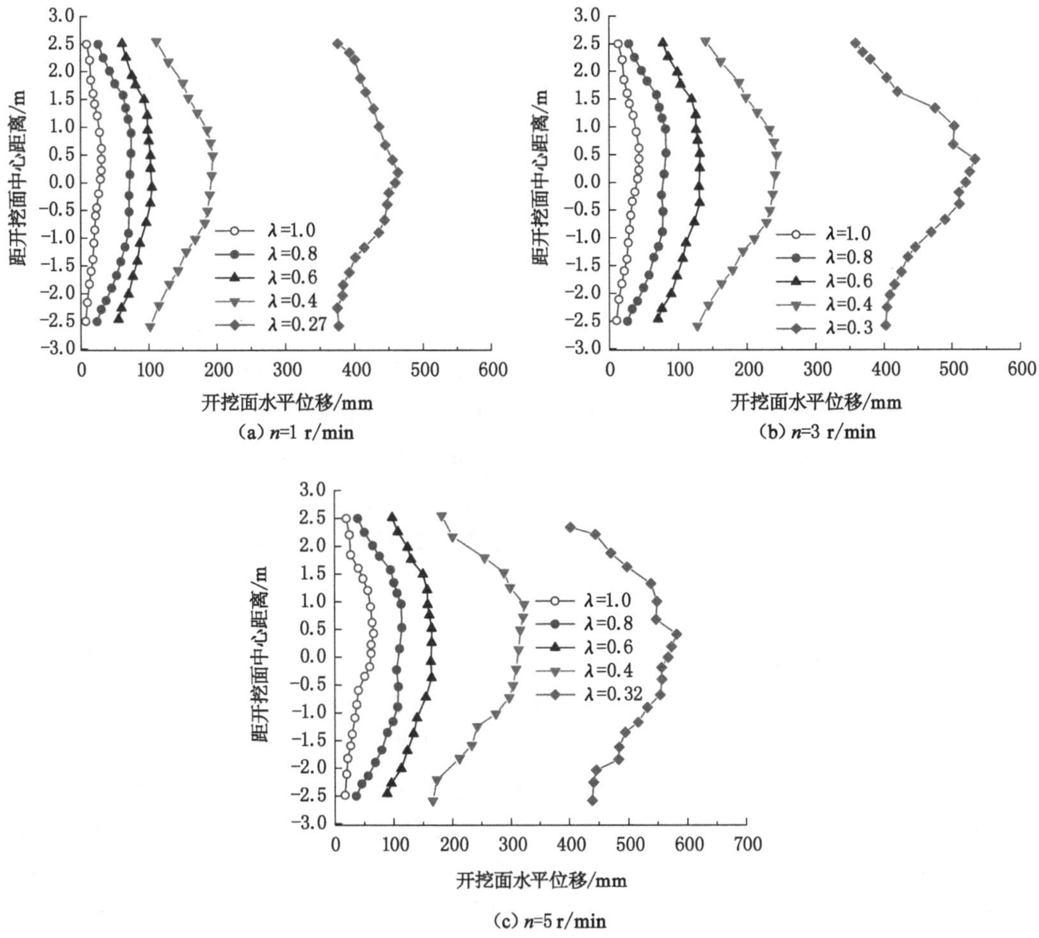

图 3-25 不同刀盘转速时开挖面的水平位移

由图 3-25 可知：在相同土仓压力条件下，当刀盘转速为 1 r/min 时，开挖面变形曲线较平缓，开挖面中部向土仓隆起变形较小；当刀盘转速为 3 r/min 时，开挖面中部变形比转速为 1 r/min 时的大；当刀盘转速为 5 r/min 时，开挖面中部变形更剧烈，且曲线波动较大。随着刀盘转速的增大，开挖面水平位移也增加，出现这种情况的主要原因是刀盘转速的增大加大了对开挖面的扰动频率。从稳定性角度来看，刀盘转速增大后，相当于在隧洞开挖过程中刀盘对开挖面土体的切削扰动更加频繁且激烈。刀盘转速分别为 1 r/min、3 r/min、5 r/min 时，极限土仓压力比分别为 0.27、0.3、0.32，极限土仓压力比随着刀盘转速的增大而增大，总的来看，刀盘转速增大，开挖面的稳定性下降。

不同刀盘转速时开挖面最大水平位移与土仓压力比的关系曲线如图 3-26 所示。

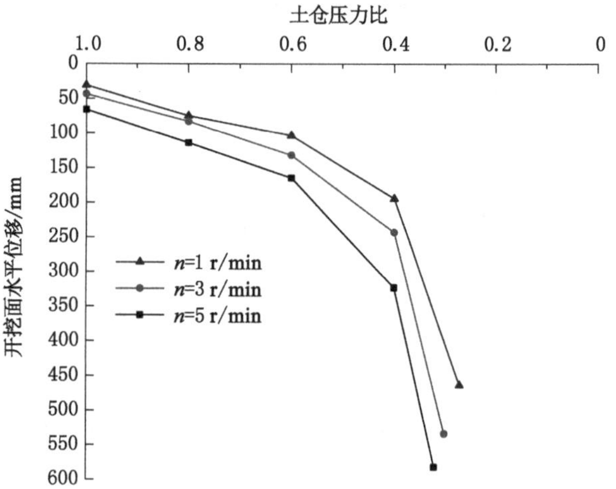

图 3-26　开挖面最大水平位移与土仓压力比的关系曲线

由图 3-26 可知：在相同土仓压力比条件下，开挖面最大水平位移随着刀盘转速的增大而增大。在土仓压力比为 1 时，刀盘转速分别为 1 r/min、3 r/min 和 5 r/min 时，开挖面最大水平位移分别为 30.81 mm、43.54 mm、65.96 mm，随刀盘转速增大开挖面最大水平位移的增幅分别为 41.31%、51.49%，开挖面水平位移增幅逐渐变大，表明随着刀盘转速的增大，即使土仓压力控制效果较好，刀盘转速过大仍会导致开挖面变形过大且对开挖面的影响更大。刀盘转速对开挖面水平位移的影响程度大于掘进速度，但小于刀盘开口率。

(2) 地层沉降变化规律

土仓压力比为 1 时不同刀盘转速的地层横向沉降曲线如图 3-27 所示。

由图 3-27 可知：当刀盘转速增大时，隧洞上方的沉降量也随着增大，原因是在相同工况下，仅增大刀盘转速，相当于对围岩的扰动增强，土层变形量也会增大，在宏观上就表现为随着刀盘转速的增大，地层沉降越发明显。不同刀盘转速时横向地层沉降槽呈现较典型 Peck 曲线，但不同于不同掘进速度时的沉降曲线槽，在刀盘转速为 1 r/min 时，地层有隆起现象，隆起点在距隧洞中线 10.2 m 处，最大隆起量为 3.13 mm；下降点在距隧洞中线约 6.8 m 处。地层隆起的原因是刀盘转速与推进速度不匹配，导致刀盘前方土体挤压，使刀盘前方土体出现隆起现象。在仅考虑盾构隧洞开挖安全的前提下，较小的刀盘转速对开挖面

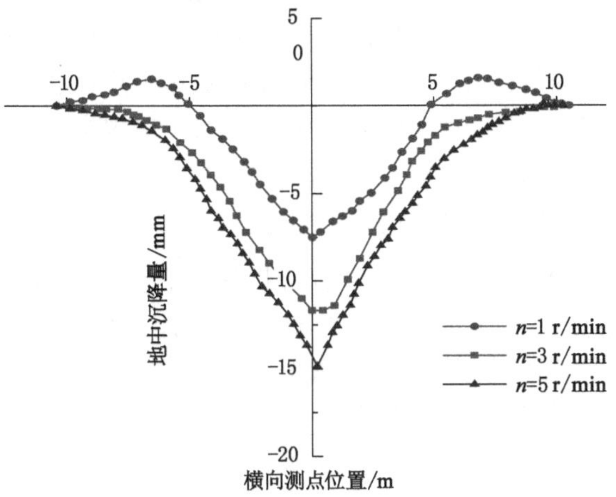

图 3-27 不同刀盘转速时横向地中沉降量曲线

稳定更有益，但是仍要考虑掘进效率，较小的刀盘转速会影响掘进速度。因此，刀盘转速的确定要结合地质情况和施工情况综合考虑。

3.4 盾构隧洞开挖面稳定性评估方法及应用

盾构隧洞开挖面失稳极有可能造成财产损失和人员伤亡。为了尽可能减小盾构隧洞开挖面失稳对人员生命财产造成的损失，确保隧洞施工安全，有必要对隧道开挖面稳定性及失稳可能导致的后果进行评估。本节基于肯特指数法思想和层次分析法开展对盾构隧洞开挖面稳定性风险评估，首先根据 3.3 节数值模拟分析结果、相关规范及专家建议构建开挖面稳定性评估指标体系，建立深埋盾构隧洞开挖面稳定性评估模型，并通过工程案例验证该评估模型的可行性，最后在引汉济渭二期工程白鹿塬隧洞中进行工程应用。

3.4.1 盾构隧洞开挖面稳定性评估方法

3.4.1.1 基本原理

肯特指数法[110]是一种定性与定量相结合的评估方法，最初应用于管道风险评估中。首先确定隧洞开挖面各风险指数，随后求取各风险指数值确定开挖面失稳危险程度，然后分析开挖面失稳后的影响程度确定灾害损失系数，最后结合灾害损失系数与风险指数综合评估开挖面失稳风险。肯特指数法基本假设如下：(1) 独立性假设：各风险因素是相互独立的，即各个因素互不影响，总风险是各个风险的综合影响；(2) 相对性假设：评估的分数是相对的，绝对风险指数无法计算；(3) 主观性假设：影响因素的选取、评分的区间及分值的选取尽管有科学依据，但最终还是人为选用，存在一定的主观性。

层次分析法(Analytic Hierarchy Process，AHP)是 20 世纪 70 年代初期由托马斯·塞蒂提出的一种层次权重决策分析方法。层次分析法有以下特点：(1) 系统化：层次分析法将目标问题分层次进行分析，从最高层建立模型，再从最低层解决问题，分析问题系统化、结构化；(2) 简单实用：层次分析法不是一味定性分析，也不是单纯的定量计算，而是采用半定量方法，通过两两比较同一层次中各影响因素的相对重要性，最后进行简单运算，通过影响因素的简单排序解决复杂问题。层次分析法能通过较为简单的方法解决目标问题；(3) 采用定性分析较多，定量数据较少：层次分析法是模拟人类思考的决策方法，其中有大量的定性分析，很多因素无法定量计算；(4) 因素层参数有限：一般因素层参数不超过 9 个，否则判断矩阵和一致矩阵差异性会较大。

3.4.1.2 盾构隧洞开挖面稳定性评估模型

盾构开挖面稳定性影响因素众多，参考肯特指数法思想，利用层次分析法进行分析，建立以失稳风险指数为目标层，以地质条件、隧洞参数、设计参数、施工参数为准则层，并选取对盾构隧洞开挖面稳定性影响较大的 11 个影响因素为方案层，建立盾构隧洞开挖面失稳风险评估模型。采用失稳风险指数和与灾害损失系数相乘的方法得出相对风险评估值。盾构隧洞开挖面失稳风险评估模型如图 3-28 所示。

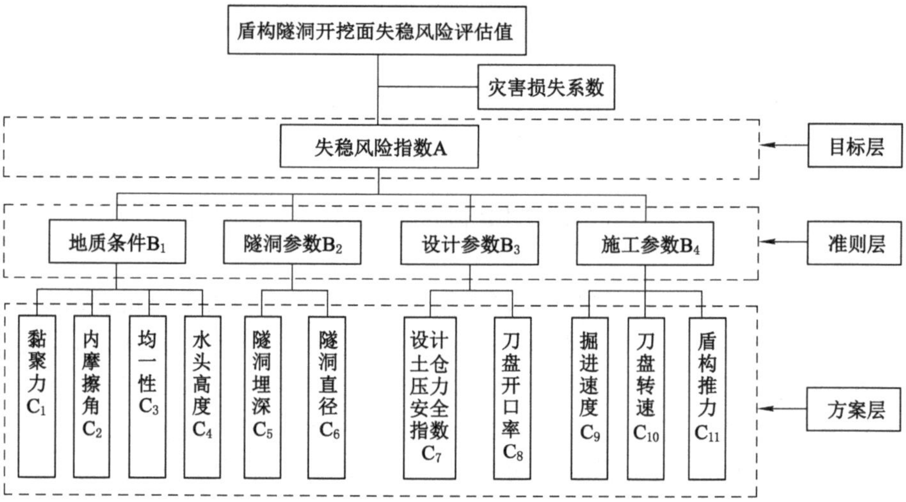

图 3-28　盾构隧洞开挖面失稳风险评估模型

地质条件因素分为 4 个子因素，分别为黏聚力、内摩擦角、均一性、水头高度。隧道参数因素分为 2 个子因素，分别为隧洞埋深、隧洞直径。设计参数因素分为 2 个子因素，分别为设计土仓压力安全指数(土仓压力设计值与土仓压力极限值之比)和刀盘开口率。施工参数因素分为 3 个子因素，分别为掘进速度、刀盘转速和盾构推力。

相对风险评估值计算方法如下：相对风险评估值＝风险指数×灾害损失系数＝(地质条件＋隧洞参数＋设计参数＋施工参数)×灾害损失系数，风险评估值越高，相对风险越高。这种评价方式考虑的不是简单意义的相乘，而是在综合考虑风险发生概率和发生风险后损失程度的组合。

运用层次分析法建立评估模型时，考虑评估指标体系中各指标之间的相对重要性、敏感程度、彼此影响等，利用九级标度法，如表 3-1 所示，同时结合相关专家建议，确定各因素指标的分值，通过构造判断矩阵，计算矩阵的最大特征根、特征向量，确定各指标的层次排序，并对判断矩阵进行一致性检验。计算流程如下：

表 3-1　九级标度法

比例标度	含义
1	表示对于 A_k 而言，两个因素同等重要
3	表示对于 A_k 而言，B_{ki} 比 B_{kj}“稍微”重要
5	表示对于 A_k 而言，B_{ki} 比 B_{kj}“明显”重要
7	表示对于 A_k 而言，B_{ki} 比 B_{kj}“强烈”重要
9	表示对于 A_k 而言，B_{ki} 比 B_{kj}“极端”重要
2、4、6、8	上述相邻判断的中间值

(1) 构造判断矩阵

在确定各层次因素之间的权重时，采用一致矩阵法，即不将所有因素一起比较，而是两两互相比较。假定 A_k 表示中间层（准则层）的第 k 个元素，B_{k1}，…，B_{kn} 表示准则层元素 A_k 的下层因素元素，从元素 A_k 的角度考虑，通过 B_{k1}，…，B_{kn} 之间因素互相两两比较来确定其对元素 A_k 的重要性。将 B_{k1}，…，B_{kn} 两两之间的重要性利用九级标度法表示，其含义见表 3-1，其中 a_{ij} 表示元素 a_{ki} 相对于 a_{kj} 的重要性。

利用九级标度法针对准则层 A_k 构建的判断矩阵，对所确定的因素两两比较，构造判断矩阵，如下式：

$$\boldsymbol{A}_k = \begin{bmatrix} a_{11} & a_{12} & \cdots & a_{1n} \\ a_{21} & a_{22} & \cdots & a_{2n} \\ \vdots & \vdots & & \vdots \\ a_{n1} & a_{n2} & \cdots & a_{nn} \end{bmatrix} \tag{3-1}$$

(2) 权重计算

对应于判断矩阵最大特征根 λ_{max} 的特征向量，归一化后记为 $\boldsymbol{W}$。$\boldsymbol{W}$ 的元素为同一层次因素对上一层次因素相对重要性排序权值。计算过程如下：

计算判断矩阵每一行的乘积 M_i：

$$M_i = \prod_{j=1}^{n} b_{ij} \ (i = 1,2,\cdots,n) \tag{3-2}$$

计算 M_i 的 n 次方根 W_i：

$$\boldsymbol{W} = (W_1, W_2, \cdots, W_n)^{\mathrm{T}} \tag{3-3}$$

其中，$W_i = M_i^{\frac{1}{n}} (i = 1,2,\cdots,n)$。将向量 $\boldsymbol{W} = (W_1, W_2, \cdots, W_n)^{\mathrm{T}}$ 归一化，得到向量 $\boldsymbol{\alpha} = (\alpha_1, \alpha_2, \cdots, \alpha_n)^{\mathrm{T}}$，即所求的特征向量，其中 $\alpha_i = W_i / \sum_{j=1}^{n} W_i (i = 1,2,\cdots,n)$。

(3) 一致性检验

计算判断矩阵的最大特征根 λ_{max}，见下式：

$$\lambda_{max} = \frac{1}{n} \sum_{i=1}^{n} \frac{(AW)_i}{W_i} \tag{3-4}$$

式中，$(AW)_i$ 表示向量 AW 的第 i 个元素。

判断矩阵的一致性检验指标 CR 为：

$$\mathrm{CR} = \mathrm{CI}/\mathrm{RI} \tag{3-5}$$

式中，$CI=\frac{\lambda_{max}-n}{n-1}$。

RI 为判断矩阵的随机一致性指标，取值见表 3-2。

表 3-2　随机一致性指标 RI 的取值

阶数 n	1	2	3	4	5	6	7	8	9
RI	0	0	0.58	0.89	1.12	1.24	1.32	1.41	1.45

当一致性检验指标 CR≤0.1 时，认为上文所构造的判断矩阵通过一致性检验，即认为判断矩阵是合理的，否则需要调整判断矩阵的元素取值，直至具有满意的一致性。

按照上述层次分析法计算流程对准则层进行权重计算，A 层对 B 层判断矩阵为：

$$A_{\text{A-B}}=\begin{bmatrix}1 & 2 & 1/4 & 1/3\\1/2 & 1 & 1/5 & 1/4\\4 & 5 & 1 & 3\\3 & 4 & 1/3 & 1\end{bmatrix}\tag{3-6}$$

权向量 $\boldsymbol{\omega}=[0.120\,1\quad 0.077\,1\quad 0.534\,9\quad 0.267\,9]$，经计算得到判断矩阵 **A** 的最大特征根 $\lambda_{max}=4.114$，$CI=(\lambda_{max}-n)/(n-1)=0.038$，查询表 3-2 可得 RI＝0.89，CR＝0.047＜0.1，所构造准则层判断矩阵 **A** 通过一致性检验。

权重计算结果表明，在现有因素层下，准则层重要程度从大到小排序为设计参数、施工参数、地质条件、隧洞参数。该权重结果表明在盾构施工过程中，相比土体及隧洞自身物理力学性质差异，设计不合理及施工参数选取不当对隧洞开挖面稳定性影响更大。

3.4.1.3　影响因素及权值确定

采用百分制评分，每个因素满分 100 分，得分越高，说明该因素对开挖面稳定性影响越大，危险性越大。

(1) 地质条件

根据上节计算所得权重向量公式可得到地质条件权重为 12.01%，地质条件因素层包括黏聚力、内摩擦角、均一性指数和水头高度。与前述计算流程相同，构建地质条件的因素层元素判断矩阵为：

$$\boldsymbol{A}_{B_1\text{-}C}=\begin{bmatrix}1 & 1 & 2 & 1/3\\1 & 1 & 2 & 1/3\\1/2 & 1/2 & 1 & 1/5\\3 & 3 & 5 & 1\end{bmatrix}\tag{3-7}$$

权向量 $\boldsymbol{\omega}_{B_1\text{-}C}=[0.185\,4\quad 0.185\,4\quad 0.097\,1\quad 0.532\,1]$，通过一致性检验。

① 黏聚力(18.54%)

土体抗剪强度指标主要由黏聚力和内摩擦角体现，黏聚力在一定程度上决定了土体的抗剪强度，黏聚力的增大对开挖面稳定性有益，在开挖面稳定性评价中属于正评价。在参考大量隧道稳定性评估模型关于黏聚力相关评分细则后，结合工程实际，黏聚力评分见表 3-3。

表 3-3 黏聚力评分表

黏聚力/kPa	<15	15～25	25～35	35～45	>45
分值	100～80	80～60	60～40	40～20	20～0

② 内摩擦角(18.54%)

土体内摩擦角对于开挖面的稳定性有益，随着内摩擦角的增大，开挖面的稳定性将得到加强，内摩擦角评分见表 3-4。

表 3-4 内摩擦角评分表

内摩擦角/(°)	<10	10～18	18～26	26～34	>34
分值	100～90	90～65	65～40	40～15	15～0

③ 均一性指数(9.71%)

土体均一性指数是盾构隧洞开挖断面土体性质一致性指标。土体一致性优良可以只考虑主要土体性质来进行工程参数设计；土体均一性差会造成开挖面出现上软下硬或上硬下软情况，导致盾构机受力不均匀，操作困难，盾构姿态偏移，将会加剧对周边地层的扰动，同时对较软地层造成超挖，使得开挖面失稳的风险增大。土体均一性指数综合考虑地层土体性质，在地层土体较差且存在多种土体时取较大值，得分最高；在地层土体性质较好且单一地层时得分较低。土体均一性指数评分参考陈孟乔[49]对于土体均一性指标的评分。均一性指数评分见表 3-5。

表 3-5 土体均一性指数评分表

	均一黏土	均一粉土	均一砂土	均一砾土	均一软岩	均一中硬岩	均一硬岩
均一黏土	0～5	5～20	20～35	35～50	50～65	65～80	80～100
均一粉土		0	5～20	20～35	35～50	50～65	65～80
均一砂土			0	5～20	20～35	35～50	50～65
均一砾土				0	5～20	20～35	35～50
均一软岩					0	5～20	20～35
均一中硬岩						0	5～20
均一硬岩							0

④ 水头高度(53.21%)

水头高度计算至盾构隧洞中心，水头高度评分见表 3-6。

表 3-6 水头高度评分表

水头高度/m	<20	20～40	40～60	60～80	>80
分值	0～20	20～40	40～60	60～80	80～100

(2) 隧洞参数

根据前述权重向量公式可得到隧洞参数权重为7.71%，隧洞参数因素层包括隧洞埋深和隧洞直径。与前述计算流程相同，构建隧道参数的各元素判断矩阵为：

$$\boldsymbol{A}_{B_2\text{-}C}=\begin{bmatrix}1 & 2\\1/2 & 1\end{bmatrix} \tag{3-8}$$

权向量为 $\boldsymbol{\omega}_{B_2\text{-}C}=[0.6667\quad 0.3333]$，判断矩阵通过一致性检验。

在只考虑隧洞埋深、隧洞直径的情况下，隧道埋深对开挖面稳定性的影响程度大于隧洞直径。

① 隧道埋深(66.67%)

根据3.3.1节隧道埋深对盾构隧道开挖面稳定性的分析，在同等条件下，隧道埋深的增加会加大开挖面前方的土压力，增大开挖面水平位移。在复杂的地质环境中进行盾构施工，隧道埋深的增加会加大遇见不良地质情况的可能性，若不及时调整盾构施工参数，开挖面失稳的风险便会增大。为充分考虑在大埋深条件下进行开挖面风险评估，本次评分将适当加大评分区间，包含多种埋深情况。隧道埋深评分见表3-7。

表3-7 隧道埋深评分表

隧道埋深/m	<20	20～80	80～140	140～200	>200
分值	0	0～30	30～60	60～90	90～100

② 隧道直径(33.33%)

随着隧道直径的增大，盾构施工对周围岩土体的扰动范围将会增大，同时穿越多种地质体的可能性也会增大，因此盾构施工的难度将会加大，开挖面的失稳风险也会增加，对开挖面的稳定性来说是负因素。隧道直径评分见表3-8。

表3-8 隧道直径评分表

隧道直径/m	<4	4～7	7～10	10～13	>13
分值	0～10	10～35	35～60	60～85	85～100

(3) 设计参数

根据计算所得权重向量公式可得到设计参数权重为53.49%，设计参数因素层包括土仓压力安全指数和刀盘开口率。与前述计算流程相同，构建设计参数各元素判断矩阵为：

$$\boldsymbol{A}_{B_3\text{-}C}=\begin{bmatrix}1 & 4\\1/4 & 1\end{bmatrix} \tag{3-9}$$

权向量 $\boldsymbol{\omega}_{B_3\text{-}C}=[0.8\quad 0.2]$，该判断矩阵通过一致性检验。

设计参数指在施工前依据实际工程针对盾构系统的设计方案，分为设计土仓压力安全指数和刀盘开口率。在该设计参数准则下，土仓压力安全指数对开挖面的重要性大于刀盘开口率的，实际上，在所有影响开挖面的因素中土仓压力安全指数是最重要的。

① 土仓压力安全指数(80.00%)

土仓压力安全指数表示土仓压力设计值与土仓压力极限值之比。在设计阶段，为防止开挖面失稳，土仓压力设计值应大于土仓压力极限值，即其比值应大于1。结合对极限土仓压力的研究，设计土仓压力安全指数评分见表3-9。

表3-9 土仓压力安全指数评分表

土仓压力设计值/土仓压力极限值	<1.05	1.05～1.8	1.8～2.6	2.6～3.4	>3.4
分值	100	100～70	70～40	40～10	10～0

② 刀盘开口率(20.00%)

根据3.3.2节分析结果，在只考虑刀盘开口率对开挖面稳定性影响时，在一定范围内随着刀盘开口率的增大，开挖面水平位移和地层沉降均有所增加，即刀盘开口率对开挖面稳定性影响来说是负因素，刀盘开口率过大将会增加开挖面失稳风险。刀盘开口率评分见表3-10。

表3-10 刀盘开口率评分表

刀盘开口率/%	<30	30～45	45～60	60～75	>75
分值	0～10	10～35	35～60	60～85	85～100

(4) 施工参数

在采用盾构法施工中，施工参数设置不当同样会对隧洞开挖面稳定性造成不良影响，所以将施工参数考虑进评估模型，便于在盾构施工阶段对开挖面风险进行定期评估，将施工安全评估贯穿施工全过程。施工参数权重为26.79%，施工参数包括掘进速度、刀盘转速和盾构推力。与前述计算流程相同，构建施工参数各元素判断矩阵为：

$$\boldsymbol{A}_{B_4\text{-}C} = \begin{bmatrix} 1 & 1 & 2 \\ 1 & 1 & 2 \\ 1/2 & 1/2 & 1 \end{bmatrix} \tag{3-10}$$

权向量 $\boldsymbol{\omega}_{B_4\text{-}C}=[0.4 \quad 0.4 \quad 0.2]$，该判断矩阵通过一致性检验。

① 掘进速度(40.00%)

掘进速度体现的是单位时间内盾构系统作为扰动体在隧洞轴线上通过的距离。掘进速度对开挖面稳定性来说是负指标，掘进速度越快，盾构系统对围岩造成的扰动越明显，开挖面稳定性更差。结合已有施工案例中盾构掘进速度普遍取值及3.3.3节模拟结果，掘进速度评分见表3-11。

表3-11 掘进速度评分表

掘进速度/(mm/min)	<15	15～30	30～45	45～60	>60
分值	0	0～25	25～50	50～75	75～100

② 刀盘转速(40.00%)

刀盘转速设置过大时，不仅将增大刀具磨损程度，也会导致开挖面稳定性下降。刀盘转速评分见表 3-12。

表 3-12　刀盘转速评分表

刀盘转速/(r/min)	<1	1～1.5	1.5～2	2～2.5	>2.5
分值	0	0～25	25～50	50～75	75～100

③ 盾构推力(20.00%)

盾构推力是指盾构推进油缸施加在盾构系统上使之前进的力，推力过大会使正面土体因挤压而前移和隆起。盾构推力评分见表 3-13。

表 3-13　盾构推力评分表

盾构推力实际值/盾构推力设计值	<1.05	1.05～1.35	1.35～1.65	1.65～2.00	>2.00
分值	0～25	25～50	50～75	75～100	100

在进行开挖面失稳风险评估时，需要对开挖面影响因素进行重要性排序，即对影响因素进行总排序。影响因素总排序如图 3-29 所示。

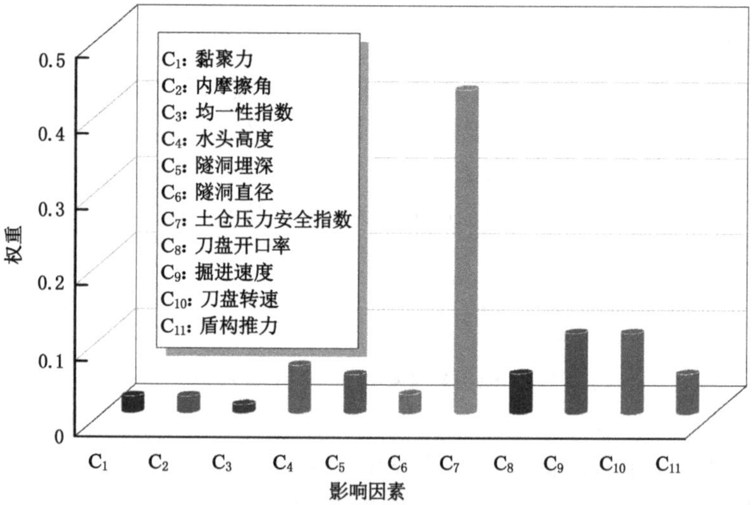

图 3-29　评估模型影响因素权重

由图 3-29 可知：对开挖面稳定性影响最大的因素为土仓压力安全指数，其次为刀盘开口率、刀盘转速、推进速度等掘进参数，然后为水头高度、隧洞埋深、盾构推力等因素，最后为黏聚力、内摩擦角、隧洞直径、土体均一性指数等因素。

3.4.1.4　灾害损失系数

灾害损失系数是指在开挖面失稳后可能会造成的损失程度。将事故的后果按照严重程度分为轻微、中等、严重、重大、灾难性五个等级，对每一个等级进行赋值，方便进行定量评估。表 3-14 为风险发生后灾害损失等级。

表 3-14 灾害损失等级

等级	描述	评分
C1	几乎可以忽略不计	1
C2	需要考虑	2
C3	后果严重	3
C4	后果非常严重	4
C5	后果是灾难性的	5

在对损失严重程度进行考虑时,要综合考虑以下因素:① 项目重要程度:项目是否为重要军事设施、重要基础设施或关乎国家重大发展的重点项目。② 项目周围环境:项目是否在闹市居民区或者在医院、学校等人群密集的地区;项目是否穿越环境保护区;项目是否在码头港口、机场等一旦通行中断会造成交通瘫痪的场所。③ 事故发生后抢修的难易程度:项目是否在陡坡、深山、沼泽、海底等交通不便的地区,这些地区一旦发生灾害,很可能因救援力量无法及时入场而造成二次灾害。

本开挖面失稳风险评估模型首先通过影响因素得分值及权重确定相对风险指数,再与灾害损失系数相乘,得出相对风险评估值。其中,相对风险指数代表风险发生的概率,分值范围为 0～100,得分越高,发生风险的概率越高;灾害损失系数代表发生事故后造成后果的严重程度,分值范围为 0～5,得分越高,后果越严重。相对风险评估值代表隧洞开挖面失稳风险等级,分值范围为 0～500,得分越高,风险等级越高。

将隧洞开挖面失稳风险等级根据相对风险评估值分为Ⅰ～Ⅴ级,见表 3-15。Ⅰ级代表开挖面失稳风险可接受或开挖面处于较理想安全状态;Ⅱ级代表开挖面失稳风险为轻度风险,开挖面基本安全;Ⅲ级代表开挖面失稳风险为中度风险,需要注意;Ⅳ级代表开挖面失稳风险为重度风险,需改善施工参数以保证掘进安全;Ⅴ级代表开挖面失稳风险为灾难性的,需立即停止施工。

表 3-15 风险等级划分表

等级	分值范围	风险等级
R1	0～100	Ⅰ
R2	100～200	Ⅱ
R3	200～300	Ⅲ
R4	300～400	Ⅳ
R5	400～500	Ⅴ

在施工过程中可根据相关参数变化动态修改参数分值,特别是施工参数,采用该评估模型动态评估开挖面失稳风险,对在施工过程中保证施工安全具有重要意义。

3.4.2 工程案例验证与应用

本节首先对盾构隧洞开挖稳定性评估方法进行工程案例验证。工程案例选用穗莞深 SZH-9 标段项目,其中工程概况及盾构参数来自《花岗岩风化地层中盾构施工地表沉降预测与开挖面风险评估》[111]，采用 3.4.1 节所建风险评估模型对其进行工作面稳定性评估，并与评估结果进行对比。通过工程案例验证后，将该评估方法应用于依托工程中，为盾构掘进过程隧洞开挖面稳定性提供指导和建议。

3.4.2.1 工程案例验证

穗莞深 SZH-9 标段项目机场北站至机场站下穿深圳机场滑行道及停机坪，部分采用盾构法施工，隧道总长 3 295.3 m，隧道管片外径为 8.5 m，内径为 7.7 m。盾构段隧道埋深为浅埋，隧道埋深为 11～22 m。以下为项目主要情况：

(1) 盾构隧道地质情况

隧道穿越地段上部主要为人工填土、填砂、淤泥、粉质黏土等；隧道下部主要为全风化花岗岩、强风化花岗岩。盾构开挖主要穿越地层为残积层粉质黏土和全风化花岗岩，均属于硬土。地层复杂，存在大量上软下硬地层，上部地层为较软弱地层，下部地层为强度比较高的风化花岗岩，地层均一性较差，极易造成开挖面失稳和地表沉降。

(2) 周边环境

工程施工场地主要为城市街区，项目中部经过发育丰富的河流、漫滩等。项目起点和终点处建筑物密度大，地下通信光缆、燃气管道密布，施工环境较复杂。项目经过机场机坪、滑道等重要机场设施，项目沿线重要设施较多。

(3) 盾构选型

施工采用两台土压平衡盾构机同时掘进，盾构刀盘为中心支撑的六辐条＋六面板的闭式面板，配置滚刀 49 把、刮刀 138 把、铲刀 16 把，刀盘开口率为 35%。

(4) 盾构参数

在项目施工中，盾构掘进速度为 40～60 mm/mim。在该标段进入机场前，掘进平均速度为 48.9 mm/mim，掘进速度变化幅度较大；进入机场段后，盾构掘进速度部分变大，整体平均速度变小，平均速度为 45.1 mm/mim，在机场段施工中，掘进速度较稳定。在进入机场段前，施工环境为开阔场地，可以适当加大掘进速度以提高掘进效率，进入机场段后，为了减小对机场范围内重要设施的影响，采用较低且稳定的掘进速度。在该标段施工中，刀盘转速较低。在 0～100 环中，刀盘转速集中在 1.3 r/min 左右；在 100～1 000 环中，刀盘转速集中在 1.5 r/min 左右；在 1 000～1 650 环中，刀盘转速集中在 1.8～1.9 r/min；在 1 650～2 000 环中，刀盘转速为 1.7 r/min。盾构推力在 0～1 400 环间不断上升，从 20 000 kN 上升到 45 000 kN；在 1 400～2 000 环间，盾构推力下降到 23 000 kN 左右。盾构推力上升的原因是在 0～1 400 环开挖过程中埋深不断提高，导致盾构推力不断增大。

依据穗莞深 SZH-9 标段工程概况，采用 3.4.1 节构建的盾构隧洞开挖面失稳风险评估模型对穗莞深 SZH-9 标段第一环进行开挖面风险评估。以下为分别对穗莞深 SZH-9 标段第一环地质条件、隧道参数、设计参数和施工参数的评估过程。

(1) 地质条件

由于工程概况中缺少土体的黏聚力、内摩擦角数据，在此参考庞小朝的试验相关数据[112]。在对该标段进行风险评估时，土体黏聚力取 23 kPa，内摩擦角取 22°。由于隧道穿越地层为上软下硬地层，花岗岩存在风化情况，故地层定为表 3-5 中均一黏土与均一中硬岩，均一性指数定为 68 分。地质条件评分见表 3-16。

表 3-16 地质条件评分

影响因素	权重/%	得分	备注
黏聚力/kPa	18.54	68	23 kPa
内摩擦角	18.54	55	22°
均一性指数	9.71	70	均一黏土～均一中硬岩
水头高度	53.21	50	缺少相关参数，默认风险程度为中级

地质条件最终得分如式(3-11)所示。

$$S_1 = \sum_{i=1}^{4} S_i W_{1i} = 68 \times 18.54\% + 55 \times 18.54\% + 70 \times 9.71\% + 50 \times 53.21\% = 56.21 \tag{3-11}$$

(2) 隧道参数

穗莞深盾构 SZH-9 标段隧道埋深为 11～22 m，隧道管片外径为 8.5 m，内径为 7.7 m。隧道参数评分见表 3-17。

表 3-17 隧道参数评分表

影响因素	权重/%	得分	备注
隧道埋深/m	66.67	20	11～22 m
隧道直径/m	33.33	45	8.5 m

隧道参数最终得分如式(3-12)所示。

$$S_2 = \sum_{i=1}^{2} S_{2i} W_{2i} = 20 \times 66.67\% + 45 \times 33.33\% = 28.33 \tag{3-12}$$

(3) 设计参数

盾构系统自身设计参数评分见表 3-18。

表 3-18 设计参数评分表

影响因素	权重/%	得分	备注
土仓压力安全指数	80.00	70	140 kPa
刀盘开口率	20.00	23	35%

设计最终指数得分如式(3-13)所示。

$$S_3 = \sum_{i=1}^{2} S_{3i} W_{3i} = 70 \times 80.00\% + 23 \times 20.00\% = 60.60 \tag{3-13}$$

(4) 施工参数

结合工程概况及孟万林评估采用的参数数据，盾构掘进速度设定为 46 mm/min；刀盘转速为 1.2 r/min。施工参数评分见表 3-19。

表 3-19 施工参数评分表

影响因素	权重/%	得分	备注
掘进速度/(mm/min)	40.00	55	46 mm/min
刀盘转速/(r/min)	40.00	15	1.2 r/min
盾构推力实际值/盾构推力设计值	20.00	50	缺少相关参数，默认风险程度为中级

施工参数最终得分如式(3-14)所示。

$$S_4 = \sum_{i=1}^{3} S_{4i} W_{4i} = 55 \times 40.00\% + 15 \times 40.00\% + 50 \times 20.00\% = 38 \tag{3-14}$$

(5) 灾害损失系数

由于该盾构施工段穿越大量居民区且主要施工地区在机场附近，隧道周围管线密布，环境复杂。综合考虑所有因素，参考表 3-14，将该评估段灾害损失系数定为 4。最终，采用将 4 个风险指数相加，再与灾害损失系数相乘的算法，相对风险评估值如式(3-15)所示。

$$R = \sum_{i=1}^{4} S_i \cdot W_i \cdot C = 206.12 \tag{3-15}$$

穗莞深 SZH-9 标段第一环相对风险指数得分为 51.53 分(分值范围为 0～100)，超过满分的一半，表示该断面风险发生的概率偏高，属于中度风险。相对风险评估值为 206.12 分，风险等级为Ⅲ级。分析该次评估结果，得分较高的为地质条件，其中由于施工段存在大量上软下硬地层，故土体均一性指数得分较高。由于穗莞深 SZH-9 盾构段埋深较浅，隧道参数得分较低。

孟万林采用 $R=P \cdot C$ 评价方法，以掘进速度、刀盘转速、总推力、土仓压力、盾构姿态、土体强度、基岩承载力 7 个影响因素为因素层，通过传统 AHP 方法和区间 AHP 方法与模糊综合评价相结合，将风险等级分为五级，级别越高，风险发生的概率及损失越大。通过对穗莞深 SZH-9 标段第一环进行风险评估，最终将该标段风险等级定为Ⅲ级。

尽管与孟万林评估方法及选取因素有所区别，但是最终对该标段评估结果一致，均属于Ⅲ级风险，表明本书盾构隧洞开挖面失稳风险评估模型对指导工程建设具有一定意义。与孟万林评估模型相比，本书风险评估模型采用百分制评分，更易于理解，评分结果更直观，同时考虑因素更多，所考虑因素参数较容易获取。

3.4.2.2 白鹿塬隧洞开挖面失稳风险评估

上节通过对穗莞深 SZH-9 盾构段第一环进行开挖面失稳风险评估，并与孟万林评估结果对比，验证了本书风险评估模型的可行性，本节利用该风险评估模型对白鹿塬隧洞开挖面稳定性进行风险评估。白鹿塬隧洞地质条件、隧洞参数、设计参数、施工参数评分见表 3-20。由于缺少相关施工参数，分两种情况对白鹿塬隧洞开挖面进行风险评估：正常掘进参数参考盾构施工在泥砂岩地层中普遍掘进参数进行选取，即此时盾构掘进处于稳定状态；异常掘进参数按 3.3 节掘进参数模拟方案中的最大值进行选取，此时盾构处于过大掘进参数的异常掘进状态。

表 3-20　白鹿塬隧洞评分表

B层因素	C层因素	权重/%	得分	备注
地质条件	黏聚力	18.54	5	65 kPa
	内摩擦角	18.54	45	25°
	均一性指数	9.71	30	泥岩夹砂岩
	水头高度	53.21	100	200 m
隧洞参数	隧洞埋深	66.7	100	270～300 m
	隧洞直径	33.3	15	5.38 m
设计参数	土仓压力安全指数	80.00	50	缺少相关参数，默认风险程度为中级
	刀盘开口率	20.00	55	55%
施工参数（正常）	掘进速度	40.00	30	35 mm/min
	刀盘转速	40.00	40	1.8 r/min
	盾构推力实际值/盾构推力设计值	20.00	50	缺少相关参数，默认风险程度为中级
施工参数（异常）	掘进速度	40.00	90	90 mm/min
	刀盘转速	40.00	95	5 r/min
	盾构推力实际值/盾构推力设计值	20.00	50	缺少相关参数，默认风险程度为中级

白鹿塬隧洞主要通过耕地等人员稀少地带，但是由于其处于高水压、高埋深的地质环境中，导致一旦发生事故，救援难以及时到场。综合考虑所有因素，将白鹿塬隧洞灾害损失系数定为 3.5。最终，采用将 4 个风险指数相加，再与灾害损失系数相乘的算法，稳定掘进状态下白鹿塬隧洞开挖面相对风险评估值 $R=178.21$，异常掘进状态下白鹿塬隧洞相对风险评估值 $R=221.4$。

白鹿塬隧洞在适宜的掘进参数下，开挖面失稳风险等级为Ⅱ级，处于可接受的范围。但是当掘进参数选择过大时，风险等级为Ⅲ级，需要特别注意。反过来看，白鹿塬隧洞地质条件、隧洞参数、设计参数得分均超过 50，特别是地质条件和隧洞参数得分较高。其中，隧洞埋深、水头高度得分均为满分，是开挖面失稳的主要控制性因素。为控制白鹿塬隧洞风险等级，将开挖面失稳风险等级控制在可接受的范围内，在掘进过程中应该采用较安全掘进参数，建议盾构掘进速度不超过 35 mm/min，刀盘转速不超过 1.8 r/min。

3.5　本章小结

首先通过开展盾构机的掘进过程模拟，分析了开挖面土体颗粒从受到刀盘扰动脱落、进入土仓、被螺旋输送机运出的完整掘进过程中的颗粒运移沉积规律、受力特征、参数变化等，研究了盾构掘进过程中开挖面稳定性。然后通过调整螺旋输送机转速实现在掘进过程中梯度减小土仓压力，利用单一变量法研究了隧洞埋深、刀盘开口率、推进速度、刀盘转速等因素对盾构隧洞开挖面水平位移和地层沉降的影响规律。最后提出了盾构隧洞开挖面稳定性评估方法，通过工程案例对该评估方法进行了验证，并利用该评估方法对白鹿塬隧洞开挖面稳定性进行了评估，得到了以下结论：

(1) 盾构掘进对周围岩土体的影响范围约为 0.14D,对开挖面上方影响范围较大,在隧洞轴线方向上的影响范围约为 0.12D;土仓内颗粒堆积呈不对称状态,主要在土仓右侧堆积,土仓内中心颗粒运动速度较慢。在螺旋输送机内,土体颗粒随时间变化运动速度先减小后增大,颗粒运动普遍较慢。刀盘前方开挖面右侧土体所受压缩力要高于刀盘左侧土体所受压缩力,并且刀盘辐条前方土体所受压缩力明显高于刀盘开口处土体所受压缩力;土仓内右侧土体颗粒所受压缩力整体大于左侧土体颗粒所受压缩力,土仓下部土体颗粒压缩力高于土仓上部土体颗粒所受压缩力,造成刀盘前方开挖面和土仓内土体受力不均匀的原因主要与刀盘旋转方向有关;在螺旋输送机内,颗粒受压缩力由设备前端到末尾逐渐减小,到设备末尾时颗粒基本不受压缩力。

(2) 在盾构掘进过程中,土仓内土体运动速度分为三个阶段逐步减小至稳定,最终土体平均运动速度稳定值为 0.35 m/s;在 180 s 时螺旋输送机运送出第一个颗粒,之后单位时间出土量越来越多,在 500 s 时达到稳定;土仓压力在 0～200 s 内随时间快速增大,该段时间内土体颗粒快速涌入土仓,导致土仓压力快速增大;200～500 s 内土仓压力随时间增大的速率越来越小,该段时间内由于螺旋输送机开始出土颗粒,所以土仓压力增大逐渐变慢;在 500 s 后土仓压力趋于平衡。

(3) 在整个掘进过程中,开挖面的稳定与土仓压力密切相关。在盾构前期,由于土仓压力不足以平衡开挖面土压力导致开挖面土体快速涌入土仓,此时土仓内颗粒运动速度较快,开挖面稳定性较差;随着土仓内颗粒的快速堆积,土仓压力快速上升,对开挖面的支护能力越来越强,开挖面随着土仓压力的上升逐渐趋于稳定;随着螺旋输送机的出土效率与盾构系统的进土效率达到动态平衡,土仓压力也趋于稳定,此时土仓压力满足开挖面所需的支护压力,整个盾构系统达到稳定掘进状态,开挖面处于稳定状态。

(4) 随着埋深的增加,盾构隧洞开挖面水平位移呈非线性增大,极限土仓压力比也增大,地层沉降因土拱效应的存在而有所减小。随着刀盘开口率的增大,开挖面水平位移和地层沉降量不断增大,极限土仓压力也增大。随着土仓压力的减小,开挖面最大水平位移随着刀盘开口率的变化幅度逐渐增大。大开口率刀盘前方开挖面变形更剧烈,小开口率刀盘可以更有效地控制开挖面水平位移和地层沉降量,提高了开挖面稳定性。推进速度和刀盘转速等掘进参数的确定需综合考虑地质条件等,掘进速度和刀盘转速的增大使开挖面的稳定性有所削弱,开挖面水平位移和地层沉降量有所增大。极限土仓压力比随刀盘转速的增大而增大,但随着掘进速度变化极限土仓压力比基本无变化。虽然减小掘进速度和刀盘转速对开挖面稳定性有益,但是当掘进参数不匹配时,会导致前方土体沉降更加严重或导致土体隆起。

(5) 不同因素时开挖面水平位移和地层沉降规律基本一致。开挖面最大水平位移大致位于隧洞中心上方,最小水平位移出现在隧洞下方,位移曲线表现为"上宽下窄";开挖面水平位移随着土仓压力变化曲线整体分为缓慢增加阶段、较快增加阶段、激增阶段,各工况时极限土仓压力比在 0.26～0.33 之间;地层沉降曲线符合 Peck 曲线,曲线以隧洞中线为轴基本对称,距隧洞中线越近沉降量越大,距隧洞中线越远沉降量越小,沉降槽宽度受因素变化影响有限,宽度基本保持一致。从影响程度来看,隧洞埋深对开挖面水平位移和地层沉降影响均较大;刀盘开口率对开挖面水平位移的影响大于地层沉降;掘进速度主要影响地层沉降,对开挖面水平位移影响较小;刀盘转速对开挖面水平位移的影响大于地层沉降,但是当掘进参数不匹配时，地层出现隆起现象。

（6）基于肯特指数法思想与层次分析法，建立了盾构隧洞开挖面稳定性评估方法，研究了不同因素对盾构隧洞开挖面稳定性的影响程度，其中土仓压力影响最大，其次是刀盘开口率、刀盘转速、推进速度等掘进参数，然后是水头高度、隧洞埋深、盾构推力等因素，最后是黏聚力、内摩擦角、隧洞直径、土体均一性指数等因素。对穗莞深 SZH-9 标段第一环进行稳定性评估，评估结果与其他学者的评估结果一致，验证了盾构隧洞开挖面稳定性风险评估方法的可行性。利用风险评估方法对白鹿塬隧洞开挖面进行风险评估，在适宜的掘进参数下，开挖面失稳风险等级为Ⅱ级，当掘进参数选择过大时，风险等级为Ⅲ级。为控制开挖面失稳风险等级，在白鹿塬隧洞掘进过程中，应采用较安全掘进参数，建议盾构掘进速度不超过 35 mm/min，刀盘转速不超过 1.8 r/min。

4 盾构掘进过程对隧洞围岩变形影响规律研究

我国疆域辽阔，地质条件复杂多变，盾构施工过程中极易遇到复合地层。与单一地层相比，复合地层具有断面地质不均一性、多变性和突变性等特点。不同地层物理力学性质差异大，表现为软硬相间或软硬不均，若施工参数控制不当，极易导致施工过程中出现地层变形过大、顶部失稳坍塌等一系列不良后果。因此，研究不同复合形式和不同掘进参数时隧洞围岩变形规律对盾构隧洞安全施工具有重要意义。本章采用 EDEM 软件，建立盾构穿越复合地层三维离散元模型，研究不同复合形式和地层强度比时盾构掘进过程对隧洞围岩变形的影响规律。进一步，探讨刀盘转速、掘进速度、土仓压力等掘进参数对隧洞围岩变形的影响规律。研究结果可为复杂地质条件下盾构掘进隧洞围岩变形规律研究提供参考。

4.1 盾构隧洞穿越复合地层三维离散元数值计算

4.1.1 盾构隧洞穿越复合地层三维离散元模型

建立盾构隧洞穿越复合地层的三维离散元数值模型，尺寸如下：隧洞埋深 200 m，盾构掘进方向上纵深 6 m，盾构机距离左右边界 7 m，盾构机下边缘至模型下边界 7.66 m，复合地层交界面位于盾构机中轴线上，复合形式采用上下复合，复合面距离下边界 10 m。模型建立过程参考 2.5 节。为了模拟复合地层，将模型划分成三个部分，即硬质地层部分、软质地层部分和压力地层部分。其中，以粒径为 100 mm 的粒子填充硬地层段和软地层段，以粒径为 80 mm 的粒子填充加压层段。三维离散元数值模型如图 4-1 所示。

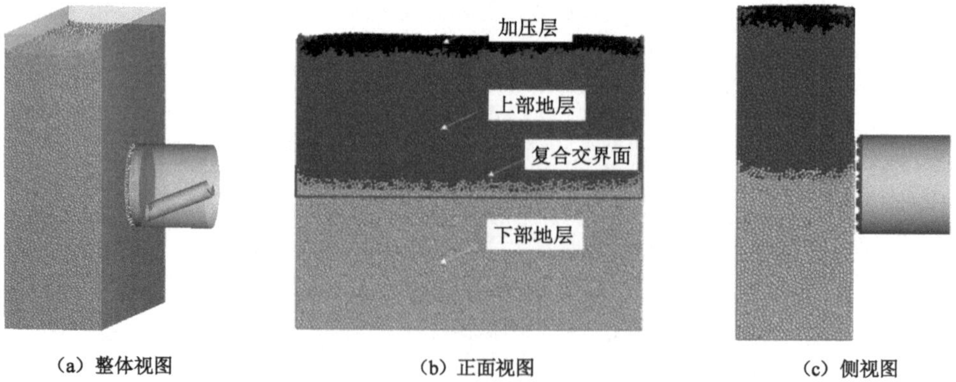

(a) 整体视图　(b) 正面视图　(c) 侧视图

图 4-1　三维离散元数值模型

在数值计算过程中，将模型的上表面设定为不受任何约束，其余五个面均约束模型的位移。根据实际材料性质设置模型的有关参数。数值计算的离散元颗粒和盾构机属性参数见表 2-7，数值仿真计算参数以及接触参数的取值见表 4-1 和表 4-2。

表 4-1 仿真参数

颗粒总数/个	时间步长/s	网格大小/mm	仿真时间/s	刀盘转速/(rad/s)	掘进速度/(mm/min)
346 256	1.66×10^{-4}	3R	157	0.53	20

表 4-2 接触参数

参数	颗粒-盾构机	颗粒-边界墙体	软颗粒-软颗粒	软颗粒-硬颗粒	硬颗粒-硬颗粒
静摩擦系数	0.8	0.8	0.8	0.8	0.8
动摩擦系数	0.1	0.1	0.1	0.1	0.1
碰撞恢复系数	0.5	0.5	0.5	0.5	0.5

4.1.2 数值模拟方案

盾构隧洞开挖时，围岩特性、隧洞埋深、盾尾间隙、刀盘形状和开口率等因素均会对围岩变形产生影响。本节主要考虑盾构穿越的复合地层的复合形式、围岩强度以及围岩强度比(R_{C2}/R_{C1}，R_{C1}为上层地层围岩的强度，R_{C2}为下层地层围岩的强度)对围岩变形的影响。为了尽可能避免其他环境因素的影响，在仿真时除主控因素以外的其他因素保持一致。在开挖前参数设置时，利用第 2 章参数标定的结果，选出最合适的主控细观参数(临界法向应力、临界切向应力、法向接触刚度、切向接触刚度)的取值，确定了 3 种强度地层的细观参数值，见表 4-3，数值模拟工况设置见表 4-4。

表 4-3 各工况充填材料细观参数取值

强度/MPa	法向接触刚度/(N/m^3)	切向接触刚度/(N/m^3)	临界法向应力/Pa	临界切向应力/Pa
0.88	1.4×10^7	7.2×10^7	5×10^6	5×10^6
1.55	2×10^8	5×10^8	1×10^8	1×10^8
2.78	5×10^8	8×10^8	5×10^8	5×10^8

表 4-4 各工况地层强度

地层情况	工况	抗压强度 R_{c1}/MPa	抗压强度 R_{c2}/MPa	R_{c2}/R_{c1}
上软下硬	S1	0.88	1.55	1.76
	S2	1.55	2.78	1.79
	S3	0.88	2.78	3.15
上硬下软	S4	2.78	0.88	0.32
	S5	2.78	1.55	0.56
	S6	1.55	0.88	0.57

4.2 不同复合地层形式对盾构隧洞围岩位移影响规律

在颗粒沉积稳定后，可将其视为初始地应力场，由于对模型简化，本项目将在 200 m 深度处采用顶部荷载的方式来体现高应力场。EDEM 软件无法如各种有限元计算方法一样清楚表现出土体地应力的分层现象，只能采用颗粒受到的压缩力云图来表示土体的地应力分布。不同工况颗粒所受压缩力基本与复合地层的抗压强度无关，主要取决于颗粒埋深，应力分布云图如图 4-2 所示。除少数颗粒出现明显的应力集中，基本上随着颗粒埋深的增加，颗粒所受压缩力逐渐增大。盾构掘进过程不同工况时土仓内颗粒压力时程曲线图 4-3 所示。

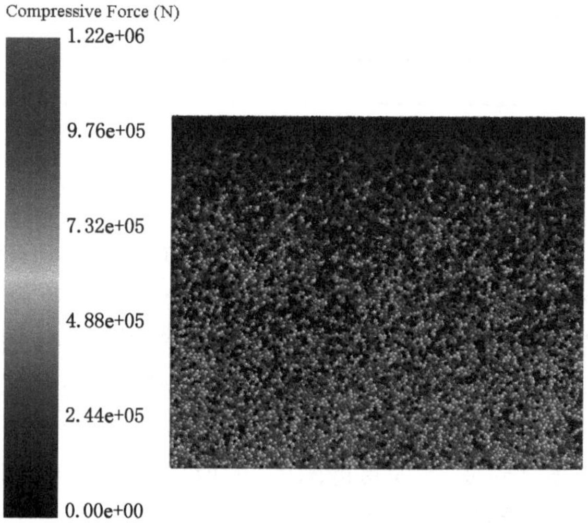

图 4-2　初始阶段颗粒压缩力云图

由图 4-3 可知：不同工况时土仓压力时程曲线类似。在掘进初期，刀盘面板起到主要支撑作用，土仓尚未填满，土仓压力小于地层静止水平土压力，螺旋输送机的转速低。随着盾构作业进行，进土量逐渐增加，土仓压力随之增大，土仓压力随着时间基本呈线性上升。在达到设定土仓压力值后，螺旋输送机转速增大，出土量增加。当土仓内进土量和出土量达到稳定之后土仓压力趋于稳定。土仓平均压力与围岩强度比、地层复合形式均相关，主要表现为：上软下硬地层掘进所需土仓压力较上硬下软地层的大，如 S1、S2、S3 工况均较 S4、S5、S6 工况所需土仓压力大。上软下硬地层中，地层强度比越大，土仓压力越大，如 S3 和 S1 工况。地层强度比相同时，地层强度越大所需土仓压力越小，如 S1 和 S2 工况，S6 和 S5 工况。在上硬下软地层中，上部地层强度越大，土仓压力越小，如 S6 和 S4 工况；下部地层强度越小，土仓压力越小，如 S5 和 S4 工况。

数值模拟过程中监测断面设置如图 4-4 所示。过模型体中心，设置 *ZOX* 平面（垂直隧洞轴线的平面）为监测断面Ⅰ，*YOZ* 平面（沿隧洞轴线的平面）为监测断面Ⅱ。在隧洞上方 1 m、2 m、3 m、4 m、5 m 处设置水平监测断面，监测断面Ⅰ在地层中的竖向位移。

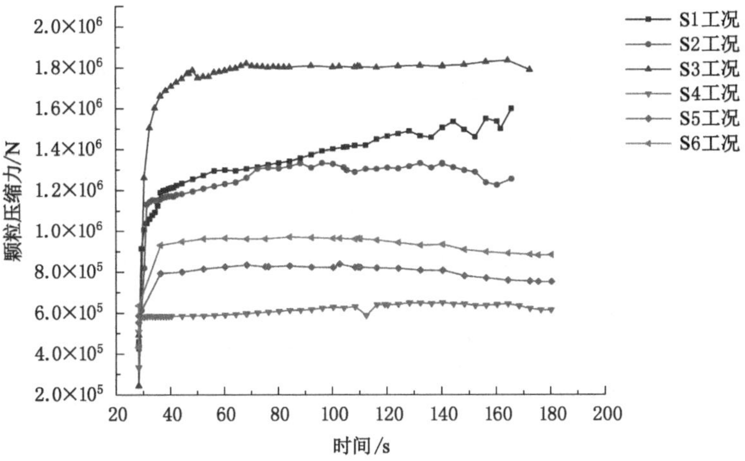

图 4-3　不同工况时土仓内颗粒压力时程曲线

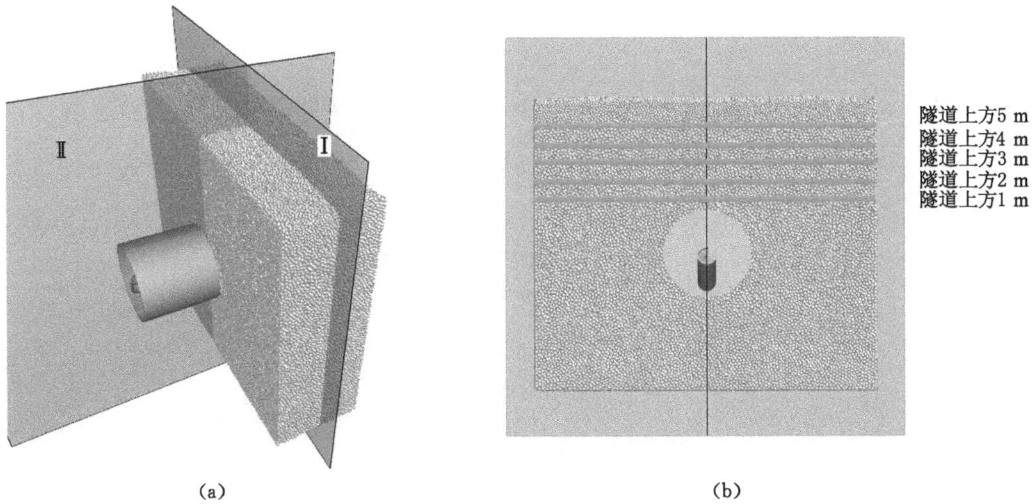

图 4-4　沉降监测断面

上软下硬地层监测断面Ⅰ竖向位移曲线如图 4-5 所示。

由图 4-5 可知：隧洞开挖后，隧洞上方地层变形基本符合 Peck 曲线，隧洞上方不同距离处位移变形峰值均出现在隧洞轴线附近，且随着监测点距隧洞顶部越远，地层竖向位移越小。对比不同工况可以发现，相同埋深位置处的监测点，工况 S1 和 S3 的竖向位移明显大于工况 S2 的。说明相同围岩强度比情况下（S1 工况和 S2 工况），围岩的抗压强度越大，盾构上方地层的竖向位移越小。上部地层抗压强度一致时（S1 工况和 S3 工况），下部地层抗压强度越大，盾构上方地层竖向位移越小。下部地层抗压强度一致时（S2 工况和 S3 工况），上部地层抗压强度越大，盾构上方地层竖向位移越小。

上硬下软地层监测断面Ⅰ竖向位移曲线如图 4-6 所示。

由图 4-6 可知：与上软下硬地层类似，上硬下软隧洞上方地层变形也基本符合 Peck 曲

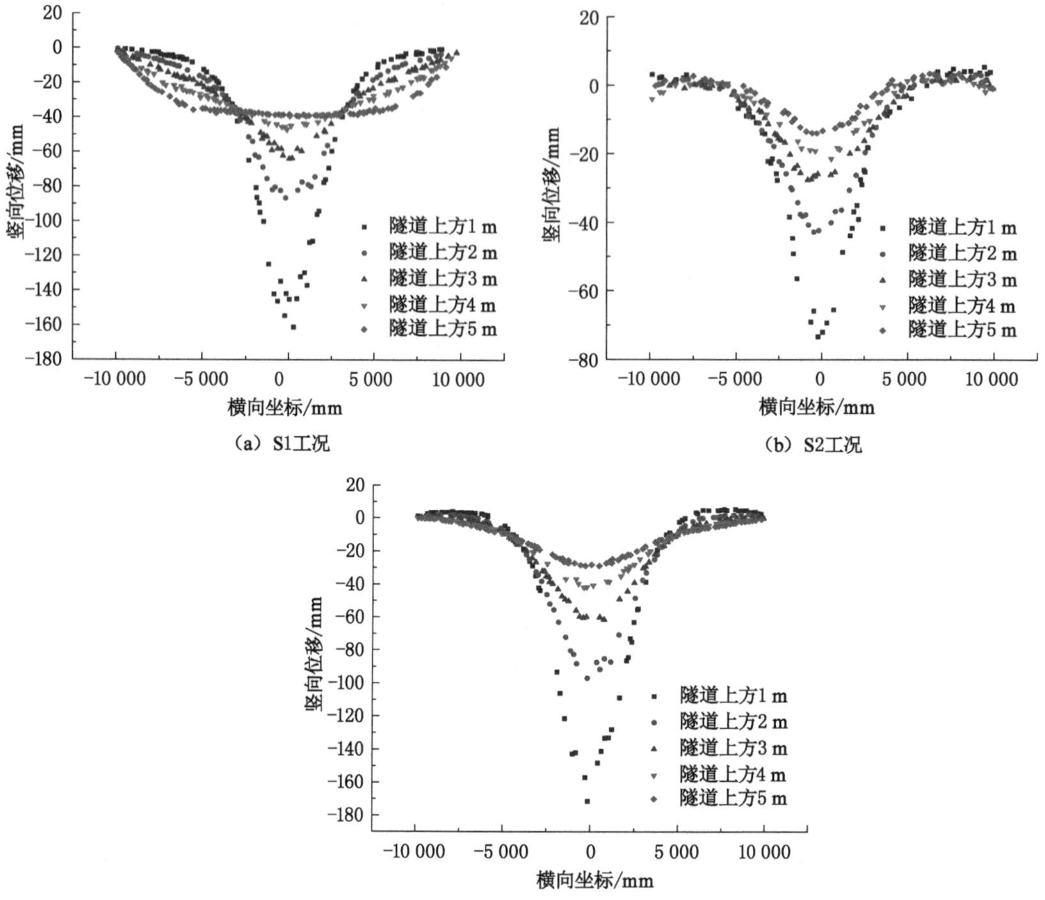

(c) S3工况

图 4-5　上软下硬地层监测断面Ⅰ竖向位移

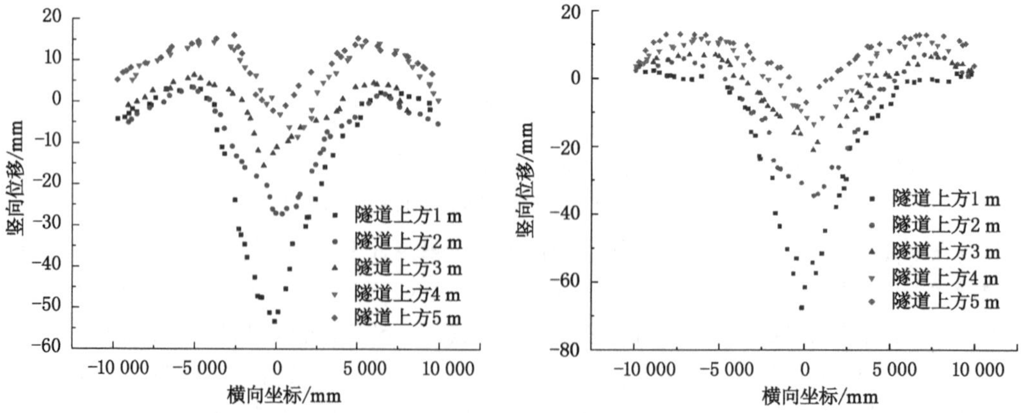

(a) S4工况　　(b) S5工况

图 4-6　上硬下软地层监测断面Ⅰ的竖向位移

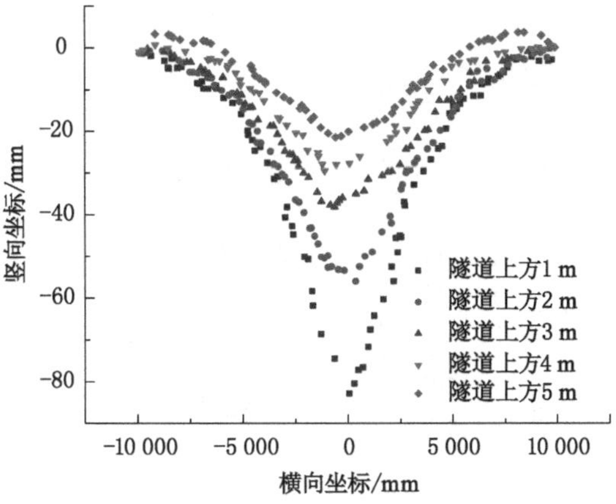

(c) S6工况

图 4-6 （续）

线，隧洞上方不同距离处位移变形峰值均出现在隧洞轴线附近，且随着监测点与隧洞顶部距离越远，地层竖向位移越小。对比 S4 工况、S5 工况、S6 工况可以发现，随着上下地层强度比逐渐增大，地层的竖向位移越来越大，相同埋深位置处的监测点，工况 S5 和工况 S6 的竖向位移明显大于工况 S4 的。在上部地层抗压强度一致时(S4 工况和 S5 工况)，下部地层抗压强度越小，盾构上方地层竖向位移越小。在下部地层抗压强度一致时(S4 工况和 S6 工况)，上部地层抗压强度越大，盾构上方地层竖向位移越小。相同围岩强度比情况下(S5 工况和 S6 工况)，围岩的抗压强度越大，盾构上方地层竖向位移越小。此外，上部硬岩强度较大时，隧洞两侧上部地层出现竖向向上的位移。

对比上软下硬和上硬下软地层竖向位移曲线可以发现，上软下硬复合地层的竖向位移均大于上硬下软地层的。在地层强度较大时(S2 工况和 S5 工况)，两种复合形式下地层竖向位移差别相对较小，地层强度较小时(S1 工况和 S6 工况，S3 工况和 S4 工况)，两种复合形式时地层竖向位移差别较大，而且地层强度差异越大，两种复合形式的位移差距越大。需要注意的是，当复合地层围岩强度比过大时，会由于地层差异性导致施工难度增大。为了尽可能减小施工难度，盾构隧洞穿越复合地层应当优先选择单一地层或地层强度差别不大的地层，其次是上硬下软复合地层，最后是上软下硬复合地层。

不同工况时监测断面地层最大竖向位移曲线如图 4-7 所示。

由图 4-7(a)可知：工况 S3 时在距离隧洞拱顶 1 m 处的竖向位移最大，为 175 mm；S5 工况时地层在相同埋深位置处的沉量最小，为 −50 mm，即出现竖向向上位移。S1 工况、S3 工况时，在离拱顶 1 m 处，盾构中心处的沉降量都超过 100 mm，且随距隧洞距离越近竖向位移的变动幅度增大。工况 S2、工况 S4、工况 S5 和工况 S6 整个断面沉降变形基本一致，说明复合地层随着上层地层强度增大，地层竖向位移呈下降趋势。当上部地层强度不变时，下层地层强度越小，地层竖向位移越小，如 S1 工况和 S3 工况，S4 和 S5 工况。当上部地层强度不变时，上软下硬地层的位移比上硬下软地层的位移小，如 S2 工况和 S6 工况。

由图 4-7(b)可知：在 S3 工况下，最大竖向位移为 175 mm，是所有工况中的最大值，而在 S5 工况下，最大竖向位移为 40 mm，是所有工况中的最小值。随着监测点埋深的增大，

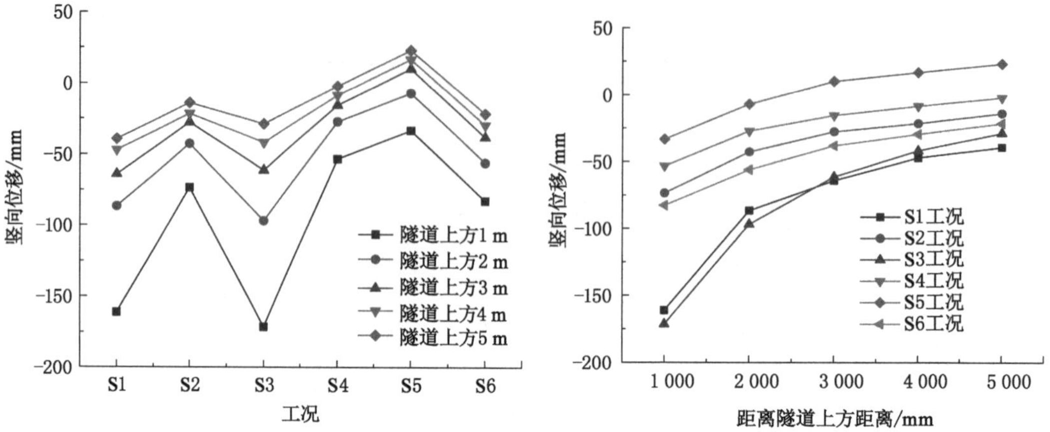

(a) 不同工况时地层最大竖向位移曲线　　(b) 隧道顶部不同距离处最大位移曲线

图 4-7　不同工况时监测断面地层最大竖向位移曲线

地层的沉降量也随之增大；上软下硬地层中，S1 工况和 S3 工况的竖向位移显著大于 S2 工况的，其原因是 S1 工况和 S3 工况上部地层围岩绝对强度低于工况 S2 的。因此，围岩绝对强度越高围岩稳定性越强，复合地层均匀性越好稳定性越强。

各工况距离隧洞 1 m 处地层竖向位移如图 4-8 所示。

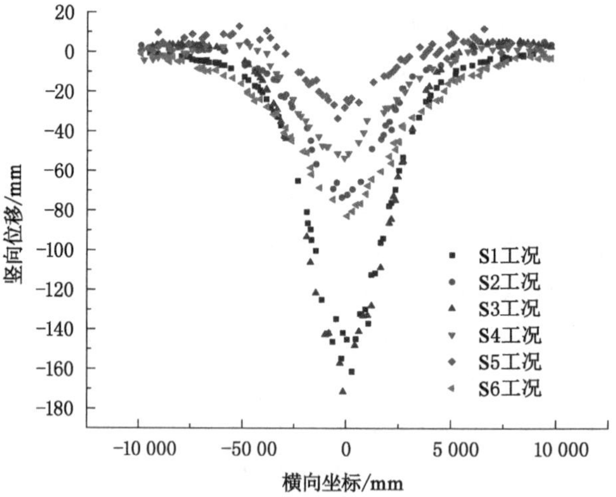

图 4-8　各工况距离隧洞 1 m 处地层竖向位移

由图 4-8 可得：在模拟的 6 种工况中，隧洞轴线上方围岩沉降量最大值为 175 mm（工况 S3，$R_{c2}/R_{c1}=3.15$），最小值约为 31.3 mm（工况 S5，$R_{c2}/R_{c1}=0.56$），最大值为最小值的 5.5 倍。对比 S1 工况（$R_{c2}/R_{c1}=1.76$）和 S2 工况（$R_{c2}/R_{c1}=1.79$）可以发现，复合地层上下层强度比相似时，两种地层强度绝对值越高，地层变形越小；对比 S2 工况（$R_{c2}/R_{c1}=1.79$）和 S3 工况（$R_{c2}/R_{c1}=3.15$）可以发现：S3 工况的强度比接近 S2 工况的 2 倍，S3 工况最大围岩沉降量达到 148 mm，是 S2 工况（65 mm）的 2 倍多。对比 S1 工况（$R_{c2}/R_{c1}=1.76$）和 S3

工况($R_{c2}/R_{c1}=3.15$)可以发现:上层地层强度不变时,围岩强度比的变化对地层竖向位移影响较小,说明围岩绝对强度对地层变形的影响大于强度比。对比S4工况($R_{c2}/R_{c1}=0.32$)和S5工况($R_{c2}/R_{c1}=0.56$),S4工况的最大围岩沉降量为60 mm,S5工况的最大围岩沉降量为65 mm,两者相差不大,上部围岩强度相同,均为2.78 MPa,所以在上硬下软地层中上层围岩强度对变形的影响要大于围岩强度比;对比S4工况($R_{c2}/R_{c1}=0.32$)和S6工况($R_{c2}/R_{c1}=0.57$),S6工况最大围岩沉降量为80 mm,约为S4工况最大围岩沉降量的1.2倍,虽然S4工况强度比小于S6工况的,但是S4工况上层围岩强度大于S6工况的,进一步证明了上层围岩绝对强度较围岩强度比对变形的影响大。对比S5工况($R_{c2}/R_{c1}=0.56$)和S6工况($R_{c2}/R_{c1}=0.57$),两者地层强度比接近,但S6工况地层竖向位移要明显大于S5工况的,主要原因是S5工况的地层抗压强度比S6工况的大。由此可知围岩强度对地层竖向位移的影响大于围岩强度比。

综上所述,当盾构机掘进方向存在复合地层时,复合地层围岩强度比过小或过大均容易导致盾构施工过程中围岩变形的增加。因此,盾构穿越复合地层时,为便于施工,应优先选择单一地层通过,若无法避免穿越复合地层时,优先选择复合地层强度比趋近于1为最优,相同强度比情况下,地层抗压强度绝对强度越大越好。

4.3 掘进参数对盾构隧洞围岩变形影响规律研究

4.3.1 数值模拟方案

本节主要研究不同掘进参数对盾构隧洞围岩变形的影响规律,为了避免其他因素对研究结果的影响,三维数值模型采用单一地层,模型尺寸和建模过程同4.1节,建立的三维离散元数值模型如图4-9所示。离散元颗粒及盾构机属性参数、仿真参数、接触参数同4.1节。单一地层抗压强度及其细观参数见表4-5。

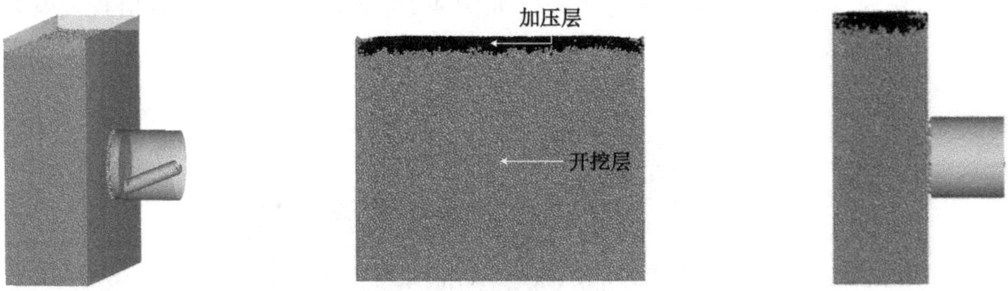

(a) 整体视图　(b) 正面视图　(c) 侧视图

图4-9　三维离散元数值模型

表4-5　各工况充填材料细观参数取值

强度/MPa	法向接触刚度/(N/m³)	切向接触刚度/(N/m³)	临界法向应力/Pa	临界切向应力/Pa
1.55	2×10^8	5×10^8	5×10^8	5×10^8

为了研究刀盘转速、掘进速度、土仓压力3个因素对盾构隧洞围岩变形的影响规律，共设置9个工况，见表4-6。其中，T1、T2、T3为不同刀盘转速工况；T4、T5、T6为不同掘进速度工况；T7、T8、T9为不同土仓压力状态工况，土仓压力状态通过调节推进速度和螺旋机出土速度控制，在固定掘进速度的情况下，通过调节螺旋出土器的转速来实现欠压、稳压、超压三种工况。表中T2、T5和T8为相同工况。根据第2章的计算结果，3种土仓状态对应的土仓压力值分别为：欠压掘进时土仓压力为1.5 bar(1 bar=1×10^5 Pa)，稳压掘进时土仓压力为2.4 bar，超压掘进时土仓压力为4.0 bar。

表4-6　不同工况时盾构掘进参数设置

工况	影响因素	刀盘转速/(rad/s)	掘进速度/(mm/min)	土仓状态	输送机转速(从动)11.4/(rad/s)
T1	刀盘转速	0.43	20	稳压	
T2		0.53	20	稳压	11.4
T3		0.63	20	稳压	11.4
T4	掘进速度	0.53	5	稳压	2.9
T5		0.53	20	稳压	11.4
T6		0.53	45	稳压	25.8rad/s
T7	土仓状态	0.53	20	欠压	16.2
T8		0.53	20	稳压	11.4
T9		0.53	20	超压	5.2

4.3.2　盾构隧洞地层竖向位移变化规律

通过顶部加载的方式来实现埋深200 m的围岩初始应力情况。EDEM软件通过颗粒受到的压缩力云图来表示土体的地应力分布，颗粒所受压缩力基本与地层抗压强度无关，主要取决于颗粒埋深，初始平衡后颗粒压缩力如图4-10所示。除少数颗粒出现明显的应力集中，总体上随着颗粒埋深的增加，颗粒所受压缩力逐渐增大。

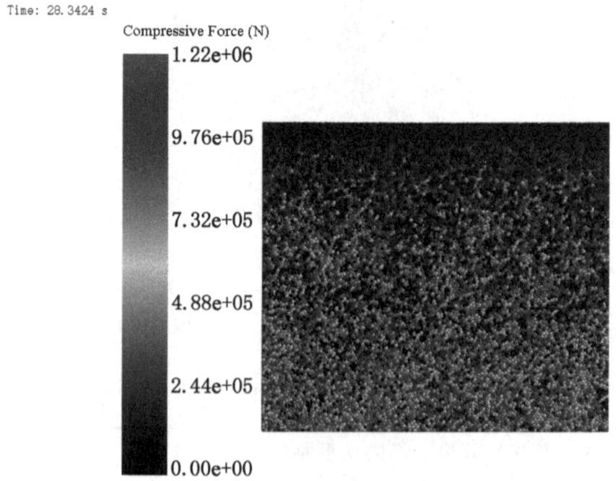

图4-10　初始平衡后颗粒所受压缩力

不同工况时土仓内颗粒压力时程曲线如图 4-11 所示。

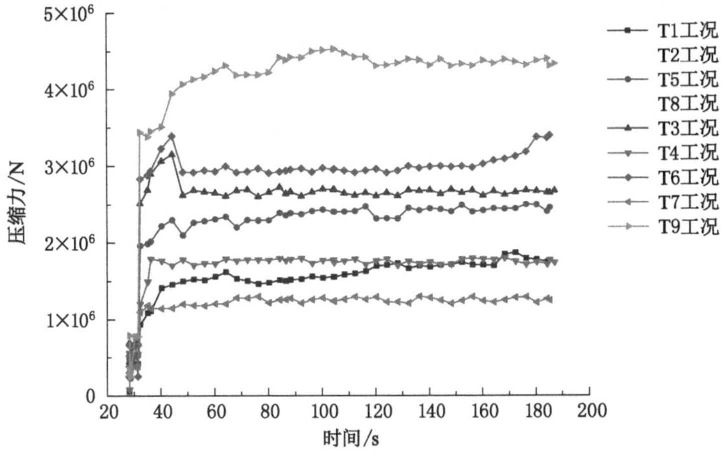

图 4-11　不同工况时土仓内颗粒压力时程曲线

由图 4-11 可知：土仓内颗粒压力与盾构掘进参数均相关，具体表现为：① T1 工况低刀盘转速时土仓内颗粒压力较小，T2 工况中刀盘转速时土仓内颗粒压力处于中等水平，T3 工况高刀盘转速时土仓内颗粒压力较大，即刀盘转速的增大会导致土仓内颗粒压力增大；② 对比分析 T4 工况、T5 工况、T6 工况时比土仓内颗粒压力的稳定值可以发现，随着掘进速度的增大，土仓压力随之增大；③ T7 工况、T8 工况、T9 工况随着螺旋出土器速度的下降，土仓压力依次增大，呈现欠压、稳压、超压三种状态。不同影响因素对土仓压力的影响程度：刀盘转速影响最弱，掘进速度其次，土仓状态的影响最大。各工况土仓压力稳定后均会出现少许波动，这表明在盾构掘进过程中土仓压力是处于一个动态平衡的状态。

数值模拟过程中监测断面设置如图 4-12 所示。过模型体中心，设置 *ZOX* 平面（垂直隧洞轴线的平面）为监测断面Ⅰ，*YOZ* 平面（沿隧洞轴线的平面）为监测断面Ⅱ。在隧洞上方 1 m、2 m、3 m、4 m、5 m 处设置水平监测断面，监测断面Ⅰ在地层中的竖向位移。

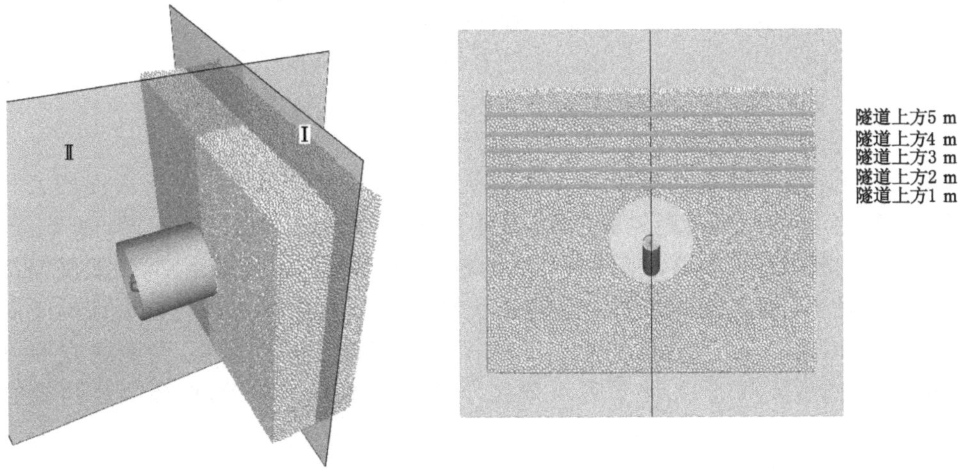

(a)　　　　(b)

图 4-12　沉降监测断面

不同盾构掘进参数时地层沉降量的基本趋势依然是接近于 Peck 曲线，距离隧洞轴线越近，地层沉降量越大，隧洞中心位置处地层沉降量最大。在此基础上，盾构掘进参数对地层变形影响程度相较于 4.3 节不同复合地层形式对地层位移的影响程度要低，整体变形都存在差距，但是在该因素作用下的不同工况变形也存在一定的规律。

不同刀盘转速时监测断面Ⅰ地层竖向位移曲线如图 4-13 所示。

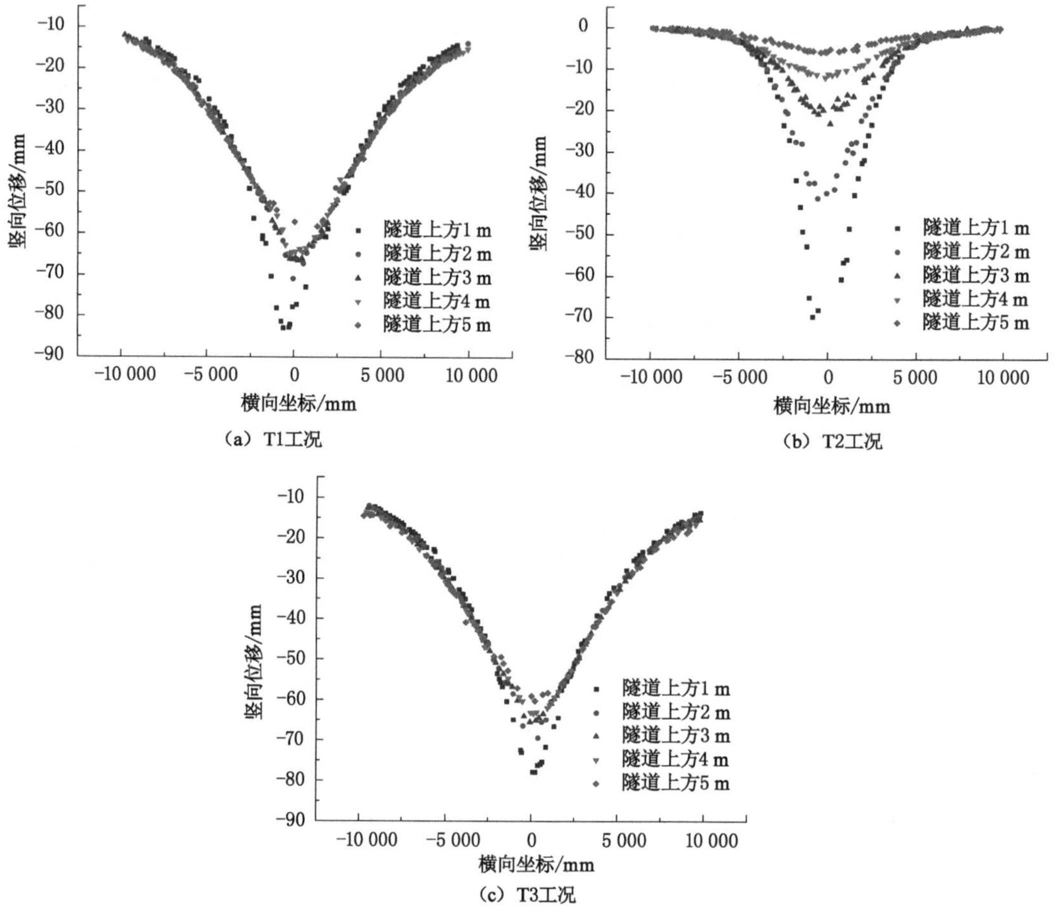

图 4-13　不同刀盘转速工况时监测断面Ⅰ地层竖向位移

由图 4-13 可知：不同刀盘速时，隧洞上方地层竖向位移均随着埋深增大而增大。不同的是，T2 工况时，随着距隧洞距离的增加，地层沉降量逐渐减小且趋势明显，而 T1 工况和 T3 工况时，地层沉降范围较 T2 工况时的更大，且随着距隧洞距离的增加，地层竖向位移的减小趋势并不明显。说明盾构掘进过程中过大或过小的刀盘转速均会造成地层竖向位移增大，本数值模拟工况时，刀盘转速为 0.53 rad/s 时对围岩扰动最小，为最适宜的刀盘转速。因此，在盾构隧洞掘进时，为了尽可能减小施工对围岩的扰动，应控制盾构机的刀盘转速。

不同掘进速度时监测断面Ⅰ地层竖向位移如图 4-14 所示。

由图 4-14 可知：不同掘进速度时地层竖向位移均随着埋深的增大而增大，即距隧洞距

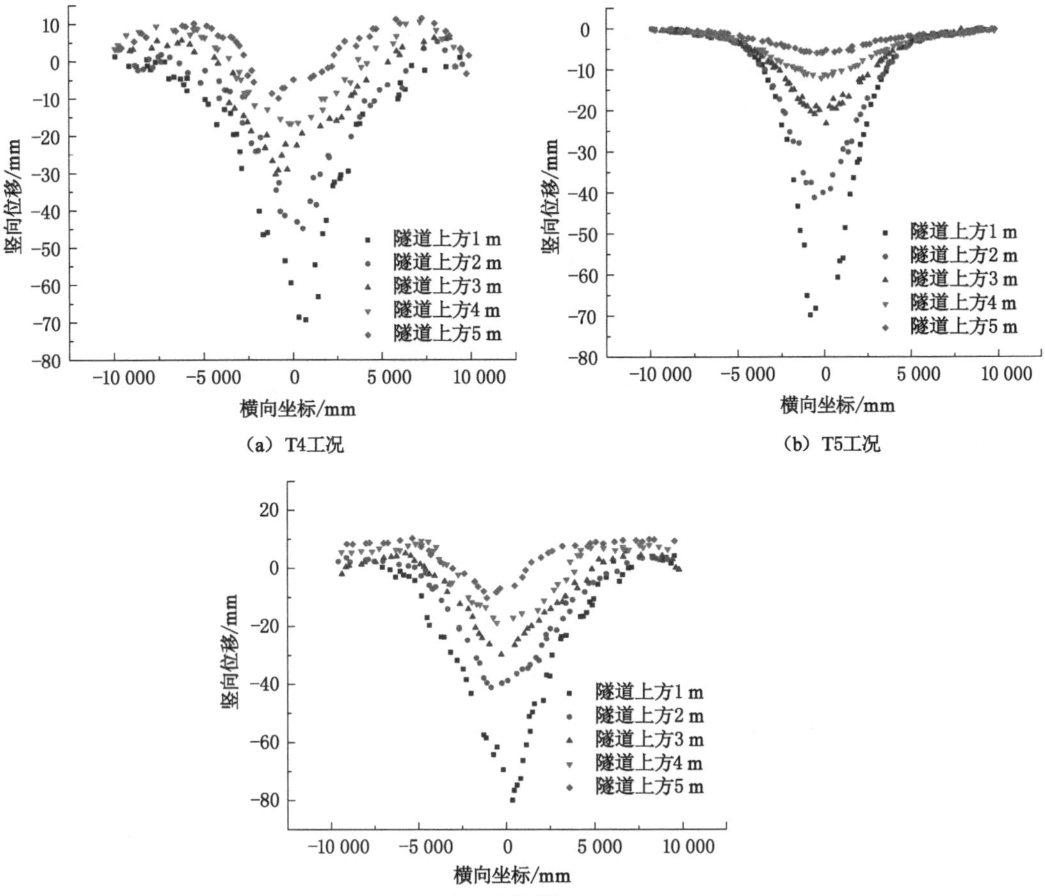

(a) T4工况　(b) T5工况　(c) T6工况

图 4-14　不同掘进速度工况时监测断面Ⅰ地层竖向位移

离越近，地层沉降量越大，总体来看，在距离隧洞顶部 1 m 处，随着掘进速度的增大，竖向位移有所增大，在距离隧洞 2 m、3 m、4 m、5 m 处，竖向位移规律并不明显。同时还可以发现：不同掘进范围时，隧洞沉降的范围不同，T4 工况和 T6 工况隧洞顶部地层沉降槽宽度比 T5 工况明显增加，且在两侧出现竖直向上的位移，说明在进行盾构隧洞掘进时，为了尽可能减小施工对上部围岩的影响，应控制围岩的掘进速度。在本数值模拟研究中，当掘进速度处于 20 mm/min 时，隧洞围岩变形区域范围最小，即该掘进速度时盾构掘进对地层的扰动最小，对围岩稳定最有利。

不同土仓压力状态下监测断面Ⅰ地层位移曲线如图 4-15 所示。

由图 4-5 可知：距隧洞拱顶 1 m 处监测断面在整个掘进面上的沉降量最大；T7 工况、T8 工况、T9 工况时最大地层竖向位移依次减小，即土仓压力在欠压、稳压、超压状态下，地层竖向沉降量依次减小。土仓压力欠压时开挖对地层变形影响最大，超压作用下虽然对地层竖向位移影响较小，但是易出现地层隆起，说明在进行盾构隧洞掘进时，为了尽可能减小施工对围岩和地表的影响，应该将土仓压力控制在稳压状态，当然对不同地层地质参数变化的影响也会有所不同，针对本书地质情况，稳压是最适合的土仓状态。

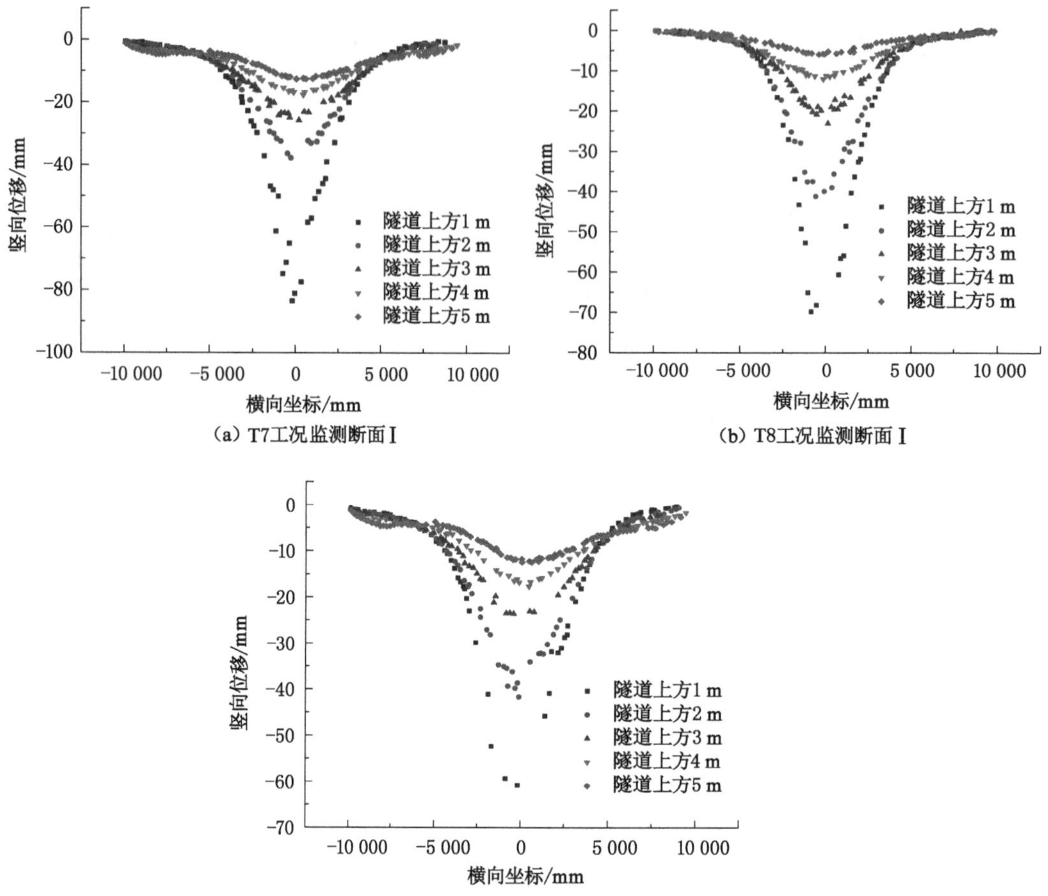

(a) T7工况监测断面Ⅰ

(b) T8工况监测断面Ⅰ

(c) T9工况监测断面Ⅰ

图 4-15　不同工况时监测断面Ⅰ地层竖向位移

不同工况监测断面地层最大竖向位移曲线如图 4-16 所示。

由图 4-16 可知：各工况围岩的竖向位移随着埋深的增加而增加，即离隧道越近，地层竖向位移越大。其中在距离隧洞顶部大于 2 m 的监测断面上，地层竖向位移最大的是 T1、T3 两种工况，随着距隧洞顶部距离增加，监测断面有较大竖向位移，整体变化趋势较缓，其他工况随着埋深的减小沉降量有较大的下降。说明 T1、T3 工况时，盾构掘进对围岩的扰动区域范围增大，即刀盘转速过大或过小对围岩扰动都有所增强，其他工况对围岩扰动相对较小。最大位移发生在 T7 工况距离隧洞顶部 1 m 处，沉降量达到了 83 mm，最小沉降量是 T9 工况距隧洞顶部 1 m 处，沉降量为 60 mm。说明土仓压力对控制隧洞顶部围岩竖向变形具有一定的影响。

各工况隧洞顶部 1 m 的变形曲线如图 4-17 所示。由图 4-17 可知：各个工况时隧洞顶部 1 m 断面处的竖向位移曲线总体类似。其中刀盘转速改变对竖向位移影响相对较大，说明刀盘转速改变对围岩扰动影响较大。T1 工况和 T3 工况较 T2 工况对地表位移影响较大，说明过大或过小的刀盘转速对围岩变形均产生不利影响，其中 T2 工况掘进参数较合适。盾构掘进速度和土仓压力变化对围岩变形也有一定影响，过大或过小的掘进参数及土

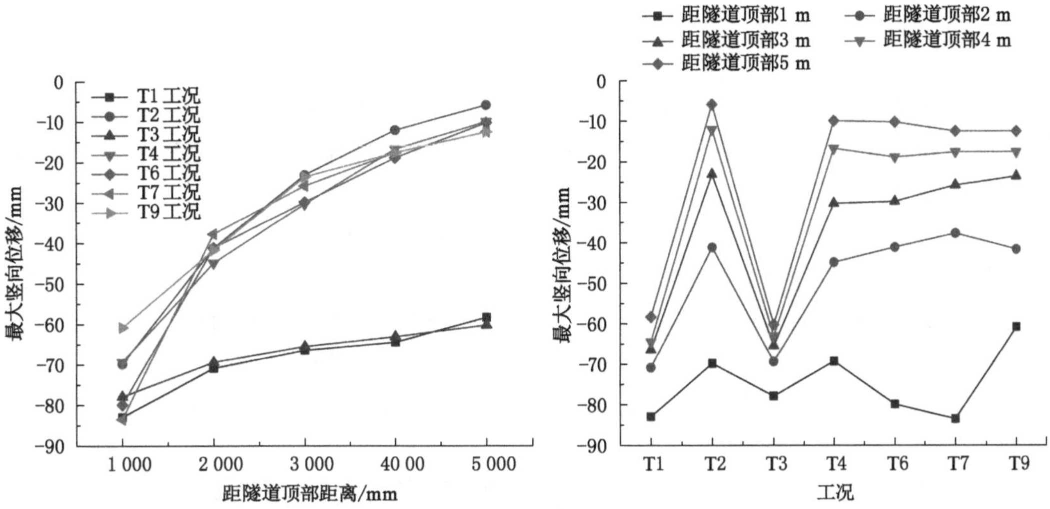

(a) 隧道顶部不同距离处的最大竖向位移曲线　　(b) 不同工况时地层最大位移曲线

图 4-16　不同工况时监测断面地层最大竖向位移曲线

仓欠压或超压状态对围岩扰动强度增大。因此，盾构掘进过程中应设置合理的掘进参数，确保对隧洞围岩扰动最小，提高围岩的稳定性。

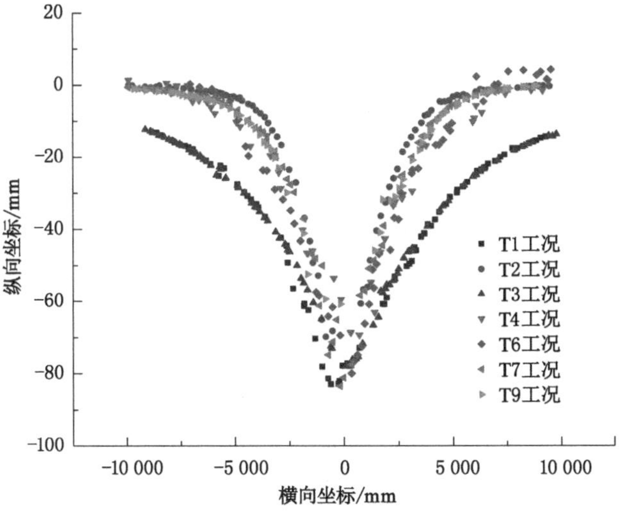

图 4-17　各工况时隧洞顶部 1 m 处的变形曲线

综上所述，不同的盾构掘进参数对围岩扰动程度不同。通过对比穿越泥岩地层围岩变形特征可知：在围岩变形程度控制上刀盘转速应保持在 0.53 rad/min 为优，考虑相同围岩变形规整度，就应当保持掘进速度在 20 mm/min 左右为佳。最后在考虑工作面稳定以及土仓受力均匀性时，应根据隧洞埋深以及地质情况及时调整螺旋输送机转速使土仓压力维持在稳压状态。

4.4 本章小结

本章主要采用三维离散元软件模拟了深埋盾构隧洞掘进过程，研究了不同复合形式和强度比时盾构隧洞围岩位移变化规律，探讨了刀盘转速、掘进速度、土仓状态等掘进参数对盾构隧洞地层变形特征的影响规律。主要研究结论如下：

(1) 盾构在复合地层施工时，上软下硬地层竖向位移较上硬下软地层竖向位移大。当上下两种地层的强度均较大时，两种复合形式时地层竖向位移差别相对较小，地层强度较小时，两种复合形式时地层竖向位移差别较大，而且地层强度差异越大，两种复合形式的位移差距越大。围岩的强度对地层的影响大于强度比的影响。盾构穿越复合地层宜选择围岩强度比在 0.8～1.2 范围内的复合地层，比值过高或过低均会造成岩层变形增大，产生不利影响。

(2) 盾构刀盘转速、掘进速度和土仓压力对盾构隧洞围岩变形均有一定影响。其中刀盘转速影响较大，土仓压力次之、掘进速度最小。为保证盾构掘进过程中围岩的稳定性，应合理设置盾构刀盘转速和掘进速度，控制土仓压力处于稳定状态。在本数值模拟中，刀盘转速维持在 0.53 rad/s 较为合适，掘进速度保持在 20 mm/min 较为合适，土仓压力保持在稳压状态最合适，参数过大或过小都将导致围岩扰动增加和地层变形加剧。

5 盾构隧洞管片密封垫防水性能研究

盾构隧洞中管片接缝处最容易发生渗漏，是盾构隧洞防水设计的关键环节。在盾构隧洞运营维护期间，一旦出现渗漏现象，将会极大影响隧洞的正常服役，甚至会造成巨大经济损失和社会影响。盾构隧洞管片弹性密封垫防水是整个盾构隧洞防水体系中的薄弱环节，是盾构隧洞防水设计的关键。根据依托工程实际，本章设计9种弹性密封垫截面形式，并采用有限元软件ABAQUS进行数值模拟，研究不同截面形式弹性密封垫的变形特征、接触应力大小及分布情况等，优选最适合工程实际的截面类型。通过对优选的密封垫进行"一"字缝耐水压试验以及有限元数值模拟仿真计算，研究密封垫在不同张开量和错台量时耐水压值的变化规律，综合评估密封垫的防水性能。

5.1 深埋盾构隧洞管片接缝密封垫截面设计与选型

盾构隧洞管片弹性密封垫是通过密封垫挤压变形后产生的接触应力来抵御外部水压。水体突破弹性密封垫防水体系发生渗漏的路径主要有两种，一种是密封垫-密封垫接触面，另一种是密封垫-密封槽接触面。外部水压主要是通过两种渗水路径进入隧洞内部，当外部水压大于两种渗水路径上的最大接触应力时，就会突破弹性密封垫防水体系进入隧道内部，至此弹性密封垫防水体系失效。

5.1.1 弹性密封垫截面设计

在弹性密封垫截面设计过程中，起主要控制作用的因素主要有三种，即弹性密封垫高度、弹性密封垫宽度以及管片沟槽与密封垫截面积之间的关系。引汉济渭二期工程盾构隧洞管片沟槽截面尺寸如图5-1所示。

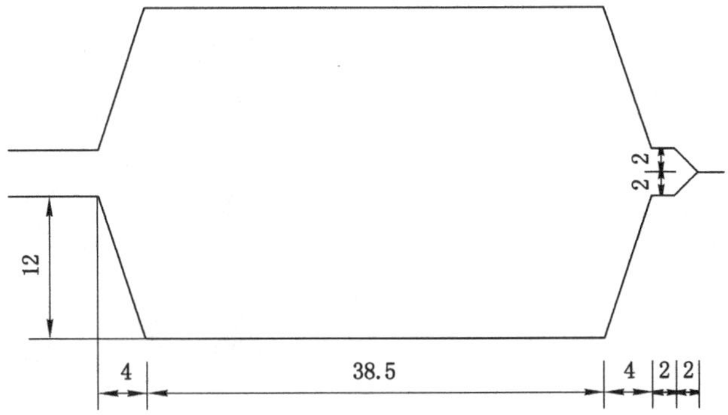

图5-1 密封垫沟槽示意图（单位：mm）

管片沟槽深度为 12 mm,管片密封垫沟槽截面积为 615 mm^2,因此,密封垫截面面积宜为 535～615 mm^2。基于依托工程特点,参考相关弹性密封垫截面设计经验,初步拟定 9 种弹性密封垫截面形式,如图 5-2 所示。

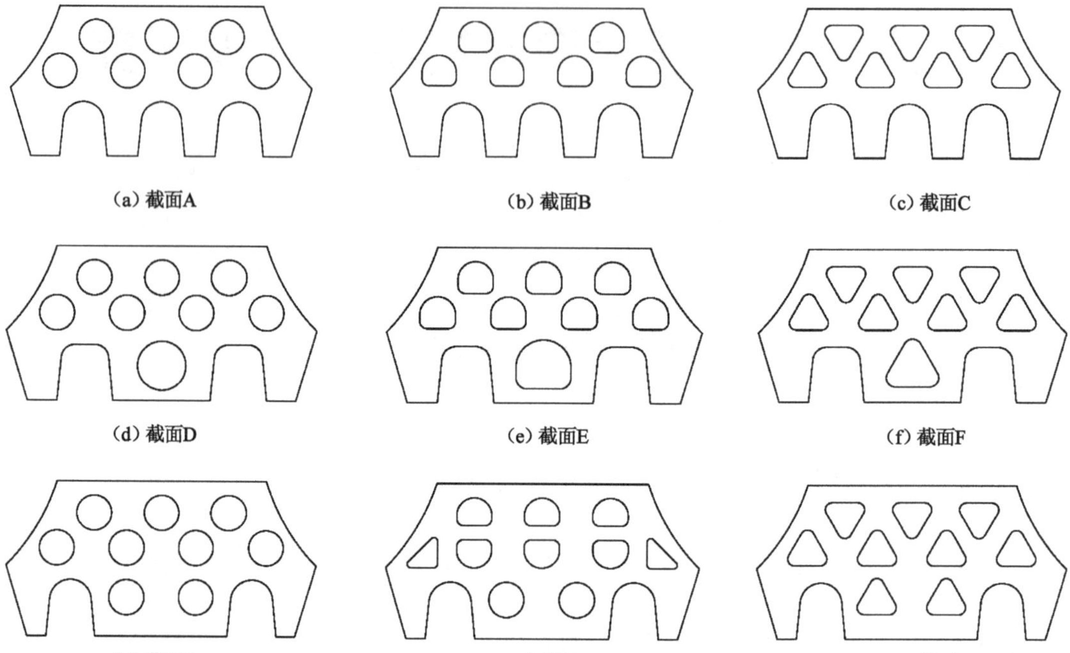

(a) 截面A (b) 截面B (c) 截面C

(d) 截面D (e) 截面E (f) 截面F

(g) 截面G (h) 截面H (i) 截面I

图 5-2 密封垫截面示意图

为便于各密封垫之间的对比,统计 9 种截面密封垫沟槽面积、外轮廓面积、闭合孔面积、敞开孔面积、净面积、开孔率(敞开孔面积和闭合孔面积之和与外轮廓面积的比值)以及沟槽面积与净面积比值,密封垫截面参数如图 5-3 所示,各密封垫截面设计参数见表 5-1。

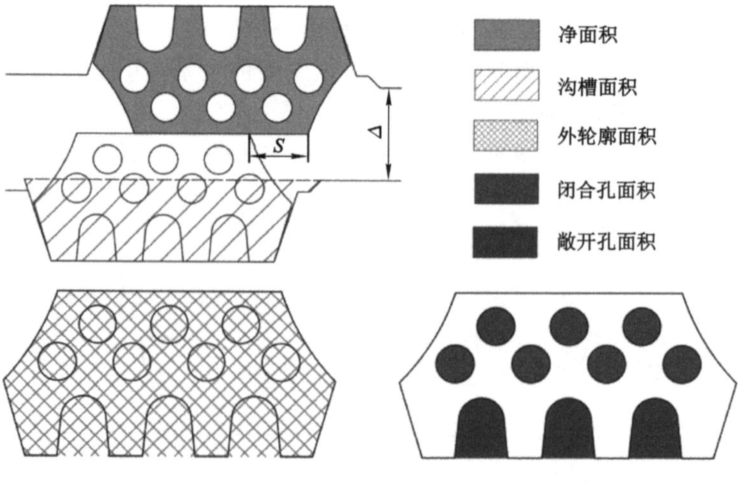

S—错台量;Δ—张开量。

图 5-3 密封垫截面参数示意图

表 5-1 密封垫截面设计参数

截面名称	沟槽面积 /mm²	外轮廓面积 /mm²	闭合孔面积 /mm²	敞开孔面积 /mm²	净面积 /mm²	开孔率	沟槽面积：净面积
A	615	846.43	137.45	140.13	568.86	0.328	1.081
B	615	846.43	135.72	140.13	570.58	0.326	1.078
C	615	846.43	138.42	140.13	567.89	0.329	1.083
D	615	846.43	175.93	112.84	557.66	0.341	1.103
E	615	846.43	182.37	112.84	551.22	0.349	1.116
F	615	846.43	174.45	112.84	559.14	0.339	1.100
G	615	846.43	176.71	93.42	576.30	0.319	1.067
H	615	846.43	164.26	93.42	588.75	0.304	1.045
I	615	846.43	177.96	93.42	575.05	0.321	1.069

5.1.2 弹性密封垫有限元模型

(1) 模型概述

三元乙丙橡胶为超弹性非线性材料，ABAQUS 有限元软件具有分析超弹性非线性能力，本节采用该软件模拟 9 种截面在不同情况下的变形特征和受力情况。

橡胶作为典型的超弹性非线性材料，在管片沟槽内受压缩挤密后产生的大变形是十分复杂的接触问题。由于橡胶材料通常被视为各向同性的不可压缩超弹体材料，在 ABAQUS/Standard 求解器中模拟橡胶材料不可压缩特性时，完全积分二次实体单元对体积自锁比较敏感，会导致数值模拟结果不收敛，从而造成计算中止、弹性密封垫压缩量未到达指定工况等现象。所以为了解决数值模拟收敛问题，在计算精度允许情况下，选用 ABAQUS/Explicit 求解器。

橡胶材料非线性主要有几何非线性、材料非线性和边界非线性三个特征。

① 几何非线性

橡胶密封垫作为各向同性不可压缩的超弹体材料，在压缩过程中会发生较大的形变和位移，几何形态变化较大，密封垫的应变和位移之间是非线性关系，不能采用线性体系的分析方法，必须考虑其几何非线性。

② 材料非线性

橡胶密封垫压缩过程中应力与应变是非线性关系。超弹性材料的本构关系主要通过应变能函数表示。本书采用 ABAQUS/Explicit 求解器，采用 Mooney-Rivlin 二参数模型。

③ 边界状态非线性

边界条件不仅要考虑橡胶密封垫之间的接触，还要考虑橡胶密封垫和管片沟槽之间的接触以及密封垫自身的自接触。橡胶密封垫在沟槽中会发生大变形，边界接触面处也会有这种情况。因此在设定边界条件时，需要考虑以上三种接触情况。

(2) 材料本构关系及参数

三元乙丙橡胶材料通常被视为各向同性不可压缩的超弹体材料。超弹体材料应力-应变的非线性本构关系主要采用应变能函数定义，计算中采用常用的 Mooney-Rivlin 二参数模型，其应变能函数表达式为：

$$W = C_{10}(I_1 - 3) + C_{01}(I_2 - 3) \tag{5-1}$$

式中，W 为应变势能；I_1、I_2 为应变不变量；C_{01}、C_{10} 为材料参数，且 $C_{01}=0.25C_{10}$。

由橡胶的不可压缩性得到泊松比。

$$\mu = 0.5 \tag{5-2}$$

由弹性力学理论可知：

$$E_g = 3G_g \tag{5-3}$$

式中，E_g 为橡胶材料的弹性模量；G_g 为橡胶材料的初始剪切模量。

Mooney-Rivlin 二参数模型系数 C_{01} 和 C_{10} 通过经验方法获得[113]，两个系数与上述参数的关系式为：

$$G_g = 2(C_{01} + C_{10}) \tag{5-4}$$

邵氏硬度 H_A 和弹性模量 E_g 之间的关系式为：

$$E_g = \frac{15.75 + 2.15H_A}{100 - H_A} \tag{5-5}$$

式中，H_A 为橡胶材料的邵氏硬度。

本节数值模拟中采用硬度为 70HA 的橡胶材料，根据上述公式计算出弹性模量为 5.542 MPa，Mooney-Rivlin 模型参数 C_{10} 为 0.739，C_{01} 为 0.185。

(3) 有限元模型建立

实际工程中管片密封垫沟槽材质为混凝土，混凝土的刚度远大于弹性密封垫刚度，故将密封垫沟槽设置为解析刚体，刚体在模拟过程中不会发生变形。在沟槽部件上设置参考点用以施加荷载或边界条件，密封垫之间压缩变形通过施加位移控制。由于密封垫纵向长度远大于其宽度，故密封垫单元类型选用平面应变单元，采用显式动力学进行计算。数值模型如图 5-4 所示。

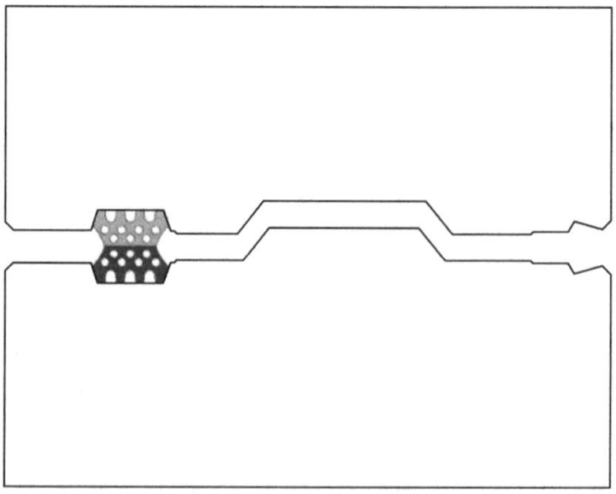

图 5-4　密封垫数值模型

在建立有限元模型过程中，由于橡胶密封垫与管片接缝密封槽接触较为复杂，因此对各个相互作用分别进行说明：

① 密封垫-密封槽接触面相互作用：在实际工程中，弹性密封垫与混凝土管片之间通过

三元乙丙专用胶水黏结，但是三元乙丙专用胶水只起到固定弹性密封垫的作用，便于在施工过程中安装，对实际防水性能作用不大。因此，在数值模拟中将密封垫-密封槽接触面的相互作用设置为表面-表面接触，在接触作用中将法向接触设置为“硬”接触模拟弹性密封垫与混凝土沟槽的法向接触行为，将切向接触设置为“罚”接触来模拟弹性密封垫与混凝土沟槽的切向接触行为，摩擦系数设置为 0.3；弹性密封垫两侧腰部在受压缩变形后会与管片沟槽发生接触，为了避免模拟过程中出现网格穿透现象，将相互作用设置为与密封垫-密封槽接触面相互作用相同。

② 密封垫-密封垫接触面相互作用：密封垫-密封垫接触面为普通的表面与表面接触，在模拟过程中将其接触作用设置为表面-表面接触，法线方向上采用“硬”接触，切线方向上采用“罚”函数，摩擦系数设置为 0.5。

③ 密封垫自接触相互作用：在密封垫断面压缩过程中，密封垫自身外表面和闭合孔会逐渐形变，为避免网格穿透，需要对密封垫闭合孔以及敞开孔设置自接触相互作用，法线方向采用“硬”接触，切线方向采用“罚”函数，摩擦系数设置为 0.5。

根据沟槽设计和断面尺寸，密封垫完全压缩时最大压缩量为 16 mm。通过对管片施加位移荷载控制密封垫的张开量，张开量设置为 0 mm、4 mm、8 mm 3 个工况，错台量设置为 0 mm。

(4) 网格划分

ABAQUS/Explicit 显式求解计算是动态过程，不平衡力将以应力波的方式在相邻单元传播，不会出现计算不收敛问题。本节采用 ABAQUS/Explicit 求解器，建立二维有限元模型，以非常小的加载速度对管片施加位移荷载，以此来模拟橡胶密封垫实际受压过程。密封垫实体网格单元采用四节点双线性平面应变四边形单元(CPE4R)，对局部变形严重的位置进行网格加密，网格划分如图 5-5 所示。

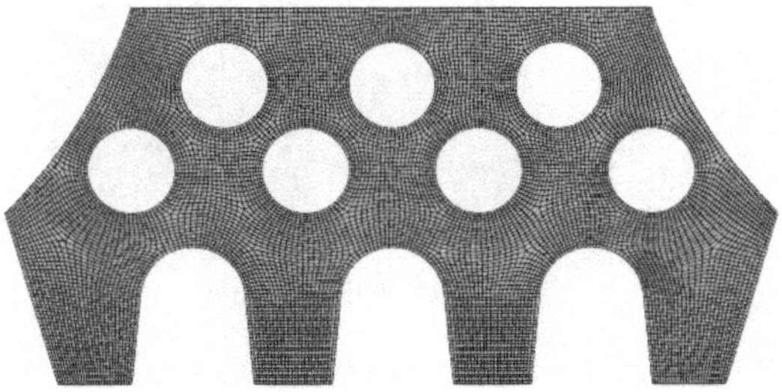

图 5-5 网格划分

5.1.3 不同截面形式密封垫变形特征

本节通过对管片施加位移荷载来控制密封垫的张开量，模拟密封垫在实际拼装过程中挤压变形过程。在错台量为 0 mm，橡胶硬度为 70HA，张开量为 0 mm、4 mm、8 mm 情况下 9 种截面密封垫变形特征如图 5-6 至图 5-14 所示。

如图 5-6 至图 5-14 所示，当张开量为 8 mm 时，密封垫内部孔洞初步开始压缩，而敞开孔的形状保持较好，密封垫底部梳齿处齿部基本未发生变形；当张开量为 4 mm 时，密封垫闭合孔以及敞开孔进一步被压缩，闭合孔基本完全压缩密实，仅留少许压缩空间，敞开孔则

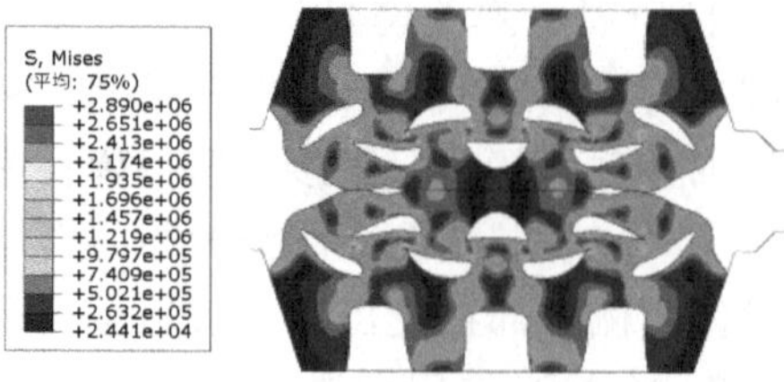

(a) 张开量为8 mm

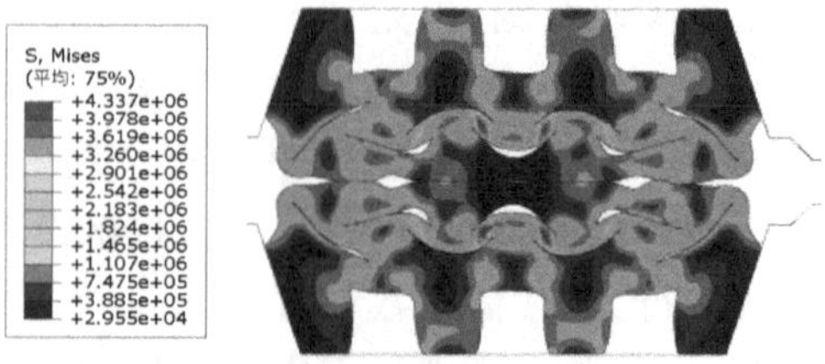

(b) 张开量为4 mm

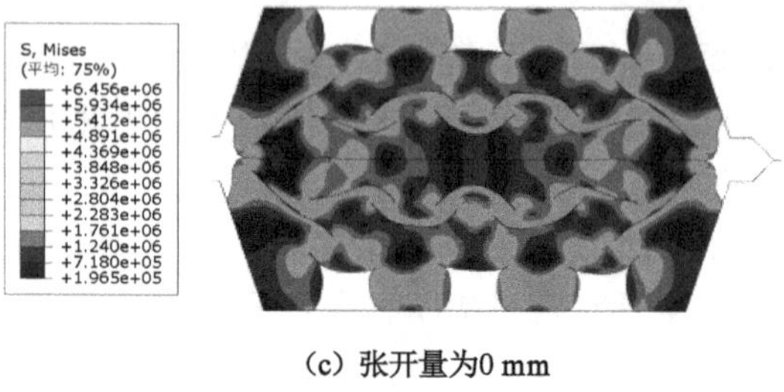

(c) 张开量为0 mm

图 5-6 截面 A 密封垫变形应力云图

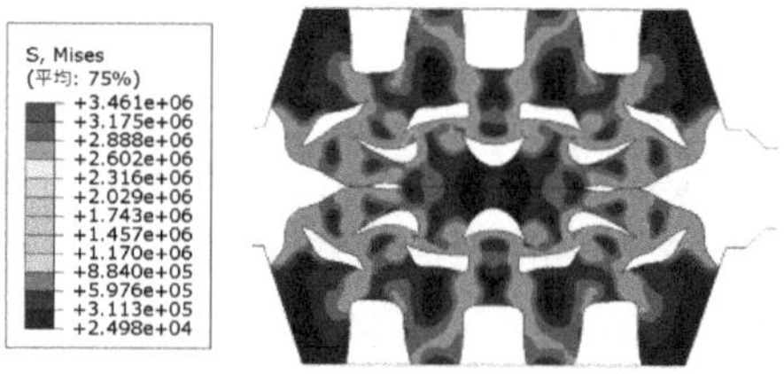

(a) 张开量为8 mm

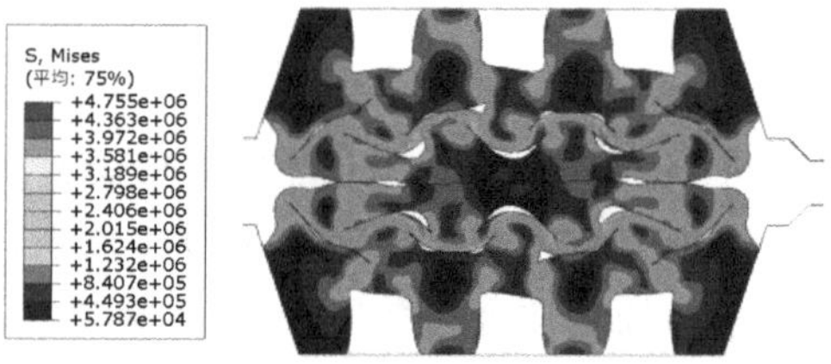

(b) 张开量为4 mm

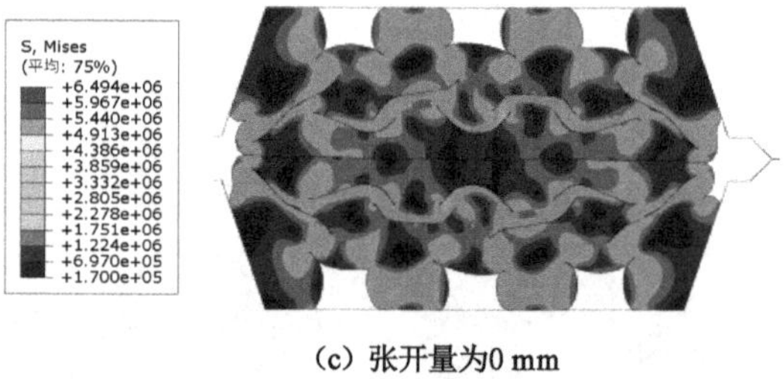

(c) 张开量为0 mm

图 5-7 截面 B 密封垫变形应力云图

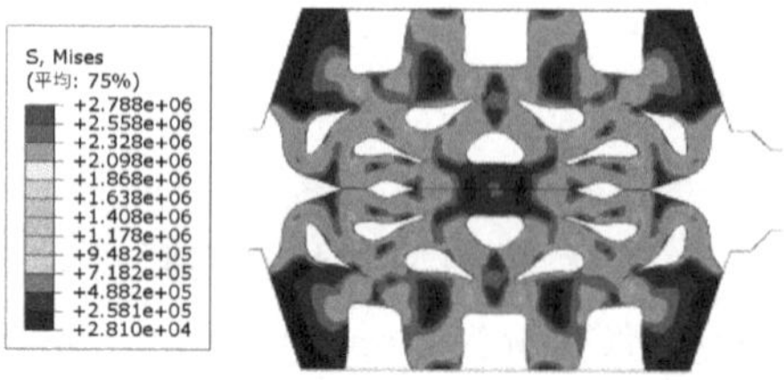

(a) 张开量为8 mm

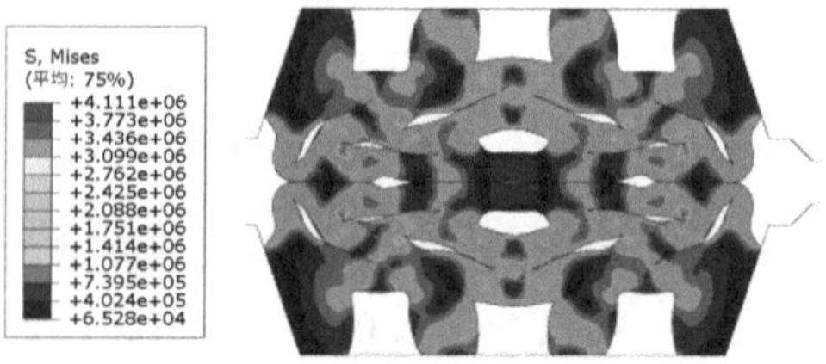

(b) 张开量为4 mm

图 5-8 截面 C 密封垫变形应力云图

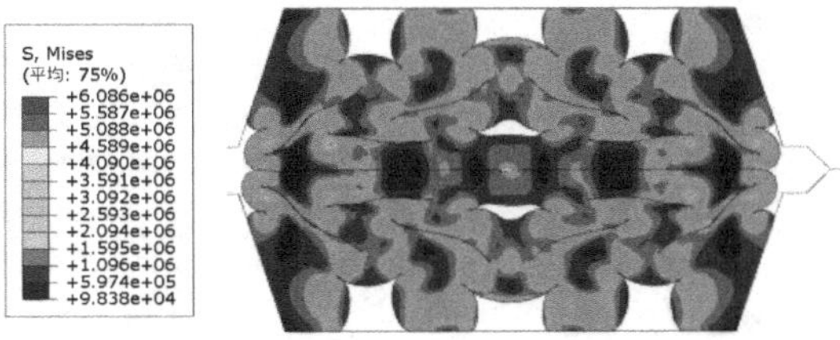

(c) 张开量为0 mm

图 5-8 （续）

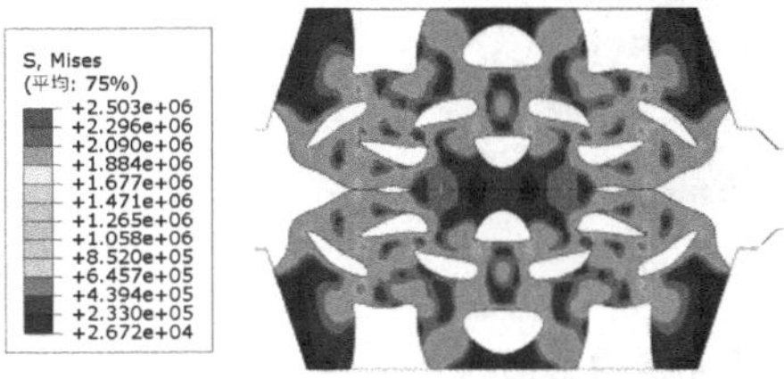

(a) 张开量为8 mm

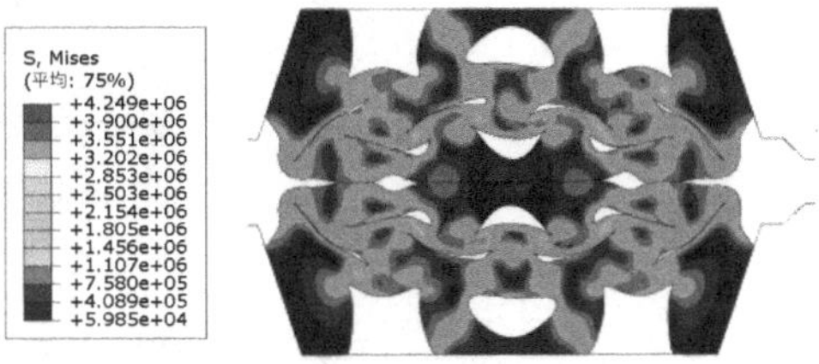

(b) 张开量为4 mm

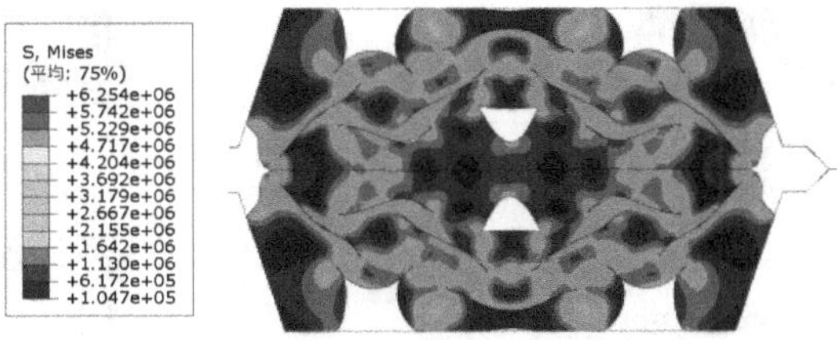

(c) 张开量为0 mm

图 5-9 截面 D 密封垫变形应力云图

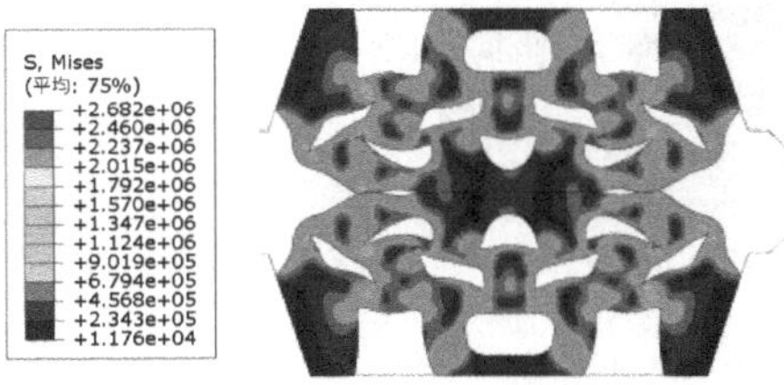

(a) 张开量为8 mm

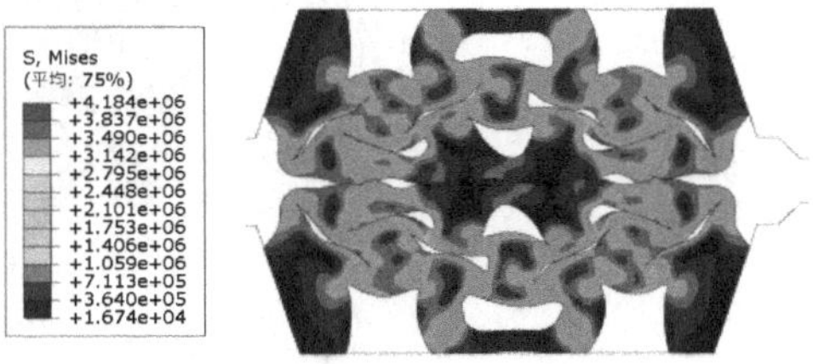

(b) 张开量为4 mm

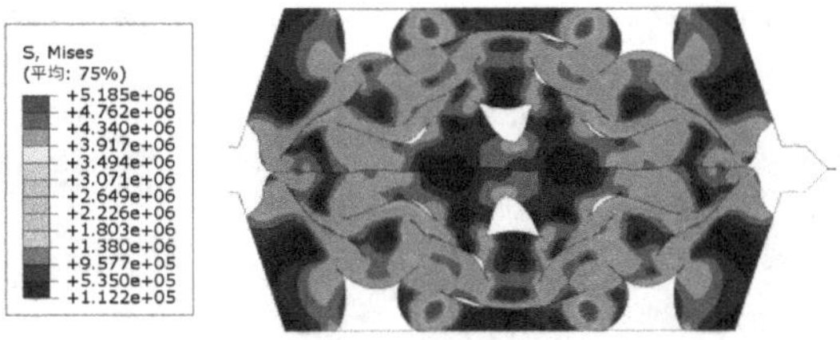

(c) 张开量为0 mm

图 5-10 截面 E 密封垫变形应力云图

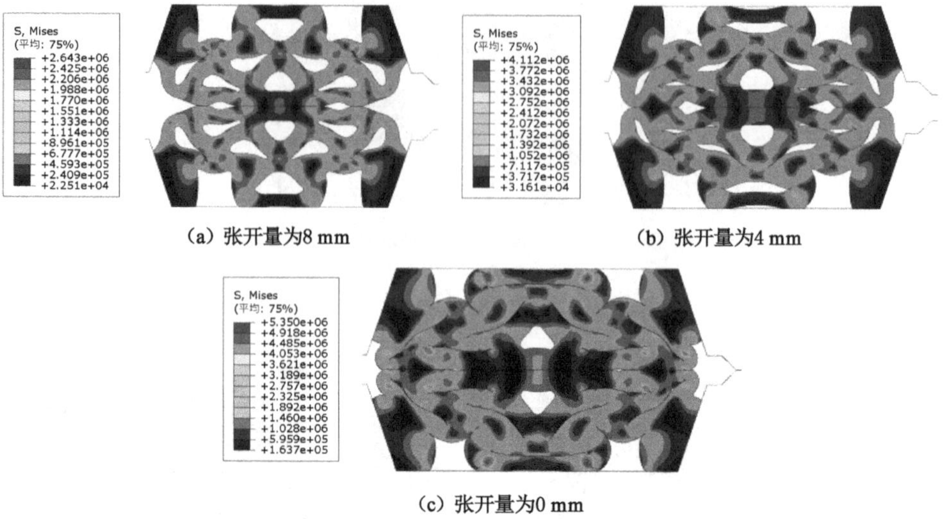

(a) 张开量为8 mm　(b) 张开量为4 mm

(c) 张开量为0 mm

图 5-11　截面 F 密封垫变形应力云图

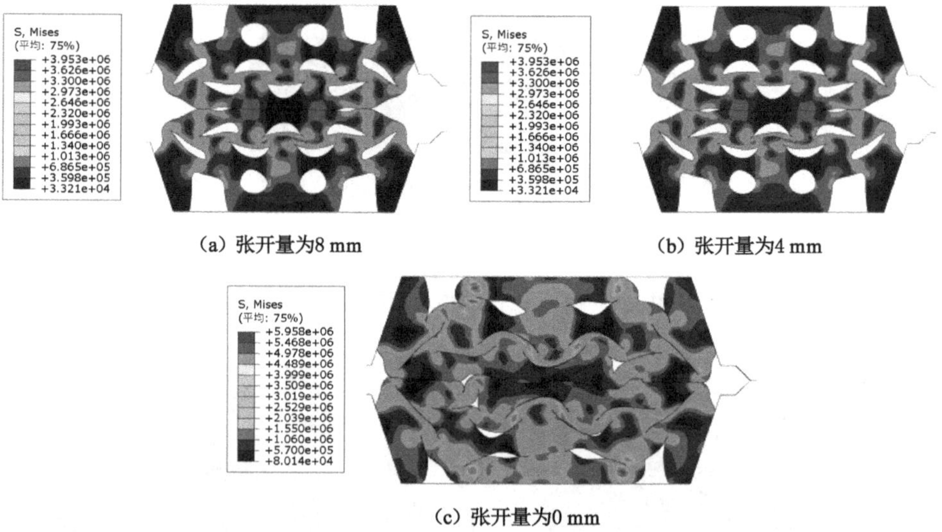

(a) 张开量为8 mm　(b) 张开量为4 mm

(c) 张开量为0 mm

图 5-12　截面 G 密封垫变形应力云图

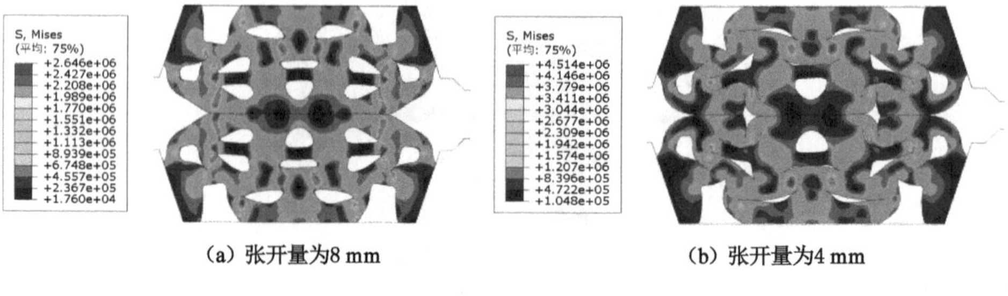

(a) 张开量为8 mm　(b) 张开量为4 mm

图 5-13　截面 H 密封垫变形应力云图

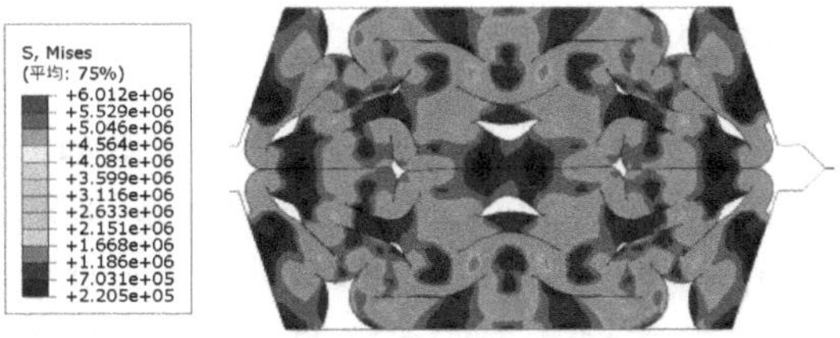

(c) 张开量为0 mm

图 5-13　(续)

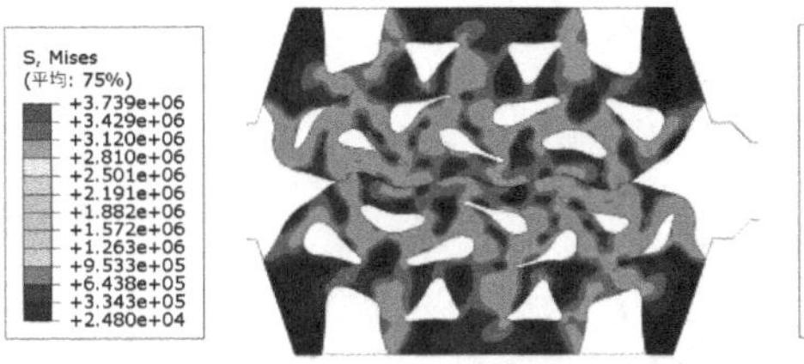

(a) 张开量为8 mm

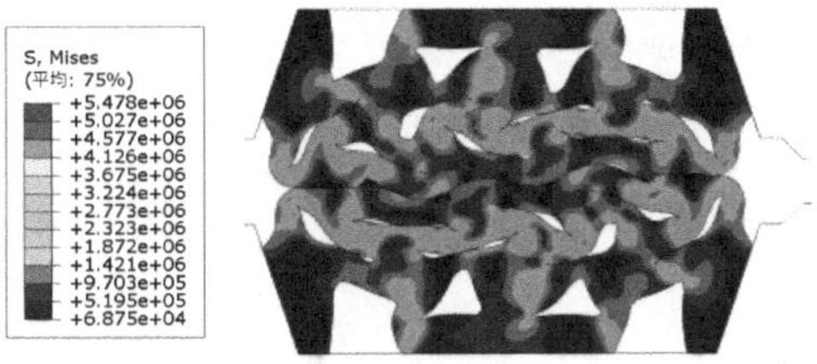

(b) 张开量为4 mm

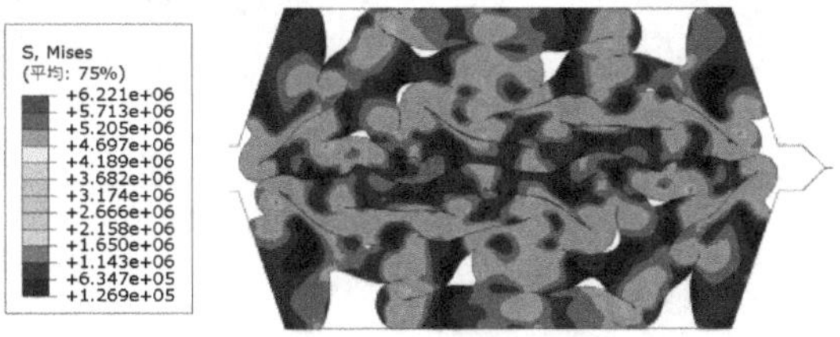

(c) 张开量为0 mm

图 5-14　截面 I 密封垫变形应力云图

有较大压缩空间，密封垫底部梳齿处齿部开始变粗，密封垫上部两侧由于被挤压开始向两侧扩张；当张开量为 0 mm 时，密封垫接触面两侧的闭合孔已经基本压缩密实，敞开孔未压缩密实，仍有部分压缩空间。

当张开量为 8 mm 时，9 种截面变形特征基本一致，都呈现闭合孔变形幅度较大的现象；当张开量为 4 mm 时，截面 A、B 密封垫闭合孔基本压缩密实，其余 7 种截面变形特征基本一致；当张开量为 0 mm 时，截面 A、B 密封垫闭合孔已完全压缩密实，截面 C、G、H、I 密封垫闭合孔压缩效果相对较好，截面 D、E、F 密封垫闭合孔压缩效果相对表现较差。由于截面 D、E、F 密封垫开放孔面积较截面 A、B、C 密封垫减小，但是闭合孔面积相对增加较多，导致截面 D、E、F 密封垫的净面积、开孔率以及沟槽面积与净面积的比值相比其他 6 种截面较高。

当张开量为 0 mm 时，对于 A、B、C 三种截面密封垫，它们的敞开孔形状相同，其中截面 C 密封垫闭合孔尚未完全压缩密实，这是由于截面 C 密封垫闭合孔面积相比截面 A 密封垫和截面 B 密封垫较大，导致截面 C 密封垫开孔率较大；而对于 A、D、G 三种截面密封垫，它们的闭合孔形状均为圆形，其中截面 D 的开孔率在三者中最高，导致在张开量为 0 mm 情况下截面 D 的闭合孔未完全压缩密实。因此，可以得出闭合孔的面积会影响闭合孔的密实状态。

5.1.4 截面形式对接触应力的影响

本节通过提取密封垫-密封垫接触面和密封垫-密封槽接触面的接触应力来研究弹性密封垫接触应力的变化趋势。不同截面密封垫接触面应力分布如图 5-15 至图 5-17 所示。由图 5-15 至图 5-17 可知,在错台量为 0 mm 情况下,两种类型接触面上变形特征及接触应力的变化基本呈中心轴对称特征。密封垫-密封垫接触面的接触应力随接触位置变化起伏较大,呈“W”形分布。两种类型接触面端部接触应力较高,这是密封垫端部应力集中所导致的。端部外的峰值基本发生在孔洞之间,这是由于相邻孔洞之间橡胶本身压缩程度较小,所产生的接触应力较大;而孔洞上方的接触应力较小,这是由于孔洞压缩后引起应力释放,即孔洞对接触应力有削弱作用。

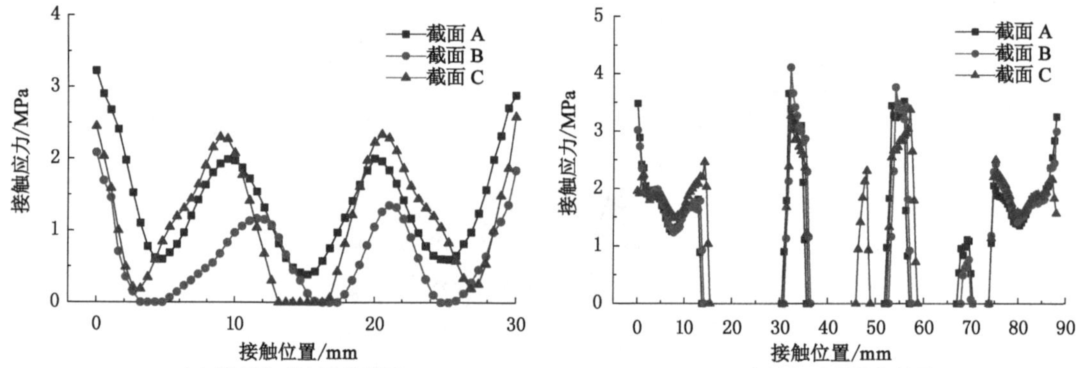

(a) 密封垫-密封垫接触面　　(b) 密封垫-密封槽接触面

图 5-15　截面 A、B、C 密封垫接触面应力分布示意图

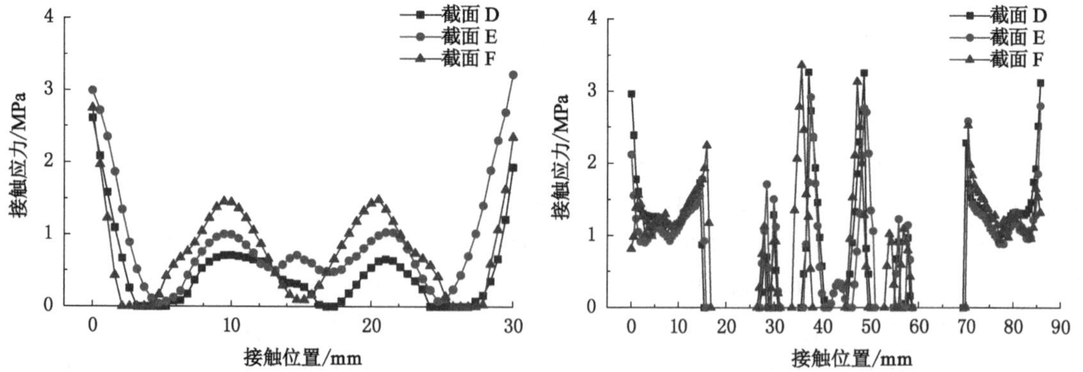

(a) 密封垫-密封垫接触面　　(b) 密封垫-密封槽接触面

图 5-16　截面 D、E、F 密封垫接触面应力分布示意图

由图 5-15 至图 5-17 还可以看出:密封垫-密封槽接触面的接触应力随接触位置变化起伏更大,一方面是因为密封垫两端腰部没有分布孔洞,密封垫侧边与密封垫沟槽接触后橡胶没有压缩空间,导致弹性密封垫接触应力变化起伏较大;另一方面是因为密封垫脚部本身是梳齿结构,在弹性密封垫发生变形后敞开孔内侧基本上未接触密封垫沟槽,所以无法

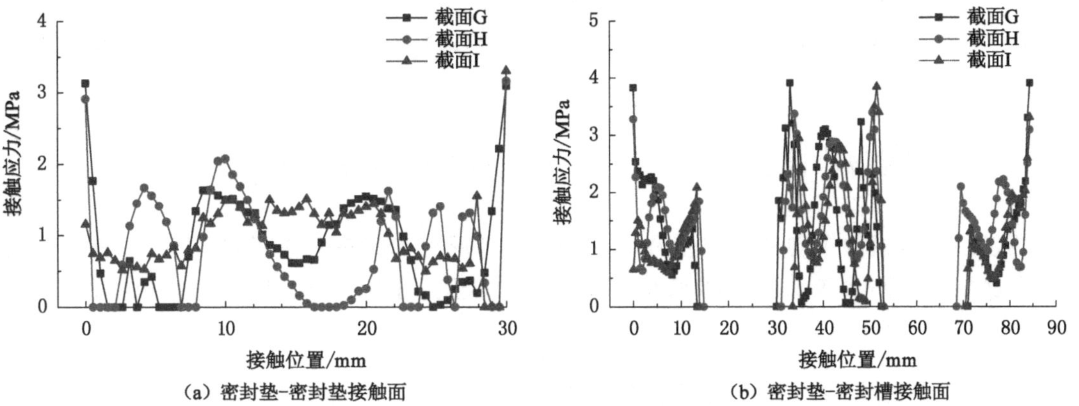

图 5-17　截面 G、H、I 密封垫接触面应力分布示意图

提供接触应力，导致密封垫-密封槽接触应力曲线存在部分位置接触应力为 0 的情况。虽然密封垫-密封槽接触面敞开孔无法提供接触应力，但是密封垫梳齿处没有分布闭合孔，此处的橡胶压缩受限，其所能提供的接触应力已经完全能够满足防水性能要求。在密封垫两种类型接触面中密封垫-密封垫接触面的接触应力明显低于密封垫-密封槽接触面的接触应力，因此，密封垫-密封垫接触面接触应力的大小决定了密封垫整体防水性能。

由图 5-15(a)、图 5-16(a)、图 5-17(a)可知：9 种截面密封垫-密封垫接触面的接触应力起伏趋势基本一致；9 种截面密封垫-密封垫接触面处接触应力两侧应力较大，中间部分接触应力虽有起伏，但均未超过该接触面边缘处的接触应力。在 9 种截面中，截面 A、B、C、H 在密封垫-密封垫接触面中间部分接触应力峰值为该接触面两侧接触应力的 60%及以上，而其他几种截面中间部分接触应力峰值为该接触面两侧接触应力的 55%及以下，一旦水压突破边缘接触部分，中间部分接触位置抵抗能力不足以维持密封垫整体防水性能。而针对接触应力曲线，截面 A、C、E、I 表现较好，截面 A 平均接触应力为 2.5 MPa，截面 C 平均接触应力为 2.2 MPa，截面 E 平均接触应力为 1.8 MPa，截面 I 平均接触应力为 1.9 MPa。

5.1.5　密封垫截面选型

由 5.1.3 节不同截面形式密封垫变形特征可知：当密封垫完全压缩时，截面 A、B 闭合孔已完全压缩密实，截面 C、G、H、I 次之，截面 D、E、F 表现相对较差。

根据 5.1.4 节不同截面形式对接触应力影响可知：截面 A、C、E、I 表现较好，这四种截面在密封垫-密封垫接触面和密封垫-密封槽接触面上的接触应力分布比较均匀，并且平均接触应力与其他几种截面相比处于优势，均能满足实际工程的防水性能要求。综上所述，初选截面 A 为最合适的弹性密封垫截面类型。

根据以上研究，在实际工程中，在允许范围内可以通过减小弹性密封垫开孔率来增大密封垫的接触应力，从而提高密封垫的防水性能。但是在提高防水性能的同时，密封垫所需要的闭合压力也随之提高了，这就增大了施工难度，在施工过程中接缝密封垫完全压缩时的闭合压缩力应控制在 60 kN/m 以下。

平均接触应力分析结果表明，开孔率微小的变化对接触应力影响比较明显，而弹性密封垫自身尺寸比较小，因此，从弹性密封垫加工质量角度来看，弹性密封垫的制造过程要严格按照设计尺寸执行。

5.2 盾构隧洞管片密封垫“一”字缝耐水压试验

通过耐水压试验来测定不同张开量和错台量工况时弹性密封垫的防水性能，即弹性密封垫在保持不渗漏水状态下能够承受的最大耐水压值。试验结果可用于评判弹性密封垫的整体防水性能。

5.2.1 “一”字缝耐水压试验装置与试验材料

(1) 橡胶密封垫耐水压试验设备

“一”字缝耐水压试验装置主要由上盖板、下盖板以及用于连接上盖板和下盖板的螺栓组成，上下盖板均采用 SUS304 不锈钢材质制成，钢板厚度为 20 mm，紧固螺栓采用高强螺栓。上盖板和下盖板上均设有与所用弹性密封垫尺寸相同的沟槽。该装置上盖板还设有注水孔、排气孔以及安装水压表接口。将弹性密封垫放入沟槽，当上盖板与下盖板相对放置后，两个密封垫沟槽之间形成一个密闭的注水空间。通过该装置可以研究弹性密封垫在不同张开量和错台量情况下最大耐水压值，更加符合工程实际中密封垫的使用情况。“一”字缝耐水压试验装置如图 5-18 和图 5-19 所示。

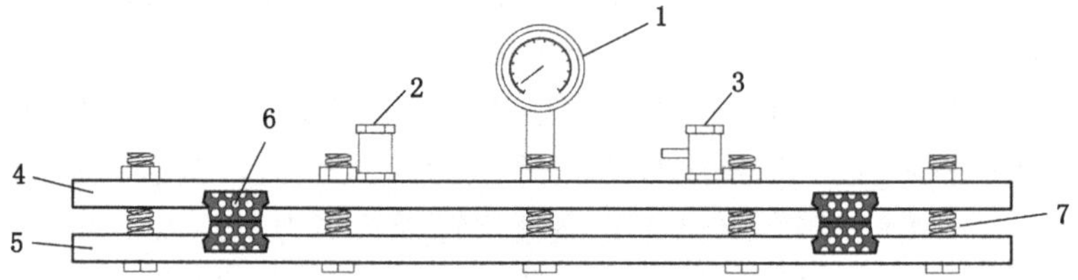

1—水压表；2—注水孔；3—排气孔；4—装置上盖板；5—装置下盖板；6—密封垫试样；7—紧固螺栓。

图 5-18　耐水压试验装置示意图

图 5-19　耐水压试验装置图

(2) 橡胶密封垫耐水压试验材料

以引汉济渭二期工程输水隧洞实际采用的三元乙丙弹性密封垫为试验材料，三元乙丙弹性密封垫断面尺寸如图 5-20 所示，其各项技术指标见表 5-2。将三元乙丙弹性密封垫制成内框尺寸为 400 mm×200 mm 的矩形框，密封垫矩形框如图 5-21 所示。

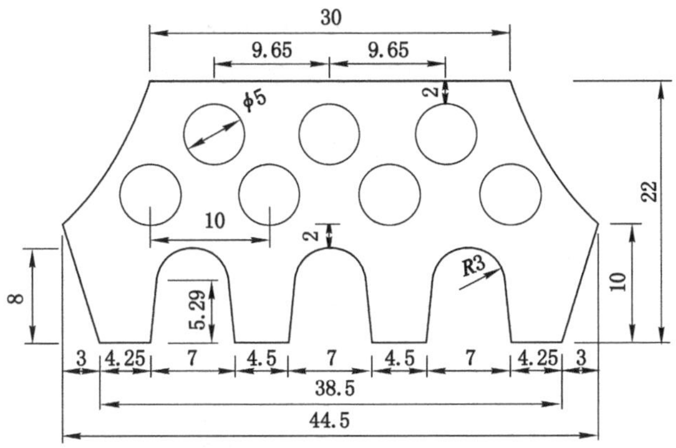

图 5-20 橡胶密封垫断面(单位:mm)

表 5-2 三元乙丙橡胶弹性密封垫技术指标

检测项目		指标	测试标准
邵氏硬度/度		70	《高分子防水材料 第 4 部分:盾构法隧道管片用橡胶密封垫》(GB 18173.4—2010)
拉伸强度/MPa		≥10.5	
断裂伸长率/%		≥350	
低温硬度变化(−15 ℃,24 h)/度		≤15	
压缩永久变形(70 ℃,24 h)/%		≤25	
热空气老化(70 ℃,96 h)	邵氏硬度变化/度	≥6	
	拉伸强度变化率/%	15	
	断裂伸长率变化率/%	30	

图 5-21 橡胶密封垫矩形框

5.2.2 密封垫耐水压试验方案

试验共设置 20 种工况,张开量取 4 mm、6 mm、8 mm、10 mm、12 mm 5 个变化值,错台量取 0 mm、5 mm、10 mm、15 mm 4 个变化值,详见表 5-3。通过上下盖板错动控制密封垫的错台量,通过在紧固螺栓之间插入密封垫片控制密封垫之间的张开量。试验应在标准温度下进行,试样在标准温度下停放不短于 16 h,最长不超过 3 个月。

表 5-3　防水性能试验工况　　单位：mm

工况	δ	S	工况	δ	S	工况	δ	S	工况	δ	S
1	4	0	6	6	5	11	8	10	16	10	15
2	4	5	7	6	10	12	8	15	17	12	0
3	4	10	8	6	15	13	10	0	18	12	5
4	4	15	9	8	0	14	10	5	19	12	10
5	6	0	10	8	5	15	10	10	20	12	15

注：δ 为张开量；S 为错台量。

耐水压试验流程如图 5-22 所示。

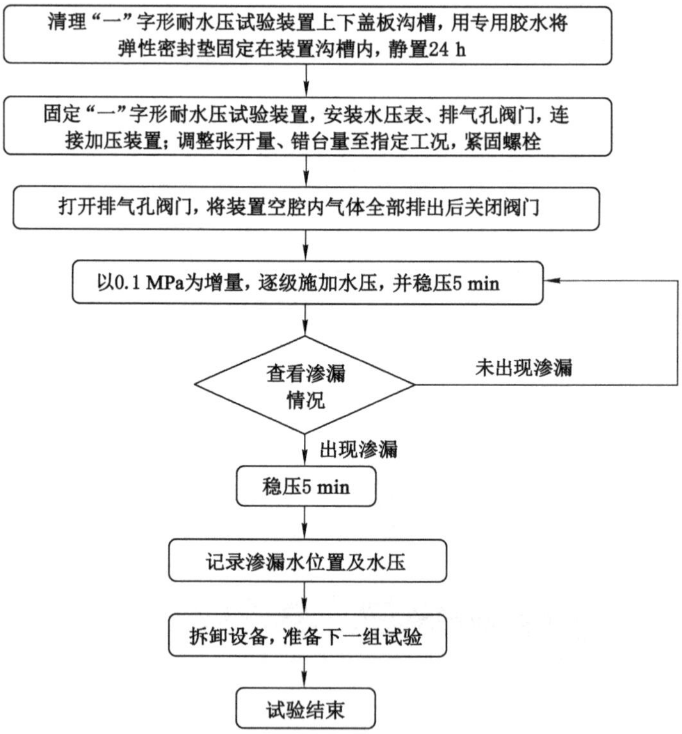

图 5-22　耐水压试验流程

主要试验步骤为：

(1) 将密封垫通过胶黏剂固定在盖板沟槽内，静置 24 h 后拼装上下盖板调整至指定工况，并紧固螺栓。

(2) 打开排气孔，用加压设备从注水孔向盖板之间空腔注水，当水完全充满空腔时关闭排气孔。以 0.1 MPa 为一级进行注水升压，共 12 级，每升一级保压 5 min，当压力升至 1.2 MPa 后保压 2 h。

(3) 升压至 1.2 MPa 后继续加压，每升一级保压 5 min，密封垫外侧周围开始渗水时的压力值视为最大耐水压力。

试验过程如图 5-23 所示。

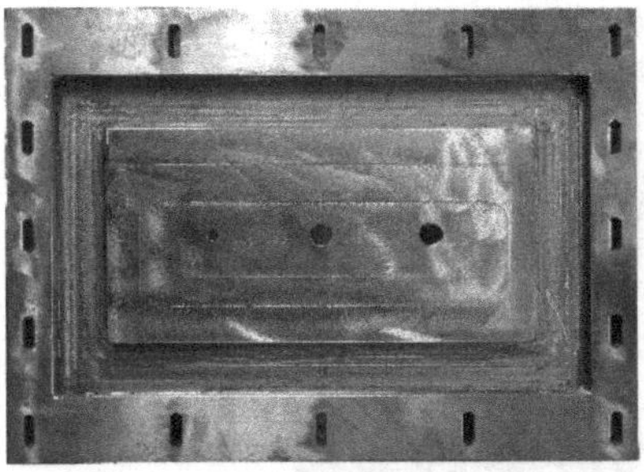

(a) 密封垫沟槽涂刷胶水

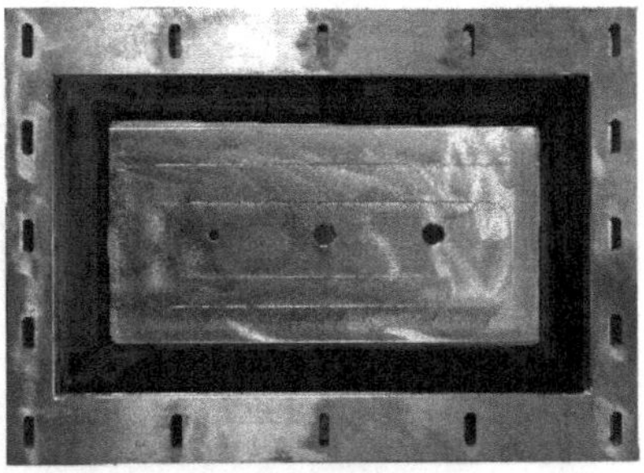

(b) 安装密封垫

(c) 张开量、错台量控制

(d) 安装试验装置

图 5-23　耐水压试验过程

5.2.3　密封垫防水性能试验结果分析

试验过程中,水压表显示数值呈现出由慢到快的增长趋势。当张开量和错台量较小时,密封垫发生渗漏的形式多数为喷射状,渗水量较大,如图 5-24 所示。当张开量和错台量较大时,密封垫发生渗漏的形式多数为股状流出,渗漏量较小,如图 5-25 所示。此工况时的水压表数值增长速度与张开量和错台量较大时相比较缓慢。

图 5-24　渗漏量较大工况

在试验过程中,密封垫在抵御水压过程中发生渗漏的位置主要有三处:一处是密封垫接角处,由于橡胶密封垫接角处是通过模具模压成型,接角处的橡胶硬度相比其他部位橡胶硬度偏低,所以导致接角处防水能力下降;一处是密封垫与盖板沟槽接触面,密封垫与盖

图 5-25　渗漏量较小工况

板之间通过胶黏剂粘贴，胶黏剂只起到固定密封垫的作用，同时密封垫脚部是半开放式孔洞，与盖板实际接触面积较小，并且当水进入这些半开放式孔洞时，会对孔洞周围产生作用力，致使密封垫与盖板之间的接触压力减小，从而导致防水能力下降；最后一处是上下两密封垫接触面处，这种情况是因为两密封垫之间接触部分所提供的接触应力小于密封垫与沟槽之间的接触应力。在整个试验过程中，密封垫接角处发生渗漏的情况较多，由于试验过程中所施加的水压较大，当水流突破密封垫防水体系后会迅速泄压，渗漏形式多为喷射状或股状。渗漏水位置如图 5-26 所示。

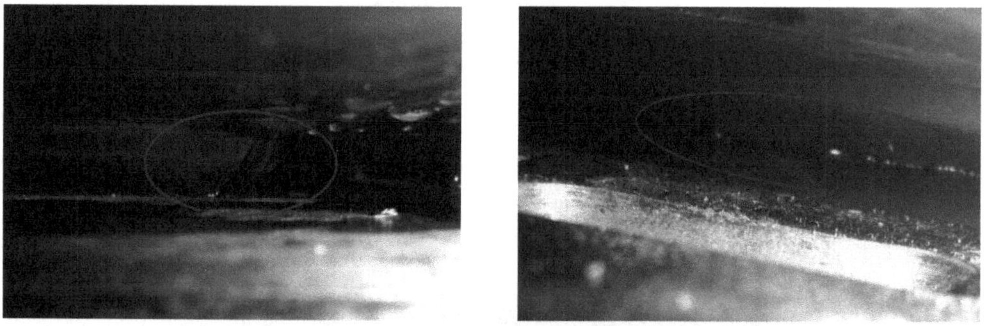

(a) 密封垫接角处渗漏　　(b) 密封垫中间部位渗漏

图 5-26　渗漏水位置

分别以张开量、错台量为横坐标，耐水压值为纵坐标，绘制管片接缝弹性密封垫耐水压值变化曲线，如图 5-27 所示。

由图 5-27(a)可知：随着张开量的增大，不同错台量时弹性密封垫耐水压值均逐渐减小，且弹性密封垫耐水压值下降速度呈现先快后慢的趋势。这是因为弹性密封垫之间的压缩距离减小，导致弹性密封垫之间接触应力减小，抵抗水压能力也随之下降。由图 5-27(b)可知：随着错台量的增大，弹性密封垫耐水压值也逐渐呈近似线性减小，这是因为错台量的增大直接导致上下弹性密封垫之间接触面积减小，进而降低了弹性密封垫的防水性能。当张开量为 4 mm 时，错台量在 0～15 mm 范围内，弹性密封垫均能满足 1.2 MPa 的耐水压值；当张开量为 6 mm 和 8 mm 时，错台量较小时才能满足要求；当张开量为 10 mm 和 12 mm 时，无论有无错台量均无法满足要求。由试验结果可知：管片接缝张开量为 6 mm、

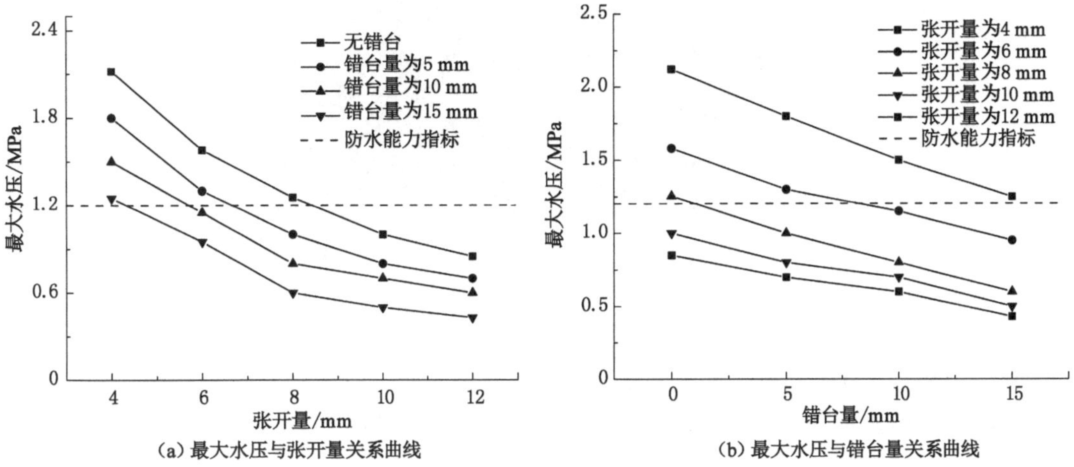

(a) 最大水压与张开量关系曲线　(b) 最大水压与错台量关系曲线

图 5-27　弹性密封垫耐水压值变化曲线

错台量 5 mm 时弹性密封垫满足耐水压值大于 1.2 MPa 的防水要求。

综上所述，为保证弹性密封垫良好的防水性能，从工程施工角度来看，需要严格把控弹性密封垫的拼装间隙，即严格控制张开量和错台量。

5.3 盾构隧洞管片密封垫防水性能数值模拟研究

在耐水压室内试验过程中无法有效观测到装置内部弹性密封垫的变形情况。为此，借助ABAQUS 有限元软件模拟弹性密封垫在压缩中的形态演变过程，研究不同工况时的弹性密封垫的变形特征及其对闭合压力和接触应力的影响。

(1) 材料本构及参数

本节主要研究密封垫在不同错台量、张开量时对接触应力的影响。采用 5.1 截面 A 进行数值模拟分析，材料本构、具体尺寸及参数同 5.1.2 节。

(2) 有限元模型建立

有限元模型与 5.1.2 节相同。错台量设置为 0 mm、5 mm、10 mm、15 mm 4 个工况，错台量布置如图 5-28 所示。

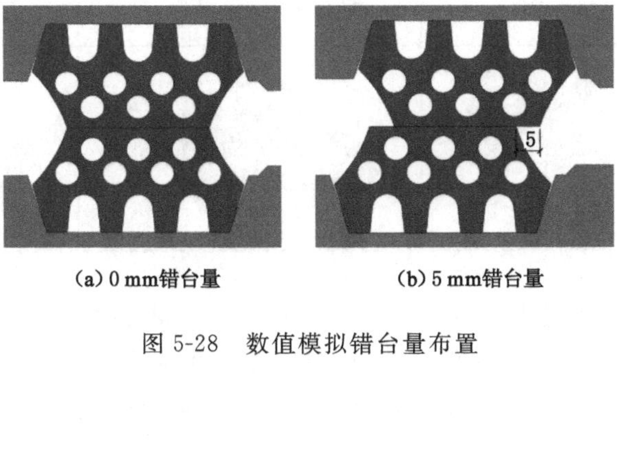

(a) 0 mm错台量　(b) 5 mm错台量

图 5-28　数值模拟错台量布置

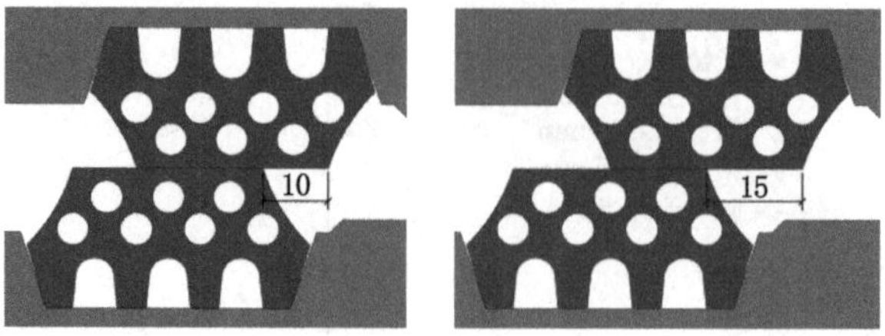

(c) 10 mm错台量　　(d) 15 mm错台量

图 5-28 （续）

(3) 不同错台量时密封垫变形特征

密封垫在接缝错台量为 0 mm、5 mm、10 mm、15 mm 情况下，接缝张开量分别为8 mm、4 mm、0 mm 时的变形特征，见表 5-4。

表 5-4　不同错台量及张开量时密封垫变形特征

错台量/mm	张开量/mm		
	8	4	0
0	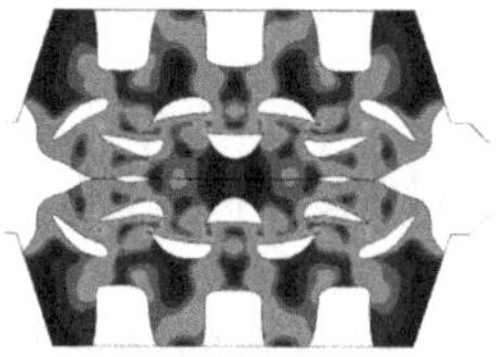	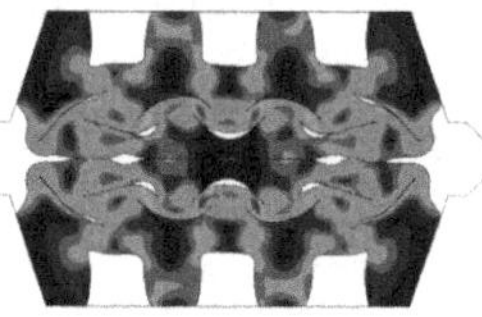	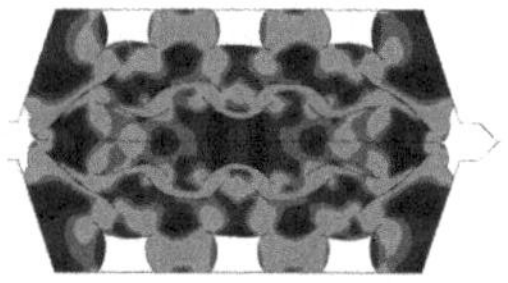
5	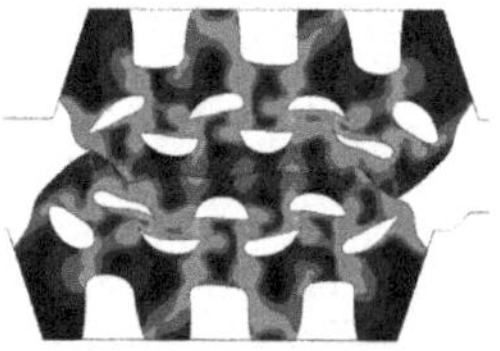	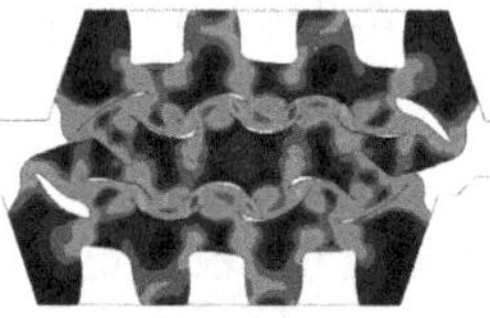	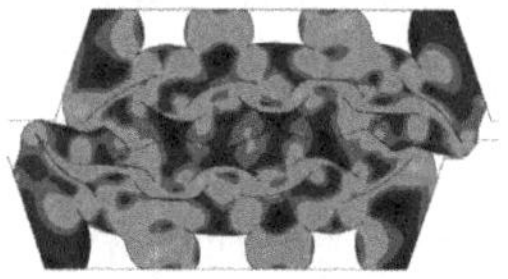
10	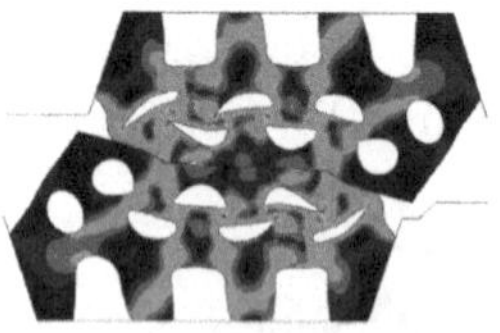	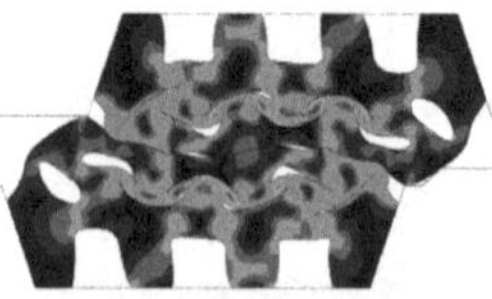	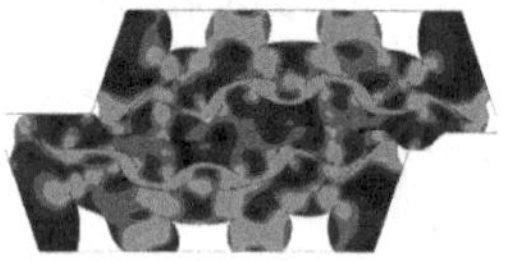
15	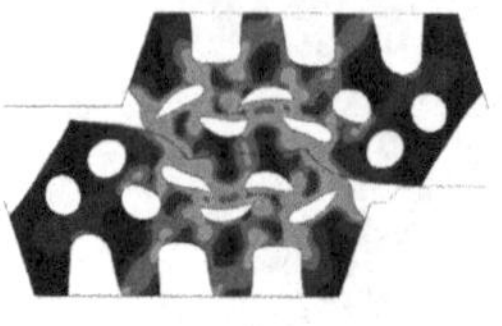	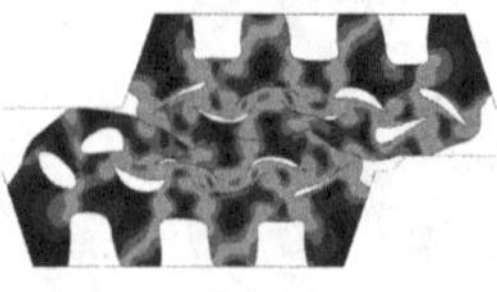	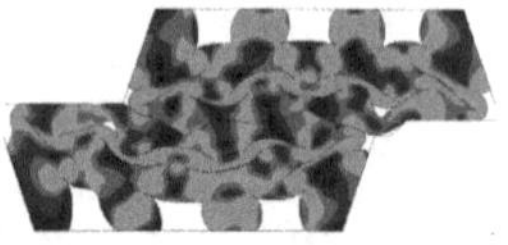

由表 5-4 可知：无错台量情况下，张开量为 8 mm 时，密封垫-密封垫接触面两侧的闭合孔基本压缩一半，而敞开孔的形状保持较好，基本未发生变形；张开量为 4 mm 时，密封垫的闭合孔基本上压缩密实，敞开孔产生微弱变形，但整体形状保持良好；张开量为 0 mm 时，密

封垫的闭合孔完全压缩密实，敞开孔脚部受到挤压后发生明显形变。有错台量情况下，张开量为 8 mm 时，密封垫在受到压缩失稳后向一侧变形，在密封垫-密封垫接触面上，两个密封垫接触部分上下两侧的闭合孔压缩程度高，变形较大，而没有接触部分上下两侧的闭合孔基本保持原有的形状，敞开孔一侧保持原有形状，另一侧产生变形；张开量为 4 mm 时，两个密封垫接触部分上下两侧的闭合孔基本压缩密实，而没有接触部分上下两侧的闭合孔由于管片沟槽的挤压作用也开始产生变形，敞开孔产生变形的一侧变形加剧；张开量为 0 mm 时，密封垫的闭合孔全部压缩密实，敞开孔一侧变形较大，一侧变形较小，两个密封垫接触部分两侧的闭合孔通过密封垫之间的挤压被压缩挤密，而没有接触部分则与侧部管片相接触，该处闭合孔被管片压缩挤密。

(4) 不同错台量对闭合压力的影响

不同错台量时密封垫的压缩量-闭合压力关系曲线如图 5-29 所示。

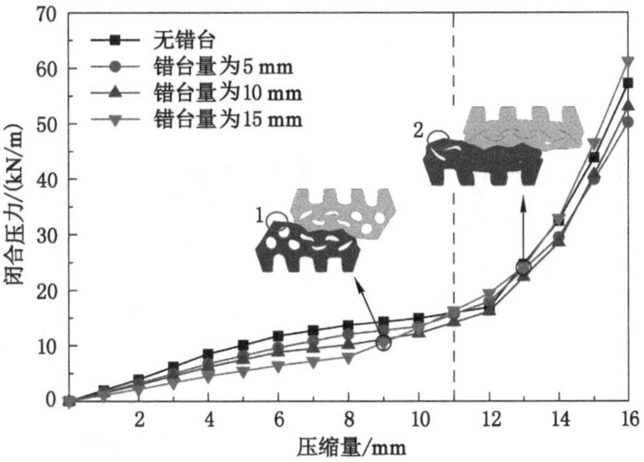

图 5-29　不同错台量时压缩量-闭合压力关系曲线

由图 5-29 可知：根据压缩过程闭合压力变化速率可以将弹性密封垫压缩过程分为三个阶段：(1) 阶段Ⅰ为线性增长阶段。在这个阶段压缩量从 0 mm 到 6 mm，该阶段随着压缩量增加，闭合压力近似呈线性增长趋势，密封的垫变形程度较小；(2) 阶段Ⅱ为缓慢增长阶段，该阶段压缩量从 6 mm 到 12 mm，闭合压力随压缩量增大的速度变缓，在这个阶段弹性密封垫变形加剧，闭合孔、开放孔逐渐被压密，弹性密封垫出现扭曲现象。(3) 阶段Ⅲ为急剧增长阶段，该阶段压缩量从 12 mm 到 16 mm，闭合压力随压缩量增大快速增大，这是因为此时弹性密封垫在荷载挤压下已经产生严重变形，闭合孔及敞开孔的面积大幅度减小，导致闭合压力增长较快。无错台量时，密封垫最大闭合压力为 53 kN/m。

当有错台量时，弹性密封垫的闭合压力变化过程同样可以划分为三个阶段，其中阶段Ⅰ的长度变化不大，但阶段Ⅱ的长度随错台量增大而减小，错台量为 5 mm、10 mm、15 mm 时，其闭合压力阶段Ⅱ的范围分别为 6～10 mm，6～9 mm 和 6～8 mm。在阶段Ⅰ和阶段Ⅱ内相同压缩量的情况下，弹性密封垫的闭合压力随错台量的增大而减小。在有错台的情况下，压缩量为 16 mm 时，错台为 5 mm、10 mm、15 mm 情况下对应的闭合压力分别为 50.2 kN/m、53.0 kN/m、61.2 kN/m，即张开量为 0 时，闭合压力随错台量的增大而增大。这是因为随着错台量的增大，上下密封垫接触部分的面积减小，而错台部分在到达一定压缩量后会与管片沟槽接触，管片沟槽弹性模量较大，其与橡胶密封垫之间挤压所产生的接触应力大于两个密封垫之间的接触应力，导致密封垫的闭合压力随错台量增大的速率较大，最后呈现闭合压力与错台量呈正相关的趋势。在错台 15 mm 的情况下，压缩量为 9 mm 时密封垫错台部分还未与管片沟槽接触；当压缩量为 13 mm 时，密封垫错台部分已与管片沟槽接触发生严重变形。

综上所述，闭合压力与弹性密封垫的压缩量呈正相关关系。存在错台的情况下，密封垫闭合压力与错台量呈正相关关系。过大的闭合压力会损坏管片结构，导致管片出现开裂等现象。因此，在工程实际中要严格控制管片拼装过程中的张开量和错台量。

不同错台量时密封垫-密封垫接触面以及密封垫-密封槽接触面上的接触应力分布曲线如图 5-30 至图 5-33 所示。

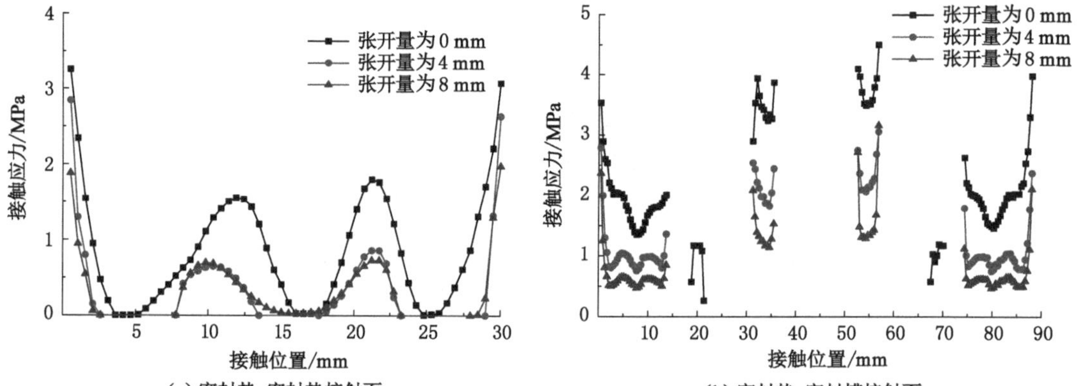

(a) 密封垫-密封垫接触面　　(b) 密封垫-密封槽接触面

图 5-30　错台量为 0 mm 时密封垫不同防水路径接触应力分布

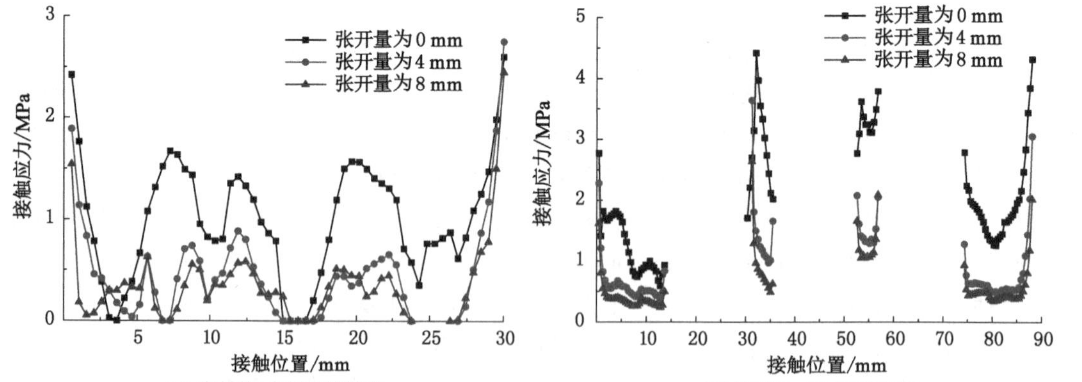

(a) 密封垫-密封垫接触面　　(b) 密封垫-密封槽接触面

图 5-31　错台量为 5 mm 时密封垫不同防水路径接触应力分布

由图 5-30 至图 5-33 可知：无错台量时：两种接触面上的接触应力均随着张开量的增大而减小。密封垫-密封垫接触面上的接触应力呈中心对称式分布，整体呈现“W”形变化趋势，这是由于该接触面下方存在一定数量的闭合孔，在压缩过程中该接触面附近的闭合孔发生变形产生凹陷，导致孔洞面积减小，引起接触面应力释放，因此孔洞附近的接触应力较

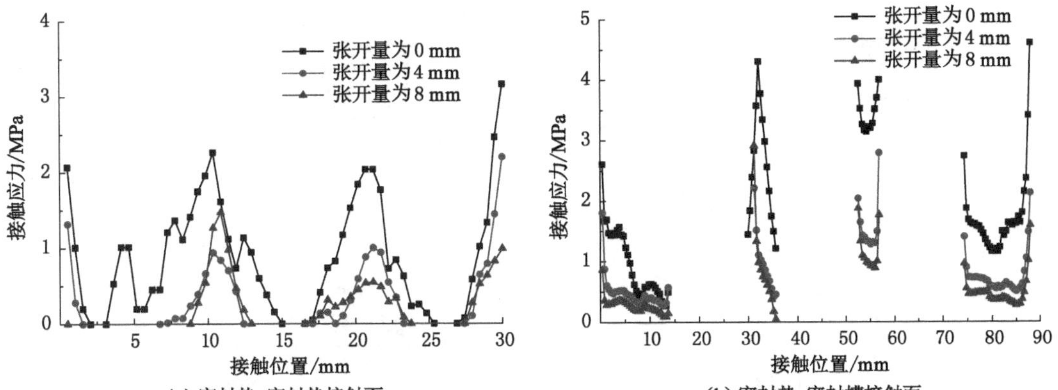

(a) 密封垫-密封垫接触面　　(b) 密封垫-密封槽接触面

图 5-32　错台量为 10 mm 时密封垫不同防水路径接触应力分布

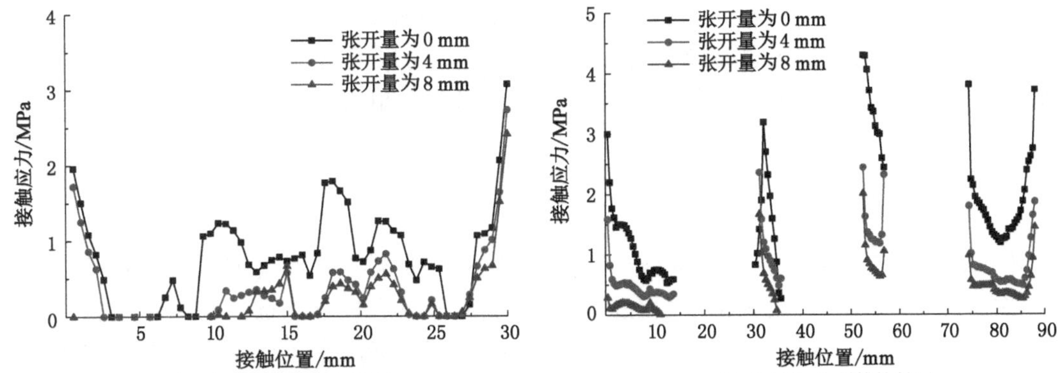

(a) 密封垫-密封垫接触面　　(b) 密封垫-密封槽接触面

图 5-33　错台量为 15 mm 时密封垫不同防水路径接触应力分布

小。当张开量为 0 mm、4 mm、8 mm 时，最大接触应力分别为 3.25 MPa、2.84 MPa、1.97 MPa，不同张开量时，接触应力分布曲线存在 3 个应力谷值，分别对应接触面下方的 3 个闭合孔；密封垫-密封槽接触面上的接触应力并非连续分布，这是由于密封垫在压缩过程中只有敞开孔的脚部与密封槽之间有接触，其余部分未曾与密封槽接触，导致在这些范围内不产生接触应力。有错台量时，两种接触面上的接触应力随着张开量的增大而减小。当错台量为 5 mm 时，两种接触面上的接触应力曲线均表现出接触面右端的接触应力较左侧偏大，这是由于密封垫存在错台量后，密封垫-密封垫接触面左端 5 mm 范围内的密封垫受挤压程度较右端的小，导致两种接触面上的两端接触应力值出现差异；当错台量为 10 mm 和 15 mm 时，两种接触面两端接触应力值的差异进一步扩大。

现有研究常采用密封垫接触面平均接触应力来表征密封垫防水能力，接触面接触应力曲线的积分结果与接触面长度的比值即平均接触应力。理论上只要两种接触面上平均接触应力大于或等于设计防水压力时，就认为密封垫防水有效；反之则认为防水失效。不同错台量时密封垫平均接触应力随压缩量变化曲线如图 5-34 所示。

由图 5-34 可知：错台量一定时，随着压缩量的增大，密封垫-密封垫接触面以及密封垫-

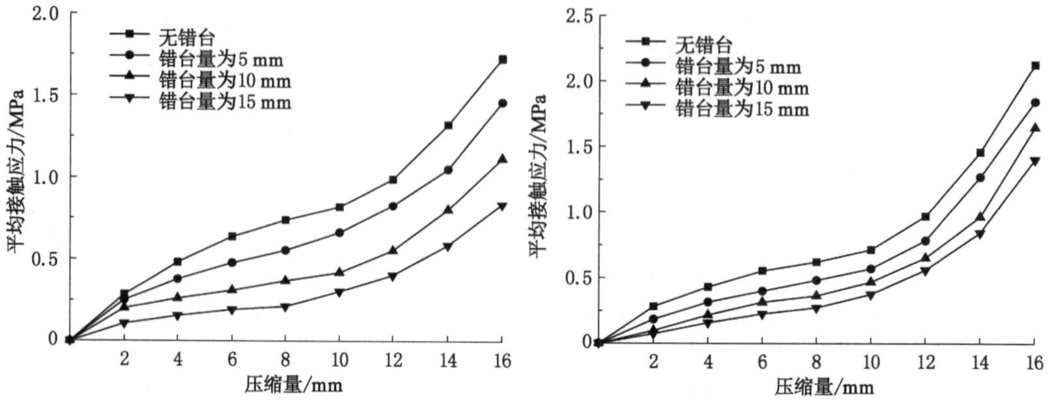

(a) 密封垫-密封垫接触面　　(b) 密封垫-密封槽接触面

图 5-34　平均接触应力随压缩量变化曲线

密封槽接触面接触应力均随之增大；当压缩量一定时，随着错台量的增大，密封垫-密封垫接触面以及密封垫-密封槽接触面接触应力均随之减小。可以得出，弹性密封垫两种接触位置处的接触应力与密封垫的压缩量呈正相关，与错台量呈负相关。

5.4　本章小结

本章设计了 9 种弹性密封垫截面，并通过数值模拟研究了截面类型对密封垫的变形特征和接触应力的影响规律，选出最适合的密封垫截面 A。通过对优选的密封垫进行“一”字缝耐水压试验以及数值模拟分析，研究了密封垫在“一”字缝耐水压试验中的渗漏位置以及最大耐水压值变化规律，探讨了不同错台量时密封垫的变形特征以及两种渗水路径下的接触应力变化规律。主要结论如下：

(1) 从密封垫变形特征分析，截面 A、B 密封垫闭合孔已完全压缩密实，截面 C、G、H、I 密封垫表现次之，截面 D、E、F 密封垫表现相对较差；从密封垫接触应力特征分析，截面 A、C、E、I 密封垫的接触应力分布比较均匀，总体表现较好。综合对比，确定截面 A 密封垫为最优截面密封垫。

(2) 弹性密封垫的防水性能与管片张开量和错台量呈负相关关系，张开量和错台量越大，密封垫耐水压值越小，其防水性能越弱，反之其防水性能越强。当张开量和错台量较小时，密封垫发生渗漏的形式多为喷射状，反之，密封垫发生渗漏的形式多数为股状流出；管片接缝张开量为 6 mm、错台量为 5 mm 时弹性密封垫防水能力指标满足 1.2 MPa 的防水要求。

(3) 随着弹性密封垫压缩量增大，闭合孔先被压缩，随后张开孔开始压缩，最终闭合孔完全压密，张开孔大幅度压缩。错台时，弹性密封垫呈非对称变形。

(4) 密封垫闭合压力与压缩量呈正相关关系，随着压缩量的增大而增大。错台时，密封垫闭合压力与错台量呈正相关关系。在工程实际中要严格控制管片拼装过程中的张开量和错台量。错台量一定时，随着压缩量的增大，密封垫平均接触应力均随之增大；当压缩量一定时，随着错台量的增大，密封垫间接触应力均减小。弹性密封垫的平均接触应力与密封垫的压缩量呈正相关关系，与错台量呈负相关关系。

6 盾构隧洞管片密封垫长期服役性能研究

盾构隧洞管片接缝弹性密封垫在运营维护期间一直处于地下环境中，弹性密封垫处于压缩状态且长期受热氧作用的影响，其耐久性会随使用年限增加逐渐降低，故弹性密封垫的长期防水性能随使用年限增加逐渐减弱，导致在使用年限内无法满足防水性能要求，严重影响盾构隧洞正常服役。因此，对弹性密封垫开展热氧加速老化试验研究其长期服役性能和接触应力衰减趋势十分重要。本章基于“*P-T-t*”三元老化模型，对弹性密封垫展开热氧加速老化试验，将试验所得数据经过多次线性回归拟合，得到弹性密封垫长期服役性能预测经验公式和各使用年限时橡胶老化应力松弛系数，基于上述研究采用数值模拟方法预测弹性密封垫在不同张开量和错台量时的长期防水性能。研究结果可为盾构隧洞管片密封垫长期服役性能的工程实践提供参考和借鉴。

6.1 盾构隧洞管片橡胶密封垫长期服役性能试验

盾构隧洞管片接缝弹性密封垫由三元乙丙橡胶加工制成。由于橡胶发生自然老化所需时间较长，因此，基于时温等效原理，采用热氧加速老化试验来研究三元乙丙橡胶材料的长期服役性能。

6.1.1 试验装置与材料

盾构隧洞管片橡胶密封垫长期服役性能试验装置主要有压缩装置、热空气老化箱、万能试验机，试验材料为三元乙丙橡胶材料。

(1) 压缩装置

压缩装置参照《硫化橡胶或热塑性橡胶 在常温和高温下压缩应力松弛的测定》(GB/T 1685—2008)设计。压缩装置由两块平行且高度抛光的平板材组成，由镀铬材料、不锈钢或其他耐腐蚀材料制造而成，试样在上下两块不锈钢钢板之间压缩。平板具有较高的表面粗糙度、平行度和刚度，上下两块不锈钢板的平面度控制在 0.01 mm 范围内，其表面粗糙度不能低于 0.4 pm。当压缩装置放上试样且施加荷载后，上下两块不锈钢板的弯曲度不超过 0.01 mm。上下两块不锈钢板的尺寸能确保试样在压缩至指定位移后全部处于不锈钢板范围内，并且能横向自由伸展。试验装置如图 6-1 所示。

图 6-1 热氧加速老化试验装置

(2) 压缩应力测量装置

人工加速老化试验所采用的压缩应力测量设备为万能试验机，如图 6-2 所示。

(3) 热空气老化箱

人工加速老化试验所采用的加热设备为 101 型电热鼓风干燥箱，如图 6-3 所示。

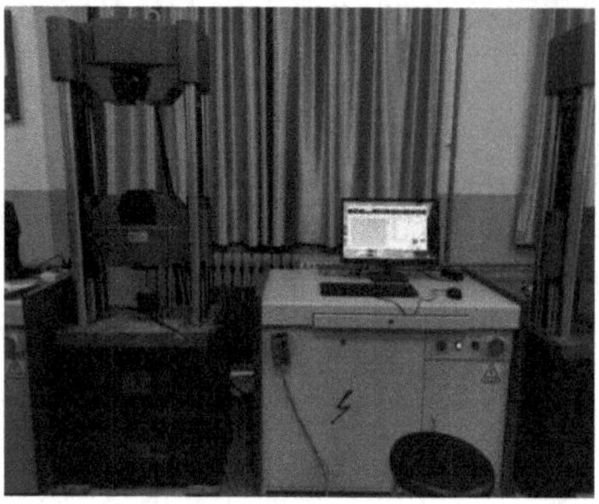

图 6-2　万能试验机

图 6-3　电热鼓风干燥箱

(4) 三元乙丙橡胶材料

试验材料为三元乙丙橡胶，从三元乙丙弹性橡胶密封垫成品上取样制成，试件尺寸为 ϕ13.00 mm×6.3 mm，如图 6-4 所示。

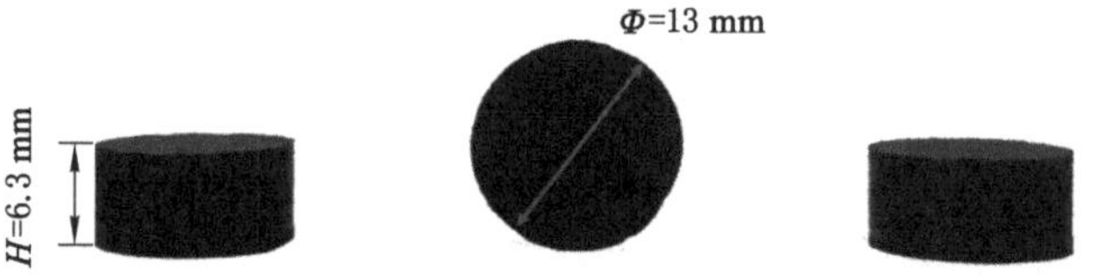

图 6-4　热氧加速老化试验材料

6.1.2　热氧加速老化试验方案

热氧加速老化试验共设置 3 种温度工况，即 60 ℃、80 ℃、100 ℃，每种温度工况时有 3 个橡胶试样，橡胶试样压缩应力取 3 个试样压缩应力的平均值。每种温度工况时，分别测量老化时长为 0 h、3 h、9 h、21 h、36 h、60 h、84 h、108 h、132 h、156 h、180 h、204 h、228 h、252 h、276 h、300 h 的压缩应力。试验过程如下：

(1) 将试样置于夹具中，用 3 个螺栓固定，通过在上下盖板之间放入垫片来控制压缩率，将试样压缩至规定的压缩率后，在标准实验室环境中停放 3 d 后用万能试验机测定试样的初始压缩应力。

(2) 将固定后的夹具放入电热鼓风干燥箱，按照试验方案进行一定时间的热氧老化后取出，在标准实验室环境中停放 1 d 后用万能试验机测定试样的压缩应力。

(3) 循环多次测定、记录和计算压缩应力松弛系数。

6.2 基于“*P-T-t*”三元老化模型的橡胶密封垫长期服役性能预测

6.2.1 橡胶密封垫老化时变模型

热氧加速老化试验方法是基于时温等效原理开展的。时温等效原理是指高聚物的同一力学松弛现象可以在较高的温度下和较短的时间内观察到，也可以在较低的温度下和较长的时间内观察到。因此，升高橡胶材料所处的环境温度和延长橡胶材料反应时间两种方法可以达到同一效果，对高聚物的黏弹行为也是适用的。

在数学模型基础上建立橡胶材料的微观结构变化和宏观性能对应关系，并通过动力学表达式来解析，最终得到 $P=f(t,T)$表达式。通过对橡胶材料开展人工加速老化试验得到橡胶老化试验数据，经过数据拟合并回归分析得到表达式各项参数，最后得出长期服役性能预测公式。

6.2.1.1 阿累尼乌斯图外推模型

对于弹性密封垫橡胶材料，当橡胶材料所处环境温度升高时，其表观活化能会随之提高，弹性密封垫橡胶材料的反应温度和化学反应速率可通过阿累尼乌斯图方程表示：

$$K(T)=A\cdot e^{-E/(RT)} \tag{6-1}$$

式中，$K(T)$为化学反应速率常数；A 为指数因子；E 为化学反应活化能；R 为摩尔气体常数；T 为热力学温度。

橡胶材料化学反应关系式为：

$$F_x(t)=K(T)\cdot t \tag{6-2}$$

式中，$F_x(t)$为化学反应关系的函数；t 为反应时间。

不同反应温度 T_i 时，不同的反应速率 K_i 以不同的反应时间 t_i 达到相同的临界值 F_a：

$$F_a(t_i)=K_i(T_i)\cdot t_i \tag{6-3}$$

将式(6-1)代入式(6-3)中，合并常数项后以对数式进行表达为：

$$\ln t_i=E/(RT_i)+B \tag{6-4}$$

由式(6-4)可以得出 $\ln t_i$ 与 $1/T$ 为线性关系，斜率为 E/R。一般情况下，由反应时间对数 $\ln t$ 与热力学温度倒数 $1/T$ 可得出阿累尼乌斯图。

基于阿累尼乌斯图外推老化时变模型，通过人工加速老化试验以短时间内试验数据来预测橡胶材料的长期性能，这种常用的方法称为时温等效原理法。

6.2.1.2 “*P-T-t*”三元老化模型

“*P-T-t*”三元老化模型与阿累尼乌斯图外推模型都是基于时温等效原理来实现的，即橡胶自然老化机理与热氧加速老化试验机理是一致的，橡胶材料热氧加速老化化学反应均服从阿累尼乌斯图方程。

老化性能指标(P)与老化温度(T)和老化时间(t) 3 个参数可由以下公式表示：

$$\lg\left[-\lg\left(\frac{P}{B}\right)\right]=b_0+b_1\lg t+b_2\frac{1}{T} \tag{6-5}$$

$$P = \sigma/\sigma_0 \tag{6-6}$$

式中，P 为老化系数；t 为老化时间；T 为老化温度；b_0，b_1，b_2 为待定系数；σ 为老化后应力值；σ_0 为初始应力值。

将式(6-5)变形可得：

$$P = B \times 10^{\left[-10^{\left(b_0+b_1\lg t+b_2\frac{1}{T}\right)}\right]} \tag{6-7}$$

根据二元回归法可求出 b_0，b_1，b_2，待定系数 B 可通过逐次逼近方法求得。

综上所述，“P-T-t”三元老化模型与阿累尼乌斯图外推模型的相同点是两个模型均服从一个假设前提，即弹性密封垫橡胶材料的人工加速老化反应速率服从阿累尼乌斯公式。阿累尼乌斯图外推模型分析处理数据时，是将“P-t”、“T-t”分为两个阶段进行拟合分析，这就造成了较大的累积误差。在进行长期服役性能预测时，阿累尼乌斯图外推模型必须要先确定一个临界值，而临界值的选择与工程实际中所选用的弹性密封垫评价性能指标相关，如若临界值选择不恰当，则会极大影响长期服役性能预测结果。“P-T-t”三元老化模型与阿累尼乌斯图外推模型的不同点是“P-T-t”三元老化模型基于阿累尼乌斯方程，确定了老化系数 P、老化时间 t、老化温度 T 三元函数，与阿累尼乌斯图外推模型相比较为简便。因此，本节采用“P-T-t”三元老化模型对弹性密封垫长期服役性能进行评估。

6.2.2 橡胶密封垫长期服役性能预测

三元乙丙橡胶试样在 3 个试验温度下的压缩应力松弛系数见表 6-1。以老化时间为横坐标，以不同温度下测得的压缩应力松弛系数为纵坐标，绘制不同温度时压缩应力松弛系数曲线，如图 6-5 所示。

表 6-1 不同温度时压缩应力松弛系数

老化时长 t/h	压缩应力松弛系数(σ/σ_0)		
	60 ℃	80 ℃	100 ℃
0	1	1	1
3	0.98	0.94	0.88
9	0.95	0.89	0.83
21	0.92	0.85	0.79
36	0.89	0.80	0.74
60	0.87	0.76	0.67
84	0.85	0.71	0.62
108	0.82	0.67	0.56
132	0.80	0.63	0.51
156	0.77	0.61	0.46
180	0.75	0.57	0.42
204	0.73	0.53	0.39
228	0.70	0.50	0.36
252	0.69	0.49	0.33

表 6-1(续)

老化时长 t/h	压缩应力松弛系数(σ/σ_0)		
	60 ℃	80 ℃	100 ℃
276	0.68	0.47	0.32
300	0.67	0.45	0.29

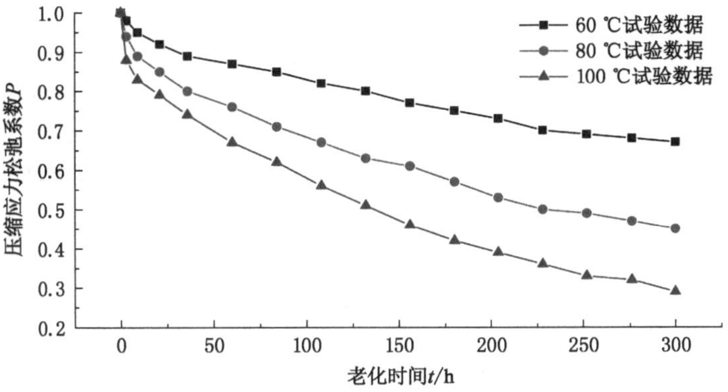

图 6-5　不同温度时压缩应力松弛系数

由表 6-1 和图 6-5 可知：随着老化时间的增加，不同温度时橡胶材料的压缩应力均逐渐减小，压缩应力松弛系数也随之降低，且应力松弛系数在老化前期下降较快，随老化时间的增加，应力松弛系数下降趋势越来越缓慢，并逐渐趋于平缓。如在 80 ℃温度下，压缩应力松弛系数由 1 下降至 0.76 所需老化时间约为 60 h，由 0.76 下降至 0.50 所需老化时间约为 168 h。在相同老化时间情况下，试验温度越高，橡胶材料的压缩应力松弛系数越低，如在老化时间为 300 h 时，60 ℃、80 ℃、100 ℃下试样的压缩应力松弛系数分别为 0.67、0.45、0.29。

试验结果充分说明老化温度和老化时间是橡胶材料老化性能的重要影响因素，且橡胶材料老化性能随着二者的增加而降低。其原因在于，随着服役时间增加，橡胶材料与氧发生进一步化学反应，其弹性性能不断下降，硬度和脆性不断增强，进而影响橡胶材料弹性密封垫防水性能。温度升高会提升橡胶氧化反应速度，加速上述橡胶材料性能老化的进程，进而对橡胶材料弹性密封垫防水性能的劣化起到促进作用。

将试验数据按照“P-T-t”三元老化模型进行数据拟合，令式(6-7)中的 $\lg\left[-\lg\left(\frac{P}{B}\right)\right]=Y$，$\lg t=X_1$，$\frac{1}{T}=X_2$，式(6-7)简化为：

$$Y = b_0 + b_1 X_1 + b_2 X_2 \tag{6-8}$$

同一温度时，X_2 为定值，因此令

$$Y = A + b_1 X_1 \tag{6-9}$$

式中，$A=b_0+b_2X_2$。

对表中数据进行拟合，拟合关系曲线如图 6-6 所示。

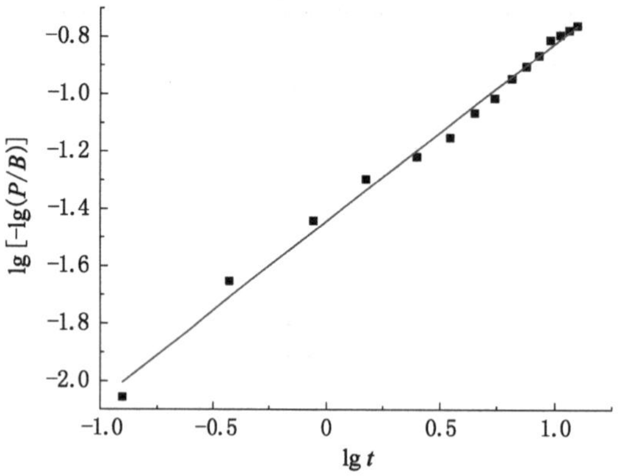

(a) 60 ℃拟合结果

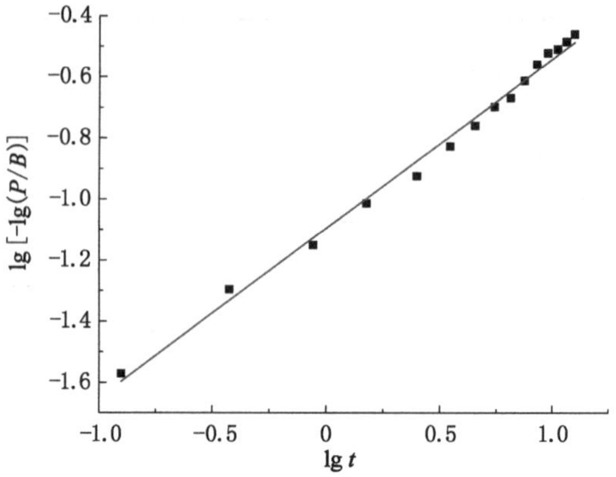

(b) 80 ℃拟合结果

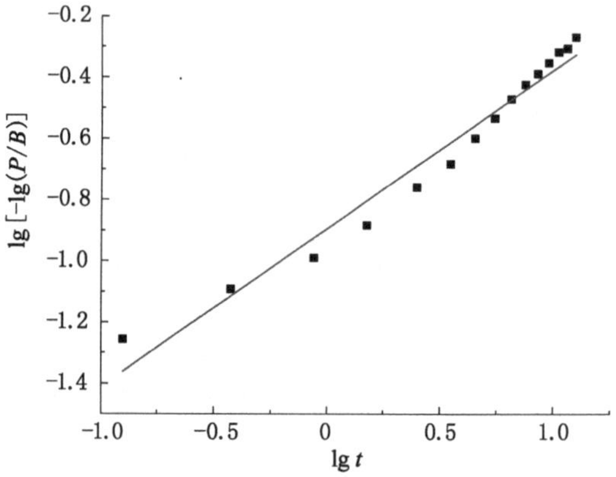

(c) 100 ℃拟合结果

图 6-6　不同温度时 $\lg t$-$\lg[-\lg(P/B)]$拟合关系曲线

不同温度时 A 与 b_1 拟合结果见表 6-2。

表 6-2　不同温度时 A 与 b_1 的拟合结果

老化试验温度/K	b_1	A
333.15	0.62	−1.44
353.15	0.55	−1.096
373.15	0.52	−0.89

将老化温度与 A 值按照公式 $A=b_0+b_2X_2$ 进行数据拟合，拟合曲线如图 6-7 所示。待定系数拟合结果见表 6-3。

表 6-3　待定系数拟合结果

待定系数	B	b_0	b_1	b_2
拟合值	0.98	3.22	0.56	−1 894.32

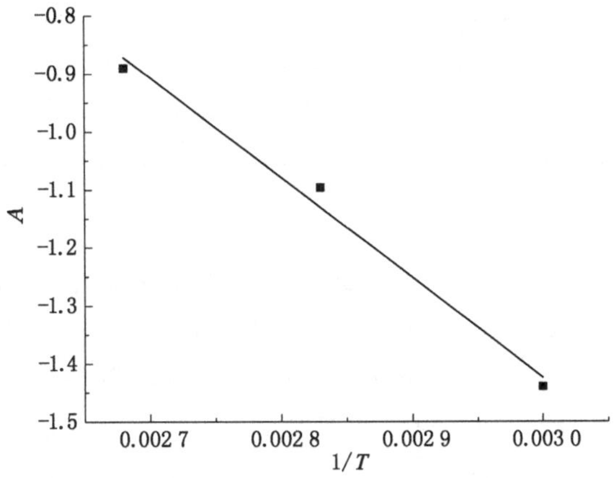

图 6-7　A 拟合结果

将上述参数代入式(6-7)得到长期服役性能预测公式：

$$P = 0.98 \times 10^{-10^{\left(3.22+0.56\lg t-1\,894.32\frac{1}{T}\right)}} \tag{6-10}$$

密封垫长期服役性能预测公式曲线与试验数据对比如图 6-8 所示。

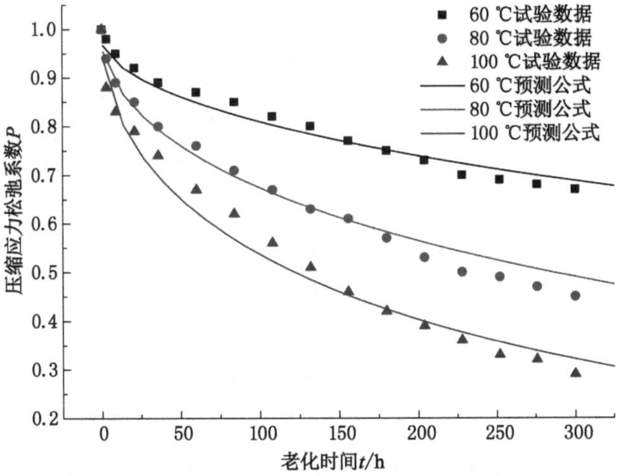

图 6-8　应力松弛系数验证

由图 6-8 可知：密封垫长期服役性能预测公式与试验结果吻合较好，可以用于预测弹性密封垫老化特性和长期服役性能。

根据密封垫长期服役性能预测公式可以求得在温度为 20 ℃的运营条件下，管片弹性密封垫不同服役年限时的压缩应力松弛系数，见表 6-4。

表 6-4　不同使用年限时的压缩应力松弛系数

t/a	0	1	2	3	4	5	10	20
P	1	0.945	0.929	0.917	0.906	0.897	0.860	0.808

表 6-4(续)

t/a	0	1	2	3	4	5	10	20
t/a	30	40	50	60	70	80	90	100
P	0.769	0.737	0.710	0.686	0.664	0.644	0.626	0.609

由表 6-4 可知：在 20 ℃运营温度条件下，弹性密封垫使用 100 a 后的老化系数为 0.609，即其初始应力保持率为 60.9%。根据 5.1.4 节数值模拟结果，张开量为 0 mm、错台量为 0 mm 时，弹性橡胶密封垫的防水压力(平均接触应力)为 2.5 MPa，利用长期服役性能预测公式计算可得，在 20 ℃运营温度条件下，服役 100 a 时弹性橡胶密封垫的防水压力为 1.52 MPa，满足 0.65 MPa 的长期服役性能的要求。

由 5.2 节耐水压试验可知：密封垫在张开量为 4 mm 和错台量为 0 mm、5 mm、10 mm、15 mm 时的耐水压值分别为 2.12 MPa、1.8 MPa、1.5 MPa、1.25 MPa，利用长期防水性能预测公式来预测弹性密封垫在这些工况下随使用年限增加的耐水压值，如图 6-9 所示。

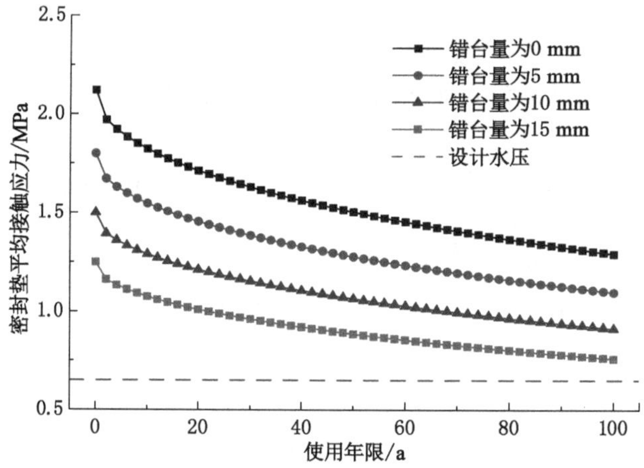

图 6-9　不同错台量时密封垫平均接触应力随使用年限变化曲线

由图 6-9 可知：随着使用年限的增加，弹性密封垫的平均接触应力随之降低；相同使用年限时，密封垫的长期服役性能与错台量呈反比，错台量越大，与之对应的密封垫平均接触应力越低；在张开量为 4 mm 和错台量为 0 mm、5 mm、10 mm、15 mm 情况下，密封垫均能满足 0.65 MPa 设计水压的要求。

6.3　盾构管片橡胶密封垫老化时变分析

为了进一步研究弹性密封垫的老化特性，基于密封垫长期服役性能预测公式，采用 ABAQUS 有限元软件对弹性密封垫接触应力分布时变特征及张开量和错台量对密封垫长期防水性能的影响开展研究。在实际工程中弹性密封垫处于压缩状态下发生老化现象，为模拟弹性橡胶密封垫在实际使用中的应力松弛情况，在数值模拟中采用先压缩后老化的方法进行数值模拟。

6.3.1 材料本构模型及参数

密封垫老化前硬度为 70 HA，根据表 6-5 可以得到硬度为 70 HA 时 Mooney-Rivlin 系数 $C_{01}=0.185$，$C_{10}=0.739$。考虑密封垫老化后的弹性模量变化服从寿命预测函数，可以求得各使用年限时的等效弹性模量为老化后弹性模量，由此可以得到老化后 Mooney-Rivlin 模型本构参数，不同使用年限的本构模型参数见表 6-5。

表 6-5 三元乙丙橡胶材料不同使用年限时的本构模型参数

使用年限/a	弹性模量/MPa	C_{10}	C_{01}
1	5.542	0.739	0.185
25	4.361	0.582	0.145
50	3.935	0.522	0.131
75	3.624	0.483	0.121
100	3.375	0.450	0.112

6.3.2 有限元模型建立

本节所使用有限元模型中的相互作用、边界条件、荷载工况以及网格划分与 5.1 节模型相同。不同的是，本节为研究橡胶密封垫在实际工程中先压缩后老化的情况，将橡胶密封垫材料参数定义为与温度相关的数据，对弹性密封垫施加温度场来模拟实际情况。在有限元模型中，共设置三个分析步：初始分析步、压缩分析步、老化分析步。初始分析步中，对模型设置相互作用以及荷载工况；压缩分析步中，通过对弹性密封垫施加位移荷载将其压缩到指定张开量；老化分析步中，预定义温度场开始发生变化，与此同时，弹性密封垫的材料属性也随之改变，以此来实现弹性密封垫的老化数值模拟。

6.3.3 橡胶密封垫接触面应力时变分析

为了探究橡胶密封垫 20 ℃时密封垫-密封垫接触面的接触应力分布的时变特征，选取管片张开量 6 mm、错台量 6 mm 时第 1 年、第 25 年、第 50 年、第 75 年和第 100 年时密封垫-密封垫接触面的接触应力进行分析。不同服役时间时弹性密封垫接触面的接触应力分布曲线如图 6-10 所示。

由图 6-10 可知：密封垫-密封垫接触面上的接触应力曲线整体近似呈中心对称分布的“W”形，曲线波谷处于密封垫闭合孔上方，而波峰处于密封垫闭合孔之间。随着服役时间的增加，密封垫-密封垫接触面上的接触应力分布特征基本类似，但接触应力发生显著变化，具体表现为：波峰处的接触应力出现大幅度下降，而波谷处的接触应力变化较小甚至无变化。以接触位置 10 cm 处为例，第 1 年、第 25 年、第 50 年、第 75 年、第 100 年时，其接触应力分别为 1.86 MPa、1.51 MPa、1.16 MPa、0.96 MPa、0.66 MPa。综上所述，密封垫-密封垫接触面上的接触应力随着服役时间的增加逐渐降低，即弹性密封垫的长期防水性能随着服役时间的增加不断降低。

不同张开量时密封垫平均接触应力随服役时间的变化曲线如图 6-11 所示。

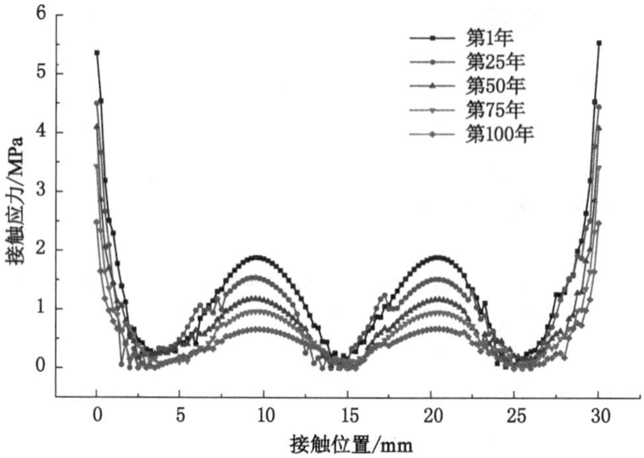

图 6-10 密封垫-密封垫接触面接触应力时变曲线

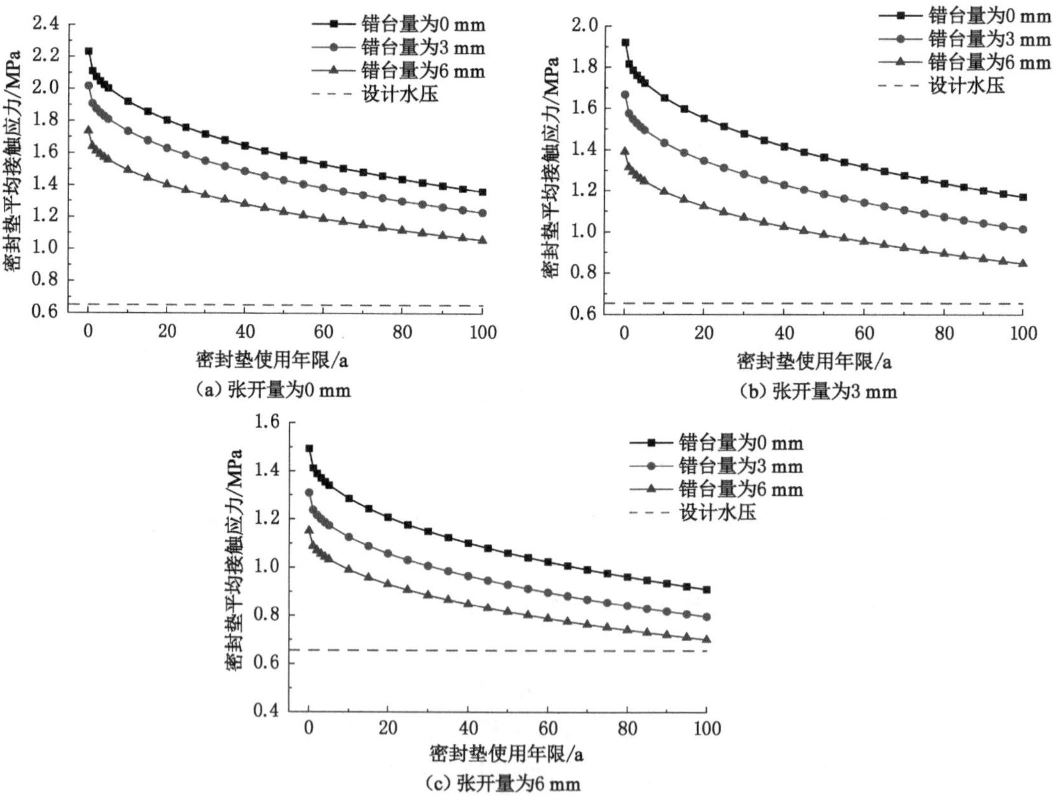

图 6-11 不同张开量时密封垫-密封垫接触面平均接触应力时变曲线

由图 6-11 可知：不同张开量和错台量时，密封垫平均接触应力随服役时间的变化趋势基本一致，即在 20 ℃运营温度条件下，随着服役时间的增加，不同张开量和错台量时弹性密封垫的平均接触应力均逐渐降低，并随着时间增加下降趋势逐渐减缓。弹性密封垫的平均接触应力与管片的张开量和错台量呈负相关关系。同一张开量、相同服役时间时，错台量越大，弹性密封垫平均接触应力越小，如张开量为 0 mm 时，错台量为 0 mm、3 mm、6 mm 时的弹性密封垫服役 100 a 时的平均接触应力分别为 1.36 MPa、1.22 MPa、1.05 MPa。同一错台量、相同服役时间时，张开量越大，弹性密封垫平均接触应力越小。错台量为 0 mm，张开量为 0 mm、3 mm、6 mm，弹性密封垫服役 100 年时的平均接触应力分别为 1.36 MPa、1.17 MPa、0.91 MPa。弹性密封垫在正常施工最不利工况下（张开量 6 mm、错台量 6 mm），密封垫的平均接触应力为 0.7 MPa，其长期防水性能满足 0.65 MPa 长期服役性能工程要求。

由于橡胶密封垫老化出现的应力松弛现象对密封垫的接触应力影响显著，管片拼装过程中出现的张开量和错台量对密封垫的长期防水性能影响也比较显著，所以在实际工程中控制管片拼装精度也是管片接缝防水中的重要环节。

6.4 本章小结

本章基于阿累尼乌斯方程的“P-T-t”三元模型，通过对人工加速老化试验数据进行多次线性回归拟合，最终得到老化预测经验公式，通过对密封垫展开老化数值模拟分析，研究了密封垫在不同张开量和错台量时的长期服役性能。主要结论如下：

(1) 随着老化时间的增加，橡胶的压缩应力逐渐减小，压缩应力松弛系数随之降低；随着试验温度的增高，橡胶的压缩应力松弛系数也随之降低，压缩应力松弛系数衰减程度与温度呈正相关。橡胶经过人工加速老化试验后，其压缩应力大幅度下降，随老化时间的增加，橡胶压缩应力松弛系数曲线下降趋势越来越缓慢且趋于平稳状态。

(2) 建立了基于阿累尼乌斯方程“P-T-t”三元模型的弹性橡胶密封垫长期服役性能预测公式，预测弹性密封垫在 20 ℃运营环境下服役 100 年后应力保持率为 60.9%。

(3) 随着弹性密封垫服役时间的增加，密封垫-密封垫接触应力分布规律基本保持不变，即沿接触面中心保持对称、整体上呈“W”形分布，但是密封垫闭合孔之间部位对应的接触应力显著减小，而密封垫闭合孔位置对应的接触应力变化较小甚至无变化。

(3) 随着弹性密封垫服役时间增加，弹性密封垫间平均接触应力逐渐降低且降低的速度逐渐变小。弹性密封垫平均接触应力与管片的张开量和错台量呈负相关关系。在正常施工最不利工况下，即张开量为 6 mm、错台量为 6 mm 情况下弹性密封垫的长期防水性能满足工程 0.65 MPa 使用要求。

参 考 文 献

[1] 薛光桥，郭志明，李拼，等．和燕路隧道盾构防水密封垫极限防水性能试验研究[J]．隧道建设(中英文)，2020，40(9)：1272-1278.

[2] 肖明清，刘浩，谢俊，等．考虑温度影响的苏通 GIL 综合管廊盾构隧道接缝防水设计研究[J]．建筑结构，2020，50(增 1)：1119-1123.

[3] 戴林发宝，薛光桥，李海亮．基于 CAD/BIM＋GIS 技术的江阴靖江长江隧道设计[J]．铁路技术创新，2020(4)：140-145.

[4] 马腾．基于离散元的砂卵石地层土压平衡盾构施工颗粒流动和地表沉降控制研究[D]．北京：北京交通大学，2016.

[5] 赵卫星，管会生，廖江．盾构掘进过程离散元仿真与交互作用分析[J]．隧道建设(中英文)，2021，41(7)：1132-1140.

[6] 黄威然，刘人怀，竺维彬，等．土压盾构渣土滞塞风险控制分析[J]．建筑技术，2015，46(1)：70-73.

[7] 李培楠，翟一欣，程盼盼，等．盾构掘削土体颗粒运动规律及传力特性 DEM 研究[J]．地下空间与工程学报，2021，17(5)：1517-1528.

[8] ZHU H H，CHENG P P，ZHUANG X Y，et al. Assessment and structural improvement on the performance of soil chamber system of EPB shield assisted with DEM modeling[J]. Tunnelling and underground space technology，2020，96：103092.

[9] 徐前卫，贺翔，龚振宇，等．盾构土舱砂卵石颗粒空间运移规律及传力特征研究[J]．铁道学报，2022，44(5)：149-156.

[10] 王明年，魏龙海，路军富，等．成都地铁卵石层中盾构施工开挖面稳定性研究[J]．岩土力学，2011，32(1)：99-105.

[11] ZHANG Z X，HU X Y，SCOTT K D. A discrete numerical approach for modeling face stability in slurry shieldtunnelling in soft soils[J]. Computers and geotechnics，2011，38(1)：94-104.

[12] 彭小庆．盾构隧道开挖面失稳破坏影响因素数值分析[J]．福建交通科技，2022(6)：85-88.

[13] 曹校勇，刘永强，孙海东，等．复杂地层中基于流固耦合的盾构隧道开挖面稳定性研究[J]．施工技术(中英文)，2022，51(21)：30-34.

[14] 缪林昌，王正兴，石文博．砂土盾构隧道掘进开挖面稳定理论与颗粒流模拟研究[J]．岩土工程学报，2015，37(1)：98-104.

[15] LIU W，ZHAO Y，SHI P X，et al. Face stability analysis of shield-driven tunnels shallowly buried in dry sand using 1-g large-scale model tests[J]. Acta geotechnica，

2018,13(3):693-705.

[16] 黎春林.盾构开挖面三维曲面体破坏模型及支护力计算方法研究[J].岩土力学,2022,43(8):2092-2102.

[17] CHEN R P,TANG L J,LING DS,et al. Face stability analysis of shallow shield tunnels in dry sandy ground using the discrete element method[J]. Computers and geotechnics,2011,38(2):187-195.

[18] BERTHOZ N,BRANQUE D,SUBRIND,et al. Face failure in homogeneous and stratified soft ground:Theoretical and experimental approaches on 1g EPBS reduced scale model[J]. Tunnelling and underground space technology,2012,30:25-37.

[19] KIRSCH A. Experimental investigation of the face stability of shallow tunnels in sand[J]. Acta Geotechnica,2010,5(1):43-62.

[20] SUN J Z,LIU J Y. Visualization of tunnelling-induced ground movement in transparent sand[J]. Tunnelling and underground space technology,2014,40:236-240.

[21] 孙潇昊,缪林昌,林海山.不同埋深盾构隧道开挖面稳定问题数值模拟[J].东南大学学报(自然科学版),2017,47(1):164-169.

[22] 雷华阳,刘敏,程泽宇,等.透明黏土盾构隧道开挖面失稳扩展过程和失稳特征研究[J].岩石力学与工程学报,2022,41:(6):1235-1245.

[23] 胡欣雨,张子新.不同地层条件泥水盾构开挖面失稳状态颗粒流模拟方法研究[J].岩石力学与工程学报,2013,32(11):2258-2267.

[24] LÜ X L,ZHOU Y C,HUANG MS,et al. Experimental study of the face stability of shield tunnel in sands under seepage condition[J]. Tunnelling and underground space technology,2018,74:195-205.

[25] 刘泉维,杨忠年.泥水平衡盾构开挖面稳定性模型试验研究[J].岩土力学,2014,35(8):2255-2260.

[26] MAYNAR M J,RODRÍGUEZ LE. Discrete numerical model for analysis of earth pressure balance tunnel excavation[J]. Journal of geotechnical and geoenvironmental engineering,2005,131(10):1234-1242.

[27] 王俊,聂亮,向龙,等.散粒体地层土压盾构掘进掌子面稳定性研究[J].铁道学报,2018,40(7):128-135.

[28] 黄昕,谷冠思,张子新,等.考虑渗流的泥水平衡盾构隧道稳定性数值模拟[J].隧道与地下工程灾害防治,2022,4(2): 28-38.

[29] 刘新荣,刘东双,陈强,等.泥水盾构开挖面稳定影响因素及参数优化研究[J].地下空间与工程学报,2022,18(6):1954-1961.

[30] 申政,闵凡路,柏煜新,等.砂土地层水下盾构隧道开挖面被动破坏数值模拟[J].河海大学学报(自然科学版),2023,51(1):158-166.

[31] 陈强.刀盘开口率影响的盾构开挖面稳定特性及影响因素敏感度研究[D].重庆:重庆大学,2020.

[32] 周立基,张孟喜,王维,等.盾构穿越软硬复合地层开挖面稳定性分析[J].上海大学学报(自然科学版),2021,27(6):1094-1105.

[33] 武文安，黄晓康，卢坤林，等. 合肥盾构地表沉降和土压力变化模型试验[J]. 防灾减灾工程学报，2017，37(6)：916-922.

[34] 石宗涛. 济南黄河隧道泥水盾构开挖面稳定性分析[J]. 隧道与地下工程灾害防治，2022，4(1)：71-77.

[35] BROMS B B，BENNERMARK H. Stability of clay at vertical opening[J]. Journal of the soil mechanics and foundations division，1967，93(1)：71-94.

[36] ATTEWELL P B，BODEN J B. Development of stability ratios for tunnels driven in clay[J]. Tunnels & tunnelling international，1971(3)：195-198.

[37] 吴贤国，吴刚，骆汉宾. 武汉长江隧道工程盾构施工风险研究[J]. 中国市政工程，2007(1)：51-53.

[38] 王祥，徐甜，冉军，等. 基于 AHP 的岩溶地区地铁隧道盾构施工风险识别与评价研究[J]. 铁道勘察：2023(5)：1-8.

[39] 詹金武，刘国，黄明，等. 山岭隧道塌方风险评估模型及系统研究[J]. 地下空间与工程学报，2022，18(4)：1338-1346，1362.

[40] 马钢，康佐，高虎艳，等. 饱和软黄土城市地铁隧道安全风险分析及应对措施研究[J]. 隧道建设(中英文)，2023，43(增刊 1)：425-433.

[41] 赵岩. 基于主成分分析-云模型的黄土隧道施工稳定性评估[J]. 隧道建设(中英文)，2022，42(9)：1529-1536.

[42] 李欣. 越江盾构隧道穿越富水软土地层开挖面稳定性评价研究[D]. 济南：山东大学，2020.

[43] 阎向林. 盾构掘进风险评估模型[J]. 铁道科学与工程学报，2022，19(8)：2453-2460.

[44] 余鹏程，王意明，喻东. 肯特指数法在高速公路隧道中的安全风险评估[J]. 西部交通科技，2018(8)：105-108.

[45] 陈孟乔. 高水压砂土地层中泥水盾构隧道开挖面失稳机理与风险评估研究[D]. 北京：北京交通大学，2014.

[46] 范雨，赵慧玲，姚旭朋. 穿越上软下硬复合地层交界面的双线盾构隧道开挖稳定性分析[J]. 中国市政工程，2021(5)：100-103，107.

[47] 曹利强. 盾构掘进影响下复合成层地层及环境的力学响应及其控制[D]. 北京：北京交通大学，2020.

[48] 张晏铭，刘庭金，朱超，等. 超载作用下土岩复合地层盾构隧道变形及破坏特征模型试验研究[J]. 铁道科学与工程学报，2019：1-11.

[49] 黄惟. 上软下硬复合地层隧道施工稳定机理及风险评估研究[D]. 南宁：广西大学，2022.

[50] 于月浩. 特尔莫隧道复合地层围岩变形特征及智能预测研究[D]. 济南：山东大学，2022.

[51] 张旺旺. 软硬复合地层盾构隧道掘进诱发地表沉降及注浆控制[D]. 哈尔滨：哈尔滨工业大学，2021.

[52] 宋曙光. 渗流作用下复合地层盾构隧道施工开挖面稳定性及控制研究[D]. 济南：山东大学，2016.

[53] 魏纲，黄时雨，蒋丞武，等. 上软下硬地层盾构工作井开挖受力与变形监测分析[J]. 隧道与地下工程灾害防治，2020，2(4)：29-36.

[54] 陈雷. 复合地层条件下地层损失引起的土体沉降规律研究[D]. 绍兴：绍兴文理学院，2021.

[55] 王建秀，邹宝平，付慧仙，等. 盾构地层损失与对应地面沉降计算的对比分析[J]. 铁道工程学报，2013，(9)：72-77.

[56] 王文. 青岛上软下硬复合地层矿山法隧道施工地表沉降规律研究[D]. 青岛：青岛理工大学，2019.

[57] DO N A，DIAS D，ORESTEP，et al. Three-dimensional numerical simulation for mechanized tunnelling in soft ground：the influence of the joint pattern[J]. Acta geotechnica，2014，9(4)：673-694.

[58] 田雪萍. 双线盾构隧道施工对地表及已有建筑物沉降影响数值模拟研究[D]. 西安长安大学，2018.

[59] 付振江. 饱和砂土中盾构掘进施工引起的地表变形规律研究[D]. 郑州：郑州大学，2018.

[60] 苏健行，龚国芳，杨华勇. 土压平衡盾构掘进总推力的计算与试验研究[J]. 工程机械，2008(1)：13-16.

[61] 刘洪洲，孙钧. 软土隧道盾构推进中地面沉降影响因素的数值法研究[J]. 现代隧道技术，2001(6)：24-28.

[62] 孙钧，刘洪洲. 交叠隧道盾构法施工土体变形的三维数值模拟[J]. 同济大学学报(自然科学版)，2002 (4)：379-385.

[63] 张慧鹏，张康健，夏明等. 中强风化泥质粉砂岩复合地层盾构掘进参数控制[J]. 地下空间与工程学报，2022，18(6)：2016-2026.

[64] 刘新荣，刘东双，陈强，等. 泥水盾构开挖面稳定影响因素及参数优化研究[J]. 地下空间与工程学报，2022，18(6)：1954-1961.

[65] 曹云飞. 青岛地铁某区间穿河隧道盾构掘进参数及沉降控制研究[D]. 青岛：青岛理工大学，2022.

[66] 林春金，杨晓达，龚英杰，等. 基于 PSO-BP 的土压盾构土仓压力预测模型及掘进参数敏感性分析[J]. 应用基础与工程科学学报，2021，29(5)：1220-1233.

[67] GIRNAU G. Lining and waterproofing techniques in Germany[J]. Tunnel and tunneling international，1978，10：36-45.

[68] PAUL S L. Hydraulic pressure and stiffness tests of gaskets for the precast concrete tunnel liner segments[R]. Urbana，Univ. of Illinois at Urbana-Champaign，1984.

[69] SHALABI F I，CORDING E J，PAUL S L. Concrete segment tunnel lining sealant performance under earthquake loading[J]. Tunnelling and underground space technology，2012，31：51-60.

[70] KURIHARA，et al. Research and development of segment sealant for use under high water pressure conditions[J]. Proceedings of the International Congress on Tunnels and Water，Madrid，1988：769-776.

[71] DING W Q,GONG C J,MOSALAM K M,et al. Development and application of the integrated sealant test apparatus for sealing gaskets in tunnel segmental joints[J]. Tunnelling and underground space technology,2017,63:54-68.

[72] SHI C H,CAO C Y,LEI MF,et al. Sealant performance test and stress-seepage coupling model for tunnel segment joints[J]. Arabian journal for science and engineering,2019,44(5):4201-4212.

[73] GONG C J,DING W Q,SOGA K,et al. Sealant behavior of gasketed segmental joints in shield tunnels: an experimental and numerical study[J]. Tunnelling and underground space technology,2018,77:127-141.

[74] ZHANG G L,ZHANG W J,CAO WZ,et al. A novel test setup for determining waterproof performance of rubber gaskets used in tunnel segmental joints: Development and application[J]. Tunnelling and underground space technology,2021,115:104079.

[75] 赵运臣,肖龙鸽,刘招伟,等.武汉长江隧道管片接缝防水密封垫设计与试验研究[J].隧道建设,2008,28(5): 570-575.

[76] 周文锋,廖少明,门燕青.盾构隧道“T字缝”接触应力与防水性能研究[J].岩土工程学报,2020,42(12): 2264-2270.

[77] 肖明清,薛光桥,钟元,等.盾构法隧道管片接缝双道密封垫防水试验研究[J].铁道工程学报,2021,38(2): 85-91.

[78] 欧阳文彪.盾构隧道橡胶密封垫力学性能试验及数值分析[J].隧道建设,2013,33(11):933-936.

[79] 刘建国,周顺华.考虑气囊效应的盾构隧道密封垫压缩性能分析[J].建筑材料学报,2013,16(6):993-997.

[80] 张亚洲,冯升明,由广明,等.考虑水压作用过程的盾构隧道接缝防水机制研究[J].隧道建设(中英文),2020,40(11):1594-1601.

[81] 王湛.水下盾构隧道弹性密封垫防水失效数值模拟研究[J].隧道建设,2015,35(11):1164-1168.

[82] 郭志明,李拼,鲁志鹏,等.水压施加对盾构管片接缝防水性能的影响分析[J].铁道标准设计,2021,65(7):149-153.

[83] 文彦鑫.高水压盾构隧道管片衬砌接缝防水性能研究[D].成都:西南交通大学,2021.

[84] 高晓敏,张晓华.橡胶贮存寿命预测方法研究进展与思考建议[J].高分子通报,2010(2):80-87.

[85] 李咏今.利用时间外延法预测硫化胶常温老化应力松弛和永久变形性能的研究[J].橡胶工业,2002,49(10):615-622.

[86] 张法源.16种实用配方硫化胶长期室内自然老化压缩永久变形变化及预测[J].特种橡胶制品,2002,23(4):56-60.

[87] 王民.隧道盾构施工管片橡胶密封垫的材料和结构及产品性能特性[J].特种橡胶制品,2005,26(1):42-46.

[88] 时兴波,陈学永,江浪,等.基于加速热老化试验的橡胶活化能及寿命分析[J].中国新

技术新产品,2021(21):18-20.

[89] 王爱华,王安迎.不同老化时间对三元乙丙橡胶老化性能的影响[J].橡塑技术与装备,2022,48(10):42-45.

[90] 陶玲,刘国钧,程璐,等.三元乙丙橡胶的热氧老化及寿命预测[J].特种橡胶制品,2022,43(6):60-65.

[91] 周城,陈夏,樊亚勤,等.热氧老化对辐照三元乙丙橡胶密封材料性能影响及寿命评估[J].绝缘材料,2023,56(1): 23-28.

[92] 钟小春,秦建设,朱伟,等.盾构管片接缝防水材料防水耐久性实验及分析[J].地下空间与工程学报,2011,7(2): 281-285.

[93] 伍振志,杨林德,季倩倩,等.越江盾构隧道防水密封垫应力松弛试验研究[J].建筑材料学报,2009,12(05): 539-543.

[94] 董林伟,杨志勇,江玉生,等.暗挖装配式区间管片接缝密封垫老化研究[J].矿业科学学报,2021,6(2):196-203.

[95] 张子新,张家奇,黄昕,等.盾构隧道密封垫长期防水性能预测的试验研究[J].浙江大学学报(工学版),2020,54(1):118-125.

[96] 张稳军,丁超,张成平,等.不同错台量对复合型密封垫影响及长期防水预测[J].隧道建设(中英文),2020,40(3): 337-345.

[97] 姚润樾.预制拼装综合管廊管片接缝橡胶密封垫的长期性能与截面优化研究[D].广州:华南理工大学,2019.

[98] CUNDALL P A. The measurement and analysis of accelerations in rock slopes[D]. London:University of London,1971.

[99] UCGUL M,FIELKE J M,SAUNDERS C. 3D DEM tillagesimulation:Validation of a hysteretic spring (plastic) contact model for a sweep tool operating in a cohesionless soil[J]. Soil and tillage research,2014,144:220-227.

[100] LYASHENKO I A, PASTEWKA L, PERSSON B N J. On the validity of the method of reduction of dimensionality:area of contact,average interfacial separation and contact stiffness[J]. Tribology letters,2013,52(2):223-229.

[101] MINDLIN R D,DERESIEWICZH. Elastic spheres in contact under varying oblique forces[J]. Journal of applied mechanics,1953,20(3):327-344.

[102] DEM SOLUTIONS. EDEM 2.6 theory reference guide[M]. Edinburgh:DEM Solutions,2014.

[103] POTYONDY D O,CUNDALL P A. A bonded-particle model for rock[J]. International journal of rock mechanics and mining sciences,2004,41(8):1329-1364.

[104] CUNDALL P A, STRACK O D L. A discrete numerical model for granular assemblies[J]. Géotechnique,1979,29(1):47-65.

[105] 武涛,黄伟凤,陈学深,等.考虑颗粒间黏结力的黏性土壤离散元模型参数标定[J].华南农业大学学报,2017,38(3): 93-98.

[106] 申浩翰,张海,范俊锴,等.基于多参数拟合的 EDEM 岩石建模方法[J].岩土力学,2021,42(8): 2298-2310,2320.

[107] 武力.基于离散元仿真的盾构密封舱压力平衡机理研究[D].大连:大连理工大

学，2009.
[108] 王建才. 盾构掘进影响下土岩复合地层开挖面破坏机理及扰动控制研究[D]. 济南：山东建筑大学，2022.
[109] 侯永茂，杨国祥，葛修润，等. 超大直径土压平衡盾构土舱压力和开挖面水土压力分布特性研究[J]. 岩土力学，2012，33(9)：2713-2718.
[110] 张超. 北京成品油管道昌平段风险评价研究[D]. 北京：清华大学，2015.
[111] 孟万林. 花岗岩风化地层中盾构施工地表沉降预测与开挖面风险评估[D]. 上海：上海交通大学，2019.
[112] 庞小朝. 深圳原状全风化花岗岩的试验和本构模型研究[D]. 北京：中国铁道科学研究院，2011.
[113] 张稳军，张高乐，李宏亮，等. 盾构隧道管片接缝密封垫防水性能及受施工荷载影响研究[J]. 中国公路学报，2020，33(12)：130-141.